高等院校人文素质教育系列教材

通识方法论：成人方略与生存艺术

杨　军　主　编

李志河　副主编

清华大学出版社

北　京

内容简介

本书是面向大学生的为人处事方面的通识类课程教学用书，通过方法引导、多个方法关联，让学生形成系统整体的问题解决思维，从而学会正确地思考、分析和选择学习、生活和社会事件，培养认识世界、观察社会、体味人生和全面发展的能力。

本书共分十五章，其中包括网格管理法，“三段六问”创新法，QIM 社交法，ORID 结构思维法，黄金分割法，分合评估法，化归转换法，历史三维分析法，类比优选法，5W2H 结构分析法，边际、微变量与最优效用分析法，黄金思维圈，多维降熵法，PDCA 循环法和辩证均衡分析法。

本书主要用于大学生的通识课程教学，也适合教学研究专家、一线教师和教学方法论研究人士阅读参考。

图书在版编目(CIP)数据

通识方法论：成人方略与生存艺术/杨军主编. —北京：清华大学出版社，2022.3（2023.11重印）
高等院校人文素质教育系列教材
ISBN 978-7-302-60245-3

Ⅰ. ①通…　Ⅱ. ①杨…　Ⅲ. ①大学生—人生观—思想政治教育—高等学校—教材　Ⅳ. ①G641.2

中国版本图书馆 CIP 数据核字(2022)第 034332 号

责任编辑：陈冬梅
装帧设计：李　坤
责任校对：周剑云
责任印制：曹婉颖
出版发行：清华大学出版社
网　　址：https://www.tup.com.cn, https://www.wqxuetang.com
地　　址：北京清华大学学研大厦 A 座　　**邮　　编：**100084
社 总 机：010-83470000　　**邮　　购：**010-62786544
投稿与读者服务：010-62776969, c-service@tup.tsinghua.edu.cn
质量反馈：010-62772015, zhiliang@tup.tsinghua.edu.cn
课件下载：https://www.tup.com.cn, 010-62791865
印 装 者：三河市东方印刷有限公司
经　　销：全国新华书店
开　　本：185mm×260mm　　**印　　张：**14　　**字　　数：**340 千字
版　　次：2022 年 3 月第 1 版　　**印　　次：**2023 年11月第 6 次印刷
定　　价：49.80 元

产品编号：093244-02

前　言

新时代高质量高等教育呼唤科学的通识教育。中国特色社会主义进入了新时代，已在全面建成小康社会的基础上迈向建设社会主义现代化国家新征程。党和国家事业的发展对科学知识和卓越人才的需求比以往任何时候都更加强烈。实现“两个一百年”奋斗目标和中华民族伟大复兴的中国梦，必须将全面发展的创新型人才作为重要的战略。高等教育承担着培养社会主义建设者和接班人的重要使命，不仅要适应新时代，更要引领新时代。高质量的高等教育不仅要重视专业知识教育，还需将通识教育纳入人才培养体系之中，并注重通识教育的科学发展，使大学生真正成为“德、智、体、美、劳”全面发展的高素质时代新人，能担负起民族复兴大任。

中华人民共和国成立之初，为了满足社会主义建设对专业人才的紧迫需求，我国借鉴了苏联模式进行专业教育。这一模式虽然迅速供给了大量专业人才，作出了重要的历史贡献，但也导致我国高等教育专业划分过细和固化，专业之间出现藩篱。从大学生个体的培养结果来看，固化的专业思维在大学生的生活、学习和工作之中，经常表现为分析、处理问题时思维模式单一和方法单一，辩证、逆向、多维思考能力不足。从党和国家事业发展的角度来看，专业思维固化不利于学科融合创新能力的形成，难以突破“钱学森之问”，亦无法支撑“两个一百年”奋斗目标和中华民族伟大复兴的中国梦。改革开放以来，我国开始借鉴哈佛大学等世界一流大学的人才培养模式，开始了通识教育实践，也取得了诸多成效。但是，由于通识教育的理念、体系结构、课程教学模式等与专业教育体系之间存在较大区别，在实践中，通识教育容易被弱化或流于形式，容易被当作专业知识的补充，将拓展学生知识面作为目标，贯穿于专业教育之中，从而将通识教育“知识化”。甚至将通识教育等同于人文教育而忽视科学教育，单纯将提升人文素养和艺术格调作为通识教育的重点，造成科学文化与人文文化的分裂，不利于学生的全面发展，也不利于培养创新型人才。

有鉴于此，本书将培养大学生的思维方法放在突出位置，注重文理融合，紧扣通识、成人和成事主题，从经济学、管理学、教育学、心理学、数学、历史学、政治学、人工智能学、物理学、生物学、艺术学等诸多学科领域中甄选出 15 个经典方法，每一种经典方法采用一章来介绍和组织。各章均首先以通俗化语言介绍本章所述方法的基本原理及其来源、发展和适用范围，然后用一个经典案例展示该方法的基本应用场景，帮助学生快速掌握此方法，利用 3～4 个案例展示该方法的拓展应用，以启发学生在日常生活、学习、工作和做人、做事上运用该方法。每个案例的介绍，除了对方法应用步骤及要点的介绍之外，还延伸出辩证思考、逆向思考、多维思考等思维训练，使学生不拘泥于固定的方法和思维模式，灵活运用该方法。最后，将该方法与处理同一类问题的同类方法进行比较，突出该方法的应用要点和适用场景。

本书编写的目的是帮助大学生掌握一种完整的、跨学科的经典方法和思维方式，使其能够在充分掌握的基础上，灵活运用辩证思维、系统思维、逆向思维、非线性思维、历史思维等科学思维方法，学会用不同学科的经典方法来进行正确的思考、分析和选择，认识世界、观察社会、选择人生，从而为大学生个体的全面发展和创新能力的培养奠定基础。

本书尝试在两个方面对现有通识教育作出边际贡献：一是推动通识教育由人文为主向文理兼通的科学通识教育转变；二是推动通识教育从知识普及的常识教育向注重思维训练的方法普及转变，最终实现通识教育从“知识化”向“科学化”和“方法化”转变，以弥合科学文化与人文文化的分裂，以期为培养全面发展的人才和创新型人才进行有益的探索。

本书由山西师范大学通识教育课程建设项目“通识方法论 ：成人方略与生存艺术(2021TSKC-01)”资助，由杨军任主编，杨霞和李志河统稿，杨军对整个书稿做了定稿审核。本书共分十五章，各章节编写分工情况如下：杨军、赵永斌负责编写第一章网格管理法；韩琴负责编写第二章“三段六问”创新法；行佳丽、乔帆负责编写第三章 QIM 社交法；周芬芬负责编写第四章 ORID 结构思维法；周正勇负责编写第五章黄金分割法；岳强负责编写第六章分合评估法；许蓉负责编写第七章化归转换法；张荣华负责编写第八章历史三维分析法；李志河、李玉荣负责编写第九章类比优选法；崔宇娜负责编写第十章 5W2H 结构分析法；杨军、温旭鑫负责编写第十一章边际、微变量与最优效用分析法；宋彩芳负责编写第十二章黄金思维圈；侯俊华负责编写第十三章多维降熵法；刘昂负责编写第十四章 PDCA 循环法；本志红负责编写第十五章辩证均衡分析法。

科学的、适用于新时代高质量高等教育的通识教育正处于探索之中，希望本书的编写和出版正能起到“抛砖引玉”效果，书中如有不当和疏漏之处，恳请广大读者批评指正，也希望广大教育工作者共同探讨新时代通识教育的内涵与路径。

编　者

目　　录

古之欲明明德于天下者，先治其国；欲治其国者，先齐其家；欲齐其家者，先修其身；欲修其身者，先正其心；欲正其心者，先诚其意；欲诚其意者，先致其知，致知在格物。

——礼记·大学

第一章　网格管理法

一说到网，大家可能会想到蜘蛛网。树丛中、屋檐下，处处可见蜘蛛网，如图 1.1 所示。宋代诗人梅尧臣《稚子获雀雏》一诗中，“屋头小雀雏，气力苦未长。乘暄学调羽，忽挂蜘蛛网。其母不能救，啁啾空下上……”看似纤细柔软的蜘蛛网，竟能网住数倍于蜘蛛的小鸟，让人难以置信。

图 1.1　自然界中的蜘蛛网

那么，究竟是什么原因，使蜘蛛网具备如此大的捕捉力呢？这还得从蜘蛛网的结构开始探究。在蜘蛛布网的过程中，首先在周围的树枝或墙体上确定几个锚点，然后吐出几根强度大的蛛丝搭建骨架，最后从蛛网中心开始，用黏性高，韧性强的蛛丝，以螺旋状连接骨架，形成整张蜘蛛网。织好后的蜘蛛网，点点相连，线线相通，格格联立，汇成蜘蛛网格系统。当外界生物扑向蜘蛛网时，点、线、格同频共振，蜘蛛根据震动信息快速作出反应，实施捕捉。

这种以点、线、格组成稳定的、掌控力强大的网格系统的原理被人类借鉴，形成网格管理法，广泛应用于经济社会发展的各个领域。在这一章，我们将一起学习网格管理法及其在各类场景中的应用，教会同学们采用网格管理法进行日常管理，使自己在生活、学习、工作等各方面做到井然有序，井井有条。

第一节 网格管理法的内涵、要素与步骤

一、网格管理法的内涵

网格管理法的内涵、本质与步骤.mp4

网格管理法是一种系统的管理方法，常用于保障一件事情或某项工程有序、高效、平稳推进。该方法运用系统思想和精准、精细化管理理念，首先明确复杂系统中的关键点，然后根据关键点的属性与特征，合理设定网格数量、大小，从而将系统中杂乱无序的“点”纳入各个网格之中，实现有序管理。最后构建科学的管理机制和法则，建立“点与网格”“网格与网格”的高效运转“连线”，最终实现点的无序向有序转变，复杂系统向有序网络转变，并以有序、高效的网格管理确保系统平稳运行。

二、网格管理法的关键要素解析

(一)网格管理中的“点”

网格管理中的“点”就是某项工程或事件中的关键管理对象。管理对象可以是具体的人或事物，也可以是知识、能力、组织等抽象的概念。比如安全生产管理中的重点管理对象就是人，知识体系管理的对象则是抽象的知识点。需要注意的是，一项工程或事件中，可能存在一类“点”或多类“点”，针对多类“点”的情况，则需要确定多重网络，实现立体网格管理。一般来说，网格管理中的“点”具有基础性(是某项工程或事件的关键要素)、无序性(无规律的运动或排列)、可控性(能够被了解或组织起来)等特征。

(二)网格管理中的“格”

网格管理中的“格”是将“点”有序组织或管理起来的基本单元。“格”的大小、数量、严密程度等的确定，需要根据“点”的运动排列状态、空间分布以及点与点之间的联系方式、点的可控程度等属性进行。比如新冠肺炎疫情防控期间，我国根据居民(点)的集聚状态、区域疫情风险等级等属性，创造性地划分出户、小区、街道、村落等不同类型的“格”。确定“格”的目的不是简单地将“点”进行划片、归类，而是通过科学划“格”实现对“点”的高效、有序、精准、稳定管理。

(三)网格管理中的“线”

网格管理中的“线”是指网格管理中的各种运行机制、规则，它规范和理顺了“点”与“点”的联系方式、“格”对“点”的管理模式、“格”与“格”的联动关系，从而使“点”“格”互联、信息畅通，形成一张有序、高效、稳定的管理网络。

(四)网格管理中的“新网”与“旧网”

“旧网”就是在过去的治理或运行过程中形成的一系列管理网络体系。例如，我们已

经具有相对成熟的行政治理网络和社区管理网络等。已有的旧网已经建立了“点”“格”“线”“网”运行机制，在新建其他管理网时，我们有必要考虑“新网”与“旧网”的连接和交互问题，以及如何利用旧网，减少新网搭建成本，提高新网的管理效率。

三、网格管理法的一般步骤

网格管理法的应用一般可分为三个必要步骤和一个拓展步骤。其中，必要步骤一是找准“点”，就是要确定某一事件或工程中的基础要素，明确管理对象；二是划好“格”，即根据点的属性科学设定“格”的大小、范围、类型、严密程度，明确管理范围；三是连好“线”，设定管理规则和信息交互机制，确保“点”“格”组网，高效互联。拓展步骤就是要建立“新网”与“旧网”的有序互联，以提高“新网”的管理效率和效果。

第二节　网格管理法的来源、形成、发展与适用范围

一、网格管理法的来源与发展

网格管理法的来源、形成、发展与适用范围.mp4

网格管理法在我国应用历史悠久，夏、商、周时期的分封制初步体现了网格管理法的基本思想。在这一时期，“天子”将土地分给王室子弟、功臣或古代帝王的后裔，所封之地称为“诸侯国”“封国”或“藩国”等，治理封地的君主被称为“诸侯”“藩王”等，同时，诸侯在自己的封疆内，又对卿大夫实行再分封。卿大夫再将土地和人民分赐给士，形成了贵族统治阶层内部森严的等级“天子—诸侯—卿大夫—士”。由此将全国领土和人民以逐级分封的形式，实施网格管理。为了维护全国管理大网的稳定性，又创建了一系列稳定机制(线)，例如诸侯必须服从天子命令、镇守疆土、随从作战、交纳贡赋、朝觐述职。卿大夫和士也要向上一级承担作战等义务。秦始皇实现大一统后，废除分封制，实行郡县制。郡县制建立了“中央—郡—县”地方行政管理制度。相较于分封制，郡县制以能力选拔官员(线)取代了以血缘继承封地(线)，提升了治理网络的效率；以中央集权取代了诸侯分权，提升了网络的稳定性。之后汉朝出现的孝廉察举制、隋朝出现的科举考试制，均是对国家治理网络中“线”的完善。

近代以来，随着城市化的起步和发展，人口向城市集聚，网格管理法逐渐被应用到城市现代化管理和社区治理等多个领域之中，并发展出较为系统的网格管理理论。最初的社会治理主体是政府部门，在实际应用过程中，网格管理逐渐突破政府层面，向公民社会自组织网络下沉。例如一些非政府组织(NGO)、志愿性社团以及协会、社区组织、工会等。这种社会自组织网将社会主体作为社会治理的中心，采取的是“社会中心论”治理观。20世纪 90 年代以来，私人部门、第三方部门以及社会运动出现在管理公共事务的大舞台上，并逐渐形成政府部门与非政府部门连接的相互依从的治理网络。这种治理网络可以同时发挥政府负责、高效、法制优势和社会多部门协同参与协作治理优势，获得政府“掌舵”，社会“划桨”的效果，采取的是“多中心论”治理观。

2020 年，新冠肺炎疫情全球大流行，我国率先以网格管理推动防疫工作体系构建，政

府高效构建防疫工作网、物资保障网等多重网格，全社会广泛参与，高度配合，迅速遏制了疫情蔓延，并在全球疫情防控上作出示范，验证了网格管理法在应急管理等新领域也具有很好的适用性。

二、适用范围

网格管理法起源于社会治理领域，其目的是通过严格固定的网格将某一系统中无序的管理对象有序地组织起来，实现该系统的稳定、有序或高效运行。多数场景下，稳定、有序是网格管理法的首要目的。网格管理法在教育学习、就业工作、公司运营、基建配置、社会治理等多个领域多种场景，也有广泛应用，见表 1.1。

表 1.1　网格管理法的适用范围

序号	领　域	典型场景
1	教育学习	教学模式设计问题：面对大班教学，教师如何采用网格管理法进行分组合作学习，即如何确定小组规模(格)、小组内部合作学习模式、小组间交流与竞争模式(线)等以使学生(点)的学习效率更高； 备战考试效率问题：如何对复杂无序的知识点进行归类(划格)、梳理(连线)，建成知识网络体系，并将新的知识网络链接到已经熟悉的知识架构中，以提升复习效率
2	就业工作	岗位最佳匹配问题：求职者将自身能力素质网与企业岗位职责网实现最佳匹配。求职者需要将自身的专业知识、技能特长等众多突出“点”，通过合理归类和搭配(划线)，找出自己擅长的领域(格)，如销售、管理、研发等，再有针对性地与相关企业岗位需求进行匹配
3	公司运营	组织架构设计问题：如何根据业务量的大小、市场范围、行业属性等特征科学设置职能部门，建立各部门运转制度体系，以确保公司组织的效率和稳定性。 市场区划网络构建问题：如何根据不同区域消费者(点)的消费偏好、居住分布(点的属性)等因素，确定最优市场区划(格)，并确定相应产品配送、广告投放等营销配套策略(线)，使营销效率最优、利润最大
4	基建配置	5G 基站最优布局问题：在成本最小、辐射效应最大的目标下，如何利用网格管理法确定基站的布局，即确定基站的数量、位置以及基站之间的联系； 交通网科学布局问题：如何根据人口分布、要素流动等因素，确定交通网络布局
5	社会治理	治安防控网络体系构建：如何根据区域人员流动、文化差异、潜在风险等因素，科学划分治安管理片区，配置治安力量，并通过监控系统、公安系统等组成社会治安体系

第三节　经典案例或场景分析

经典案例或场景分析.mp4

下面，我们以我国新冠肺炎疫情防控体系构建为例，阐释网格管理法的基本应用场景及其应用技巧。

疫情防控中的网格管理智慧

新冠肺炎疫情传播速度之快、感染范围之广、防控难度之大，在世界公共卫生史上实属罕见。2020 年年初，中国武汉首先公布发现新冠肺炎疫情，为了快速遏制疫情蔓延势头，我国启动疫情防控一级响应，迅速建立统一高效的指挥系统。防控工作下沉到省、市、县、街道(镇)、社区(村)、楼宇(户)，联防联控、群防群控，全面实行网格化管理。比如，处在疫情中心的武汉实施了封城，并以街道、社区为单元，实行全小区(村)、全户 24 小时封闭管理，最大程度减少人员流动和公众聚集(如图 1.2 所示，防疫期间在高速公路出口处设立测温点，以获得网格结点管理的效果)。其他区域则根据疫情防控风险等级，实行“分级分区”网格化管理，并有序推进复工复产。

图 1.2　高速公路上设立测温点

为了保证防疫信息畅通，我国建立了疫情信息发布平台，包括各省市新增确诊、新增无症状、现有确诊、风险等级等信息，同时开发了全国通用的健康码、行程码等行程管理工具，以学校、企业、社区等基层网格为单位，定时监测网格内部人员的体温、典型症状等健康和行程信息，并建立了异常情况层级上报和快速响应机制，形成了全国统一疫情防控网络。

此外，为了稳定防疫大局，我国发挥制度优势，建立了全国统一的医疗资源调配网和生活物资、防疫物资保障网，以各省、市、县为单元，统筹调配各类资源，确保了全国防疫“大网”的坚不可摧。

【方法解析】

我国在疫情防控中，如何找准“点”、划好“格”、连好“线”、组成“网”，在世界疫情防控中树立中国样板？下面，我们用网格管理的原理予以解析。

找准“点”：在明确新冠肺炎疫情的主要传播途径是“人传人”之后，我国将人作为疫情防控体系构建的核心要素(点)。人作为一切社会关系的总和，从事着经济生产、社会交际、学习教育等多类活动，在企业间、社区间、省域间频繁无序流动。但人又具有固定的居所，且有组织纪律意识，可以实现可控管理，适用于网格管理方法。

划好“格”：在疫情防控网格化管理过程中，划好“格”主要是确定“格”的大小、数量、严密程度等，而这些内容的确定，主要依据人(点)所处区域的风险等级、城乡分布、聚集程度、工作属性等。比如，对处于高风险区域的城区(人口密集)居民，就要求“格”具备密集度高、隔绝性强、可控性大等特征。为此，我国在高风险人口密集区以楼宇为基本单元(格)，以户为基础管理对象，实现户户隔绝，楼宇隔离，阻断疫情传播的路径。再比如，在疫情得到有效控制后，小区解封、企业复工、学校复学，原先以楼宇、小区为基本单元的网格布局，开始向街道、县市等大网格调整。

连好“线”：在疫情防控网格化管理过程中，连好“线”主要是建立“点”“格”“网”之间的联系和交互规则。具体来说，就是首先搭建全国疫情信息发布平台，多渠道发布防疫信息，建立了疫情防控网与居民(点)之间的信息传递渠道；然后以社区、学校、企业等网格为基本单元，管理、监测、上报居民健康信息和行程信息，该机制构成了“点”与“格”，“格”与“网”之间的信息交互规则，相当于蜘蛛网中黏性高、韧性强的蛛丝。此外，我国还建立了异常情况处置机制，当出现疫情新燃点时，相关部门快速反应、处置、上报，开展重点接触对象流行病学调查、发布确诊病例行程轨迹、局部地区全员核酸监测、根据监测结果判定是否需要再次织密防疫网，这样有力的处置机制，相当于蜘蛛网中的骨架网丝，确保了全国防疫大网不破。

关联“网”：在此次防控网搭建过程中，我国充分考虑了疫情防控网与行政治理网、物资调配网等既有管理网络，将“新网”与“旧网”充分融合，在“旧网”的基础上，创新机制、渠道(线)，形成了有序、高效、稳定的疫情防控大网。此外，对于处在疫情中心的湖北省，我国建立了 16 个省支援湖北省除武汉以外的其他城市的对口支援关系，实现了全国防疫网与湖北防疫区域网的有效对接，以增强湖北防疫区域网的牢固性来确保全国防疫大网的稳定性。

【延伸思考】

网格管理法应用广泛，比如在企业安全生产中，我们需要将每一个员工作为一个关键点，以机组、流水线等生产单元为格，以安全生产规范、日常安全检查机制等为线，构建企业安全生产网络。又如，在森林防火工作中，对森林进行划片管理，专人排查潜在火险就是一种典型的网格管理；在防汛撤离工作中，按社区、村落等基层单元组织居民有序撤离泛洪区，保证不落下每一个人，并有序安置在新的网格之中，也是一种网格管理法。

【人生启迪】

人生路漫漫，我们在成长过程中会遇到各种各样新的复杂问题。在处理这些问题的过程中，我们要第一时间找出该问题中的“点”及其特征属性，科学划“格”规整，连“线”组“网”管理。同时，要将“新网”与“旧网”形成关联，将后者好的管理模式引入前者，实现有效管理，同时也要将“新网”融入“旧网”体系中，不断强化自身资源管理网络系统。

第四节　网格管理法的多场景应用

网格管理法的多场景应用.mp4

划格管理是网格管理法的基本应用场景，除此之外，网格管理法还有诸多拓展应用场景。在这一节，我们将用三个案例，说明网格管理法在资源高效组织与配置、复杂系统管理、资源空间调配与物流等场景的应用。这些拓展应用所体现的网格管理思想，同样可以应用在我们的日常生活、学习和工作之中。

一、小力量如何抵御大冲击

网格管理法的优势之一，就是可以将有限的资源有序组织起来，以形成较强的力量，提升某一系统的稳固性和抗冲击能力。下面以抗美援朝战争中的铁原阻击战为例，阐述如何利用网格管理法组织有限资源，增强系统抗冲击能力。

抗美援朝铁原阻击战中的网格战术

在抗美援朝战争第五次战役第二阶段，美军先遣部队穿插到铁原附近。铁原具有很重要的战略地位，地处南北交通要塞，北边是平康大平原，一旦被攻破，美军的机械化优势很容易被发挥出来，铁原存储着几十万志愿军的后勤补给，一旦丢失，志愿军将彻底陷入被动。但是，当时铁原附近大片区域力量空虚，除了几个小山包基本无险可守。

在这样的情况下，铁原阻击战打响。正在休整的 63 军得到死守铁原至少半个月的命令，要以不到 3 万人的兵力，阻击“联合国军”5 万多人机械化部队的进攻。其中 189 师负责防守种子山，为其他两个师构筑第二道防线争取 5 天时间。但敌众我寡，而且美军机械化优势明显，坚守 5 天异常困难。为了完成此项艰巨的任务，189 师以连为单位，化整为零，以种子山为核心，布置 200 多个小阵地，分布在 20 公里的防线上，将全师 9000 人像撒芝麻一样撒在种子山阵地。这些小阵地就像一颗颗钉子，钉在美军进攻的路上，使美军陷入不断“拔钉子”的作战困境，虽然凭借其火力优势，往往能从志愿军手中夺得阵地，但却不可避免地放慢了前进的速度。就这样，189 师成功防守住种子山，为其他两师构筑防线争取到充足的时间，对铁原阻击战的胜利起到了重要作用。

【方法解析】

找准“点”：在铁原阻击网格化作战中，关键点就是志愿军战士。我志愿军战士具有组织纪律良好、勇于牺牲、山地作战能力较强等优秀特征，能够被有效组织起来，布置在种子山 200 多个小阵地上，形成强有力的作战单元。

划好“格”：一是明确作战目标，那就是至少完成 5 天的阻击任务。二是分析敌我力量。美军人数多、装备精良、机械化程度高、推进速度快，我军人数少、武器装备落后，在这种情况下，“联合国军”大面积高强度的炮火攻击对集群目标具有很大杀伤力，如图 1.3 所示。以师为单位硬碰硬交战显然是以己之短击彼之长，难以完成此次艰巨的阻击任务。因此，需要化整为零，逐个出击，一是避免集群目标劣势，二是以小股作战疲惫美军，延缓其进攻速度。三是科学确定网格数量、大小。由于班、排的人员较少，作战力量较弱，如果以此为作战网格，虽然数量多，但每一个小阵地很容易被攻破。团、营的人员较多，如果以此为作战网格，作战阵地较少，也难以牵制美军。而以连为作战单位人员适中，火力配备相对齐全，具备一定作战能力。以连为作战单元，既能有效发挥战斗力，又能保证战斗网格的密度，可以有效牵制美军的进攻。

图 1.3　美军在炮击中消耗的炮弹壳

连好“线”：“线”是此次阻击战中的规范与机制，是阻击成功的关键要素。主要体现为三个方面，一是每个小分队依托地形、战备物资等最大限度拖住敌人。二是每个小分队必须独立作战，牢牢“钉住”自己的阵地，不能支援其他小分队，以防目标过度集中，被敌人一举攻破，完不成牵制敌人的任务。三是将副师级干部派到下面各团中，将副团级干部派到各营中，以此类推，保证了分散的部队也能贯彻战术的执行。

关联“网”：此次 189 师在种子山构筑的防御网，是 63 军防御大网的重要组成部分，其作用是为 63 军其他师构筑防御工事争取时间，而 63 军防御大网则是确保铁原安全、志愿军安全的关键，网网关联，立体防御，保障了抗美援朝大网不破。

【延伸思考】

种子山的网格防御战术，是兵力不足、装备落后、物资短缺情况下的最优战术，但也是敌我力量悬殊之下的无奈选择。第一，战士们通过自己不断的牺牲，誓死坚守自己的阵线，拖延美军前进脚步，无数战士集体牺牲在阵地上，只为了给身后的战友们再争得一点时间。第二，眼睁睁看着相邻的阵地被敌人攻陷而不能支援，心理煎熬巨大。尽管如此，志愿军战士依然以一把炒面，一支步枪，对抗了敌人的机械化部队进攻，以血肉之躯挡住了敌人的钢铁洪流，为抗美援朝大局作出突出贡献，为新中国的长久和平奠定了坚实的基础。

【人生启迪】

身处和平年代，我们要珍惜先辈们流血牺牲换来的这一份安宁，努力学习，勤奋工作，锐意创新，奉献社会，将祖国建设得更美好，更强大，才是对先辈最好的慰藉。

身处百年未有之大变局，我们切不能忘记或丢失老一辈革命者那种无私奉献、不怕牺牲的宝贵精神，新时代的青年更要敢于奋斗、敢于拼搏、敢于牺牲。

二、小网格如何掌握大系统

将复杂系统中无序的、散乱的点有序组织起来，形成系统，是网格管理法的又一拓展应用场景。下面我们尝试用网格管理法对无序的知识点进行管理。

知识体系构建中的网格策略

说到知识体系，大家都比较熟悉，就是把零碎的、分散的、相对独立的知识点加以归类、梳理、整合，将其置于一个系统架构之中，达到彼此联系、易于掌握、易于调用的目的。常见的知识体系架构包括目录、思维导图等，如图 1.4 所示。

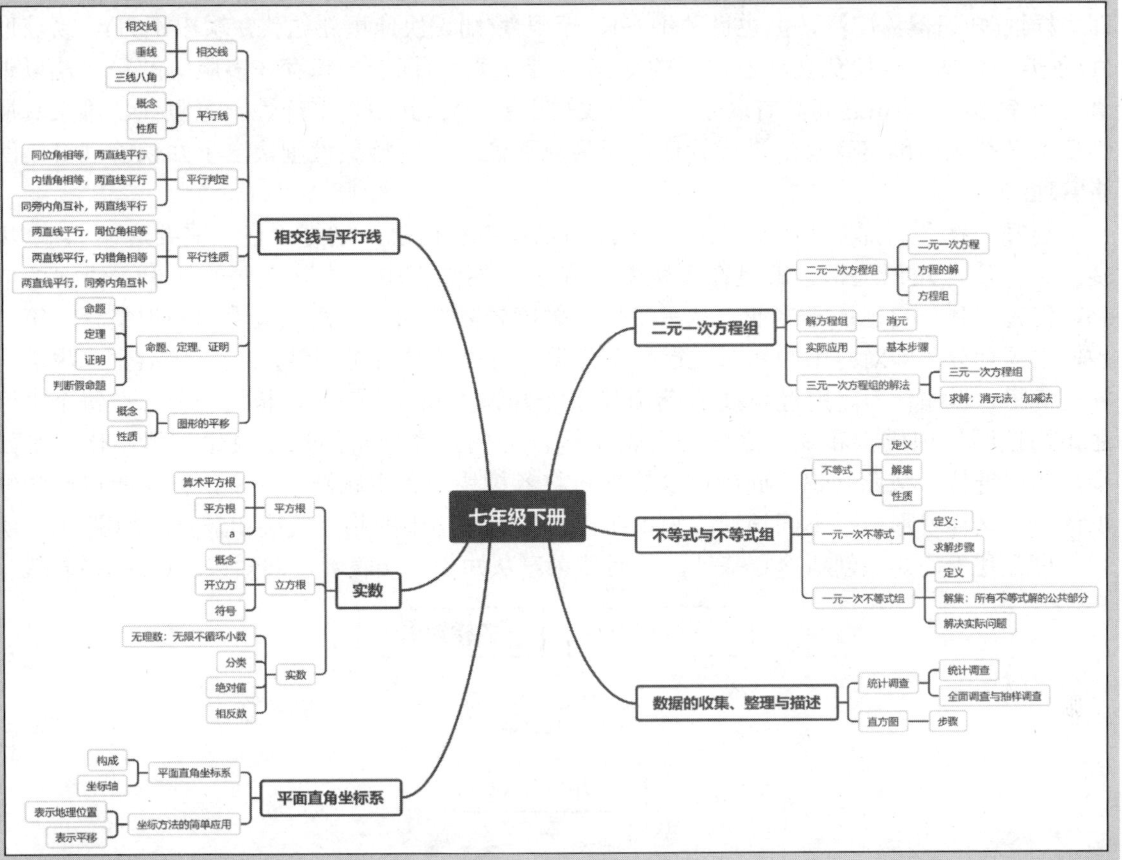

图 1.4　七年级下册数学思维导图

进入互联网时代，知识爆炸式增长，分散的知识点和碎片化信息蜂拥而至，琳琅满目，“点状”“树状”等传统知识梳理方法显然无法对其有效处理。比如我国大力推进素质教育，中小学生除了掌握课本知识以外，还需多渠道掌握基本社会常识、信息技术基础技能、国家重大政策等课外知识。多类知识的交汇，就要求中小学生必须掌握一套科学、系统、高效的知识网络管理策略。对于大学生和成年人，需要处理的知识和信息更多，更需要建立知识网络管理系统，高效处理各类信息，以提高其认知水平和社会适应能力。诚如《庄子·养生主》所言：“吾生也有涯，而知也无涯。以有涯随无涯，殆已。”如果不建立高效的知识网络管理系统，面对繁杂的知识，我们将应接不暇，感到疲惫。那么，如何才能建立个人知识网络管理系统？

【方法解析】

找准“点”：一是明确点。知识网络中的“点”就是零散的知识点和碎片化的信息，这些知识点和信息涵盖学业基础知识以及生产生活、社交情感、健康体育、财经科技等多个领域，这些“点”分散在互联网、影视作品、书籍著作、新媒体、社交软件、日常交谈等多个平台和场景。大部分知识和信息有利于提升我们的认知水平，但也有一些负面的知识和信息，充斥在我们的身边。二是明确点的属性。知识网络中的“点”具有五大属性，即多样性(知识覆盖广泛，但也良莠不齐)、无限性(知识快速更新迭代，层出不穷)、易获取性(各类平台均可轻松免费获取需要的知识)、难求真性(同一知识存在多版本解释，难以求真)、可链接性(知识之间具有联系，可构成知识系统)。其中，多样性、无限性、难求真属性要求必须采用网格管理法进行管理，而易获取性、可链接属性则决定了知识管理可用网格管理法。

划好“格”：面对繁杂、无序、多样的知识点和信息，划好“格”需要遵循 4 个步骤。第一步，知识选择。就是在无限知识和多样性知识中，去除负面的知识、错误的信息，优先选择与自己所学专业、从事工作相关度较高的知识，建立有用的知识集合。第二步，主题划分。即对有用的知识进行科学分类，可以按照所属学科、应用领域(生产生活、社交情感、健康体育、财经科技等)等确定多个知识主题。第三步，模块细分。在每个主题之下，按照知识层次和知识之间的逻辑结构，分门别类地将知识模块化、体系化。第四步，知识链接。按照知识之间的可链接性，将各模块、各主题链接起来，构建起自己的知识体系，这样就形成了不同领域的知识在自己知识网络中的相互链接和融合，如图 1.5 所示。也有利于为知识创新奠定基础，从而使自己从知识的接收者，向知识的创造者转变。

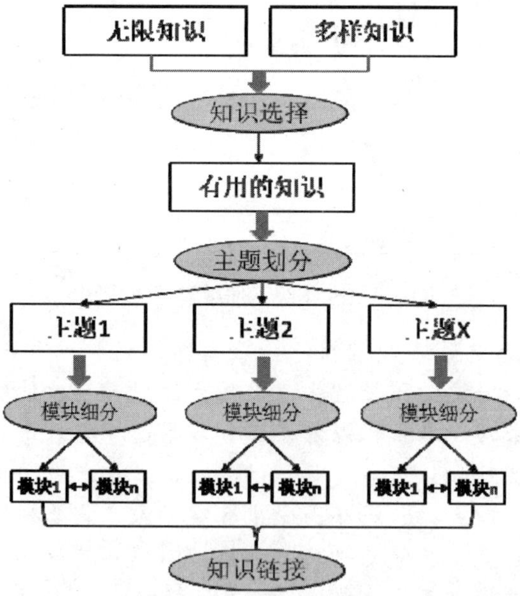

图 1.5　知识管理网格划分步骤

连好“线”：建立知识点与知识点、知识点与知识模块、知识模块与知识模块之间的联系。这种联系可以分为纵向上时间历史、横向上学科原理两条主线。比如在时间历史主线上，我们可以按照时间轴来梳理各阶段科技水平、经济发展、文学演变、制度建设等知识，进而将语文、历史、政治、物理等学科联系起来。又如在学科原理主线上，语文中名词、动词、形容词等元素，有主谓宾等多种语法结构，英语中也有相同的元素，在学习英语的过程中，我们可以将语文中的学习方法映射到英语中。再如，本书中讲到的各类方法来自各个专业学科领域，但通过知识整合，可以应用到生活、学习、工作等多个场景。

关联“网”：自身知识管理网络构建成型之后，还需注重与知识来源端和知识应用端两端网络的关联。与知识来源端的关联就是要紧盯专业前沿知识更新，实时充实自己的知识网络；与知识应用端的关联，就是要面向实际问题构建知识输出网络，确保知识可以解决实际问题，并在此过程中，不断强化和完善知识体系。

【延伸思考】

在科技高度发达的今天，我们也可以借助有道云笔记、印象笔记、evernote 等笔记类软件和 Xmind、MindMaster 等思维导图软件等现代手段，帮助自己快速构建电子化的知识网络管理系统。需要注意的是，我们构建知识网络管理系统，并不是为了把世间所有的知识和信息全部精准细致地掌握，而是根据我们所处的阶段，所从事专业的领域，合理确定哪些领域的知识管理网络要密织、细织，哪些领域的知识只需织起骨架、建立连接即可。

【人生启迪】

知识体系不是一成不变的，需要我们不断更新完善。

由于知识属性的不断变化，构建知识体系的方法也需要我们及时调整。

三、疏网格如何换取高效率

确定合理的网格疏密程度和网格间的交互机制是网格管理法应用中的关键环节，而且上述环节不是一成不变的，而应随着管理对象基本属性的转变而及时调整。下面我们以物流配送为例，阐释如何根据管理对象基本属性的变化而改变网格疏密程度和网格间的交互机制。

仓配模式中的网格妙用

在新零售快速发展的背景下，消费者越来越注重网购商品配送速度，追求当日达、半日达，这种消费需求对物流行业的响应和配送速度都提出了新要求。越来越多的企业开始优化配送流程，将仓储向消费者靠近，以减少配送环节，缩短配送时间，形成“仓配模式”。京东当日达、天猫超市半日达等均采用了这种模式。该模式建立了区域仓(相当于一级仓，一般设置在区域中心城市或交通枢纽城市)—前置仓(相当于二级仓，自建城市仓库或与传统零售合作)—配送站(街道、小区等配送网点)的仓储配送网络，通过仓储前置和商品前置，减少货物的搬运次数和操作环节，缩短下单后配送环节的运输距离，从而获得高时效履约的效果。与传统网络快递模式相比，仓配模式用区域仓和前置仓取代了卖家各自备货、发货环节和长距离配送环节，提高了配送时效，如图 1.6 所示。

【方法解析】

找准“点”：毫无疑问，仓配模式配送网的“点”是广大消费者。新零售时代的消费者对网购体验具有以下要求：一是及时性，即消费者希望网购商品可以快速送达自己的手中，享受“拆包”体验和购物满足感。二是多样性，即消费者的网购商品类型从起初的衣物、食品等小件商品扩展到家电、家具、交通工具等大件物资，商品类型越来越多。三是品质化，消费者对商品品质的要求越来越高，一旦发现商品达不到预期品质，将会申请退换货。

划好“格”：划格的目标是在满足消费者新要求的前提下实现仓储、物流成本最小化。为满足消费者的购物“及时性”要求，适应“品质化”需求下频繁退换货行为，仓储和配送系统需尽可能靠近消费者，实现第一时间配送，减少配送和退换货物流成本，即仓储网宜密织。但是，消费者消费商品的多样性，决定了每个前置仓的商品类别需要尽可能完整，这将带来较大的仓库建设成本和仓储管理成本，所以仓储网不宜太密。因此，物流公司一般会选择辐射力高的区域中心城市建设区域仓，并在区域内各大城市配套一定数量的前置仓。这样就简化了传统网络快递模式，减少了卖家各自备货、发货、配送环节，缩短了配送距离，从而以疏网格的形式提高了配送效率。

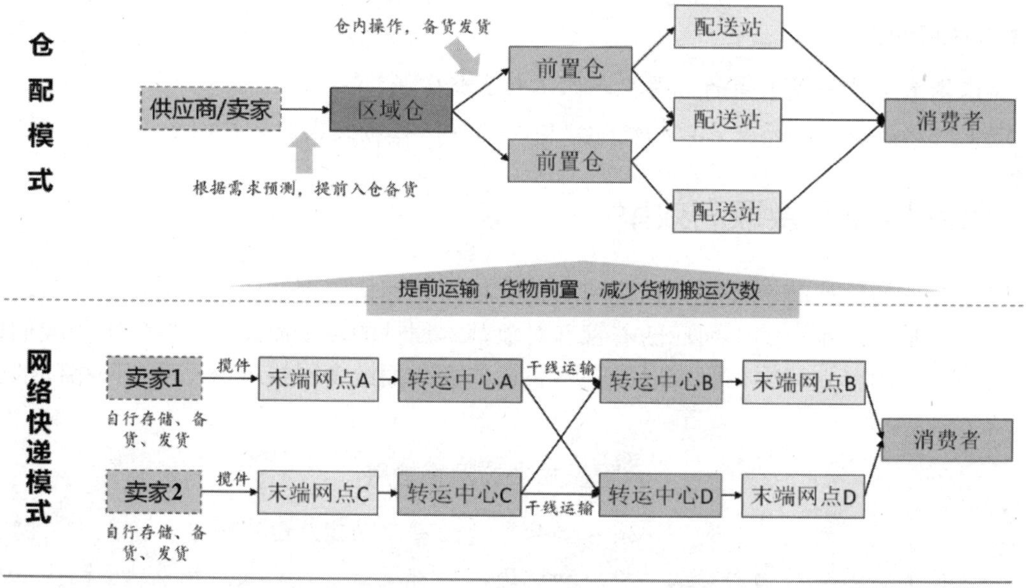

图 1.6　仓配模式和网络快递模式配送流程对比

连好“线”：仓配模式下，“线”主要分为两类，一类是顾客通过网购平台下单发出商品需求的“线”，另一类是仓储系统接收到顾客订单后的需求响应及配送“线”。在需求响应和配送上，配送系统根据顾客位置、商品需求等信息，就近选择区域仓或前置仓快速响应顾客需求，然后就近匹配配送站、快递员进行末端配送。

关联“网”：仓配模式下，关联“网”的典型代表是新零售仓储网与传统线下零售网点的高度关联。比如，京东与沃尔玛合作，与几十个城市的数百家沃尔玛实体店实现了部分商品的库存打通，沃尔玛发挥了京东前置仓的作用；大润发与天猫供应链达成合作协议，实现了部分供应链软件打通融合。

【延伸思考】

新零售仓储网与传统线下零售网点的融合虽然是一种关联“网”的创新，但这种关联的有效、稳定运行需要有一系列机制做保障。比如同一家新零售网点不能“把鸡蛋放在同一篮子里”，需要与多家线下零售网点进行合作，以分散单一供应商带来的不确定性风险。再如，新零售商需要视情况与线下零售网点建立诸如股权关系、战略合作关系等多种稳定的合作机制，以维护关联“网”的稳定性。

【人生启迪】

网格管理不是越密越好，有时亦需要以“疏”提“效”，要坚持辩证思维和实事求是的原则，按照点的属性和属性变化，科学布置管理网格。

关联“网”也是一门学问，为了提升关联“网”的稳定性，需要设定一系列稳定机制，比如我们在公司团队管理网络构建过程中，需要对核心员工提供股权激励、晋升通道、培训渠道等，以留住核心员工，保持公司运营、管理网络的稳定性。

第五节 方法拓展

方法拓展.mp4

一、与层次分析法的联系和区别

层次分析法(AHP)是将一个复杂的多目标决策问题作为一个系统，将目标分解为多个子目标或准则，进而分解为多指标(或准则、约束)的若干层次，通过定性指标模糊量化方法算出层次单排序(权数)和总排序，以作为目标(多指标)、多方案优化决策的系统方法。该方法与网格管理法的联系和区别如下所述。

第一，两种方法都是多目标约束下复杂的问题最优方略确定方法，但最优方略的确定依据有所不同。层次分析法首先是在总目标之下给出可能采用的各类方案，然后设定统一的指标体系，采用模糊量化等数学算法确定各类方案的可行性和执行效果，从而确定最优方案。而网格管理法则是根据管理的“点”的属性来确定最佳网格划分方法和连“线”机制，在网格构建和运行成本尽可能低的前提下，实现预期管理目标。

第二，两种方法的目标约束不同。层次分析法作为一种决策方法，目标约束是成本最小、效益最优，而网格管理法作为一种管理方法，特别是在应急管理等多种特殊场景中，其目标约束是管理的效果和管理网络的有效性、稳定性，成本有时不作为管理决策的硬约束条件。

二、与“边际、微变量与最优效用分析法”的联系和区别

边际、微变量与最优效用分析法是判定一件事要不要做，做到什么程度的一种决策方法，该方法与网格管理法的联系和区别如下所述。

网格管理法和边际、微变量与最优效用分析法都是一种动态管理/决策方法。边际、微

变量与最优效用分析法是在微变量不断变化的过程中，寻找最优效用，从而确定一件事情做到什么程度。而网格管理法的动态性则体现在管理网格建立之后不是一成不变的，而是随着“点”的属性、管理目标的调整不断优化的，优化的手段包括网的疏密程度改变、网格之间严密程度变化、各类“线”的机制流程优化等。在对“网”的调整优化过程中，可以应用边际、微变量与最优效用分析法，确定每次网格微调的边际贡献，从而确定网格调整的最佳程度。

【学生研讨】

1. 情景模拟

有一个 200 人左右规模的教学大班，一位老师独立授课很难兼顾到每一位同学的学习效果。这种情况下，就需要用网格管理的方法，划分学习小组，以小组合作研讨、学习的方式，弥补上述不足。请授课老师给出课程教学目标，如给出知识接收效率最大化、学生参与度最大化、师生交流和人文关怀最大化等不同类型的教学目标。在此基础上，每位学生必须完成以下课堂练习：第一，写出大班教学中学生个体的属性和特征；第二，根据上述教学目标和学生属性，给出学习小组划分的依据和方案；第三，确定出组内互助学习机制、组间竞争机制、教师与小组和个体的沟通机制等，以确保实现预期教学目标。最后，老师对每位学生的设计方案进行点评。

情景模拟目标：体验相同的管理对象、在特定场景不变的条件下，不同约束目标下的网格类型、网格组织方式和“线”的构建目标将有所不同，让学生学会在多目标约束下组建最优管理网络。

2. 拓展思考

(1) 列出自己的学科背景、能力特长、性格特征等个人素质特点，再将这些特点进行合理搭配，绘制一张属于自己的岗位适配网。

(2) 行业属性、商品属性、业务范围及规模、市场特征量等因素如何影响企业管理运营网络的构建？

(3) 为什么中国长距离交通网以高铁为主，而美国以航空为主？

(4) 试析“井井有条”中蕴含的网格管理思想，中国传统文化和历史实践中还有哪些地方体现了网格管理思想？

【资源链接】

[1] 王浦劬，臧雷振. 治理理论与实践：经典议题研究新解[M]. 北京：中央编译出版社，2017.

[2] 陈振明等. 公共管理学[M]. 2 版. 北京：中国人民大学出版社，2017.

[3] 俞可平. 治理与善治[M]. 北京：社会科学文献出版社，2000.

[4] [英]托尼·麦克格鲁. 走向真正的全球治理[M]. 北京：中国社会科学出版社，2017.

[5] Gilles Paquet，Governance through Social Learning[M]. Ottawa ：university of Ottawa press，1999.

变或可存，不变则削，全变乃存，小变仍削。

——康有为 • 晚清时期的政治家、思想家、教育家

第二章　“三段六问”创新法

亚里士多德，古代先哲，世界古代史上伟大的哲学家、科学家和教育学家。他认为：不同重量的物体，从高处下降的速度与重量成正比，重的物体比轻的物体落得快。这一结论近 2000 年没有人公开质疑过。物体下落的速度和物体的重量是否有关系？伽利略经过再三地观察、研究、实验后发现：如果将两个不同重量的物体同时从同一高度放下，两者将会同时落地。于是，伽利略大胆地向亚里士多德的观点提出了挑战。

第一节　“三段六问”创新法的内涵和本质

一、“三段六问”创新法的内涵

三段六问创新法 1.mp4

“三段”指提出问题、分析问题、解决问题三个阶段；“六问”是指“什么时间、什么地点、谁、是什么、为什么、怎么样”六种提问。“三段六问”创新法是通过“打破砂锅问到底”的方式，在问题提出阶段借助批判性思维，突破思维定势发现问题、提出问题；在分析问题阶段借助头脑风暴法透析问题，寻求最佳问题解决策略；在解决问题阶段借用行动研究法，评估解决效果，最终实现创造性发现问题、提出问题，创造性分析问题，创造性解决问题的一种综合性问题解决方法。如图 2.1 所示。

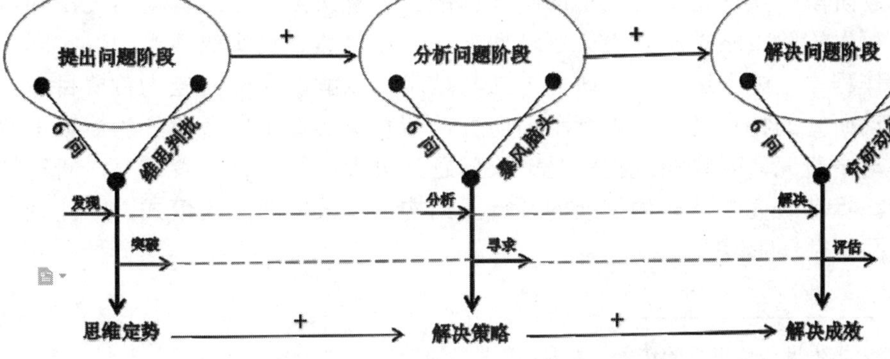

图 2.1　“三段六问”创新法

二、“三段六问”创新法的本质

“三段六问”创新法本质在于创造性提出问题、创造性分析问题并创造性解决问题。在整个问题解决的进程中，重在使用六问分析法厘清问题的症结：提出问题阶段重在突破思维定势，问题分析阶段重在找到最佳解决策略，问题解决阶段重在评估解决成效。

提出问题阶段：具有批判性思维的个体通过使用六问突破思维定势发现问题并提出问题。这一阶段对问题提出者有如下要求：①须具有批判性思维。批判性思维是个体对产生知识的过程、理论、方法、背景、证据和评价知识的标准等正确与否作出自我调节性判断的一种个性品质，包括批判性思维的个性倾向性和个性心理特征。个性倾向性反映个体的批判性精神，个性心理特征反映个体的批判性能力。[①]②必须突破思维定势，摒弃旧的、常规的、无效的思路，从全新视角发现问题并提出问题。思维定势是指个体在过去经验的影响下对认识当前问题产生的一种影响，当解决常规或简单问题时，思维定势发挥着积极作用；当解决非常规或结构不良问题时会遇到一种障碍(思维定势)，只有当这种障碍被有效克服时，才会对问题有一个全新的认识。比如，在“六火柴问题”中，要求被试用六根火柴构成四个等边三角形。这个问题之所以难，是因为人们一般会假设构成的等边三角形都在一个桌面或者两维的平面上，这就是思维定势。[②]只有当人们打破了这种不正确的思维定势，从三维空间角度思考问题时，六火柴问题才能被有效分析和解决。

分析问题阶段：问题分析者使用头脑风暴法和六问法对提出的问题进行分析并寻求解决策略。问题分析者是来自不同背景、不同领域、对该问题具有共同研究兴趣的个体组成的头脑风暴团体。所有参与者在自由愉快、畅所欲言的氛围中综合使用头脑风暴法和六问法，从不同的角度以新颖独创的思维分析问题，抓住问题的本质特征，寻求创造性的解决策略。在进行头脑风暴的过程中需遵循以下几项规则：①在“思考”期间，不应该进行评价；②鼓励自由交流思想，寻求非同寻常的观点；③思想的数量是有一定要求的，提出来的假想、方案、观点、意见越多越好，越新颖独特越好；④需寻求思想的联系和配合：要求其他人员提出改进别人设想的建议，或者要求参与者综合他人的设想提出新设想。[③]该做法提高了成员的学习自主性和效率，拓宽了成员的思维空间，激发了成员的探究兴趣，促进了成员的创造性思维发展，从而能够寻得最优解决策略。

解决问题阶段：实践是检验真理的唯一标准。将解决策略通过行动研究法和六问法应用到实践中可以检验策略实施效果。行动研究法是在自然、真实的情景中，实际工作者按照一定的操作程序，综合运用多种研究方法与技术，以解决实际问题为首要目标的一种研究模式。行动研究的特点是：①为行动而研究，即解决实践工作者所处的情境中遇到的问题；②在行动中研究，研究的过程就是解决问题的过程；③由行动者研究，研究的主体是实践工作者。行动研究法是一种扩展的螺旋式结构，常采用四阶段模式，即计划—行动—观察—反思四个循环阶段。

---

① 罗清旭. 论大学生批判性思维的培养. 清华大学教育研究(04)，2000：81～85.

② 罗劲. 顿悟的大脑机制. 心理学报(02)，2004：219～234.

③ 陈柏华. 论课程行动研究——兼论头脑风暴法和中立主席法，外国教育研究，2001(4)：32～37.

“三段六问”创新法的本质强调创新，具体表现为：①从多个角度对目标进行澄清和分解，或者对问题进行识别和表征；②围绕目标或问题，能够沿着不同的方向进行发散性思考，从多个角度寻求解决问题的途径；能根据一定的目的，将多种思路和各种信息梳理聚焦，进行系统分析与推理，以求得有效的解决方案；③能根据需要，把已有的几种事物(或者其部分)进行重组整合，生成新的、具有更优功能效果的新思路和方法；④凭借新的思路和方法，开展创新实践活动，实现问题的创造性解决。

第二节 “三段六问”创新法的来源、发展与适用范围

一、“三段六问”创新法的来源与发展

三段六问创新法 2.mp4

问题提出：爱因斯坦曾说：“提出一个问题往往比解决一个问题更为重要，因为解决一个问题也许只是一个数学上或实验上的技巧问题，而提出新的问题、新的可能性，从新的角度看旧问题，却需要创造性的想象力，而且标志着科学的真正进步。”创造力之父托伦斯在对创造性的定义中认为，个体首先要“对问题、缺陷以及认知上的不足、不协调、不一致变得敏感”；吉尔弗特和霍普夫纳将问题敏感性列为创造性思维的六因素之一，并将其解释为容易接受新事物，发现新问题；我国学者胡卫平同样也认为问题提出能力是创造力的一部分，也是创造过程的一个要素。

问题分析：问题来源于沃拉斯提出的四阶段理论，他认为分析解决问题需要历经四个阶段：①准备期：准备阶段需要结合所学知识，进行初步分析。②酝酿期：初步分析之后将问题暂时搁置，转向去研究其他方面，使自己的潜意识通过放松、自由地思考来筛选和重新组合问题。③豁朗期：通过一段时间的知识积累和瓶颈期后，突然豁然开朗，找到了问题的原因和解决方法的灵感。④验证期：在创造性问题解决的过程中，由于通过灵光一现而出现的灵感，可能会出现新的意外的问题，所以有时会有重新开始准备期和酝酿期的情况，而且有些相关的概念也会同时出现在不同的阶段。沃拉斯理论是最早由内省法分析问题的步骤，这种问题解决的历程，着重于思考的作用。本文中问题分析阶段是在提取前三个步骤内容的基础上演化而来的。

创造力与问题解决：这是心理学所关注的两个重要研究领域，很多研究者认为它们的关系非常接近，如吉尔弗特早在 1959 年即提出，可以将创造力与问题解决相结合进行研究；巴萨德则从认知心理学角度指出，创造的过程本质上是一种问题解决的过程。随着研究的深入，创造性问题解决的研究领域从知识匮乏领域逐步扩展到了知识丰富领域，从单纯的认知加工问题解决到需要知识参与的问题解决。创造性问题解决适用于结构不良的问题以及模糊情境，当问题解决者使用常规思维无法解决当前困惑时，就必须突破思维定势。

六问：“5W”是在 1932 年由美国政治学家拉斯维尔最早提出的一套传播模式，后经过人们的不断运用和总结，逐步形成了一套成熟的“5W+H”模式，六问法是 5W1H 分析法的进阶版，也叫“六问分析法”，使用中要求对选定的项目，从为什么 (Why)、做什么

(What)、在哪儿(Where)、何时做(When)、谁来做(Who)、怎么做(How)六个方面提出问题进行思考。“六问”是一种流程，更是一种工具，广泛运用于企业管理、日常工作生活和学习中，并且为我们提供了科学的工作分析方法，常常被运用到制订计划草案上和对工作的分析与规划中，从而提高我们的工作效率。

“三段六问”创新法：包括发现并提出问题、分析问题和解决问题三个阶段，三阶段之间是一个层次分明、动态交替的连续过程，是一个有机整体。提出问题阶段，大多数人在面临结构不良问题或界定模糊问题时，会受到思维定势的影响，对出现的问题没有敏感性。该阶段通过六问法破除思维定势，引导大家正确提出问题。分析问题阶段，借助于团队的力量，通过六问法发挥头脑风暴之势，分析问题的原因，寻求问题解决的策略。解决问题阶段，采用行动研究法践行问题解决策略，通过六问法不断诊断问题解决效果，最终达到创造性问题解决。每个阶段的主旨任务不同，经历了批判思维突破思维定势、头脑风暴分析问题、行动研究解决问题三个阶段，其中六问法横贯其中，使每个阶段的任务清晰明确，发挥着整体保驾护航的作用。综上所述，“三段六问”创新法是一系列方法的有机整合，既体现了目标的整体性，又体现了阶段特殊性，是一套创新的方法体系。

二、“三段六问”创新法的适用范围

“三段六问”创新法是适应能力极强的创新方法，大到国家政策方针的制定与实施，小到个人生活琐事，各行各业均可以使用该方法来实现创造性问题解决。在农林牧渔、医药卫生、建筑建材、化工、水利水电、交通运输、软件开发、工具发明革新、轻工食品业、服装设计业等领域中均可使用，表 2.1 为大家呈现“三段六问”创新法使用的典型场景。

表 2.1 “三段六问”创新法的使用范围

序号	领　域	典型场景
1	教育学习	教师教学质量提升问题：教师如何发现教学中存在的问题，如何提出有效的解决策略，如何在教学过程中试行策略并一步步优化策略，最终达到教学质量提升。 学生学习效率提高问题：学生科学分析目前学习效率低下的原因，改变原有学习现状，制定学习策略，提高学习效率
2	科学规划	考研与就业该如何抉择：人生路上有些关键的十字路口需要科学抉择，考研与就业的抉择是大学四年中一个关键，审视自己更适合考研还是就业，权衡自己及环境的条件，科学规划作出精准抉择
3	心理健康	在人际交往中如何做到游刃有余：认识自我、理解他人、适应社会是维护心理健康的基础，与人交往贵在综合认知自我与他人以及所处特定的情境，发现问题，分析问题、解决问题，让自己保持良好心态，与他人游刃有余地交往，适应社会幸福生活
4	产品研发	公司团队研发新产品：依据客户满意度，及时发现问题，分析问题症结，研发新产品，更快速满足不同类型顾客的偏好，提升更大的市场份额，在激烈的竞争中脱颖而出

第三节 “三段六问”创新法的应用解析

一、使用步骤

三段六问创新法 3.mp4

“三段六问”创新法是以单元为单位组成的方法体系，单元之中包括三个阶段，处于开始的单元称之为“源单元”，在此之上衍生出新单元 1、新单元 2……“三段六问”创新法的研究对象是非常规问题。非常规问题可分为简单和复杂两种等级。当面临简单问题时，只需要源单元的参与即可完成，当面临复杂问题时，除了源单元参与之外，还需要新单元 1、新单元 2 甚至更多新单元的参与，直到解决效果评估良好才能输出最终结果。“三段六问”创新法的使用流程如图 2.2 所示。

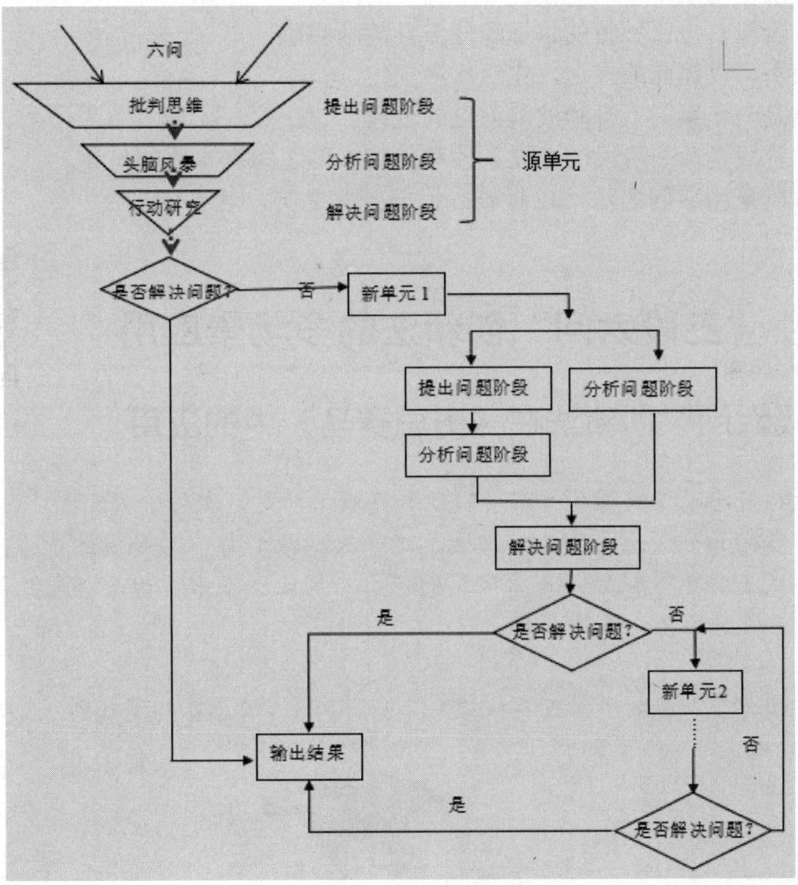

图 2.2 “三段六问”创新法的流程图

二、注意事项

(1) 由于源单元的提出问题阶段锁定问题发生错误而导致分析和解决问题效果不理

想时，则需要从新单元 1 的提出问题阶段重新执行任务；若由于源单元的分析问题阶段出现错误而导致问题解决效果不理想时，则可直接跃升到新单元 1 的分析问题阶段执行新的任务。

(2) 在每一个单元之中，三个阶段的前后顺序是固定的，不能跃阶段执行任务。

(3) 六问在整个流程中始终发挥作用，切不可只在源单元中使用六问法。

(4) 源单元和新单元中的每一阶段都有特定的方法为之服务。

(5) 个体需具有批判思维，积极参与头脑风暴讨论活动，并在行动研究中认真落实并积极反馈。

三、“三段六问”创新法的特点

“三段六问”创新法是一个用于解决复杂问题的有效方法，具有以下几种特点。

(1) 各阶段之间是连续的。

(2) 每个阶段有自己独特的目标和任务且清晰明确。

(3) 阶段不可以提前或推迟，先后次序固定。

(4) 总体是一个螺旋上升和波浪前进的过程。

(5) 前一阶段是后一阶段的必要条件和基础，但之间有本质的差异。

(6) 各阶段采用六问之法，以打破砂锅问到底之势，达到创造性问题解决之目的。

第四节 “三段六问”创新法的多场景应用

三段六问创新法 4.mp4

一、“三段六问”创新法在《田忌赛马》中的应用

齐国的大将田忌很喜欢赛马。有一回他和齐威王约定，进行一次比赛。

他们把各自的马分成上、中、下三等。这一次，他们都依次派出上等马、中等马和下等马。由于齐威王每个等级的马都比田忌的强，三场比赛下来，田忌都失败了。田忌觉得很扫兴，垂头丧气地准备离开赛马场。

……

以上文字摘自：部编版小学五年级语文下册，P85。田忌赛马图如图 2.3 所示。

图 2.3 田忌赛马

这是一个家喻户晓的通过突破思维定势、调整马的出场次序，由弱胜强的故事。但是我们仔细分析以上场景，可以发现很多问题，如何破解这些问题，也未必要用孙膑之法。借用“三段六问”创新法，你会发现哪些问题？你能想出哪些策略化解这些问题？如何帮助田忌化解困境？

【方法解析】

问题提出阶段：当我们看到课文中给出的简单情景时，需进行情景思考：文中交代了哪些问题？还有哪些没有交代清楚的问题？不应该一味地接收给出的信息，不从全局思考问题，因为这样很容易形成思维定势，只有全面思考、全面分析，才能真正帮助田忌化解困难。

(1) 谁提出要赛马的？

(2) 赛马时间是马的最佳状态吗？

(3) 在什么地方赛马？场地对哪些马有利，对哪些马不利？

(4) 齐威王和田忌各自把马分成三等，意味着他们每个等级中还有很多马？

(5) 为什么依次派出上、中、下三等，这个做了规定了吗？齐威王每个等级的马都比田忌的强很多吗？

(6) 这次赛马的目的是什么？

……

(还可继续从不同角度提出问题)

分析问题阶段：针对以上提出的问题，一一对应，进行如下分析。

(1) 如果是齐威王为散心，提出要和田忌赛马，作为大将的田忌配合国王赛马，田忌赛马失败，齐威王欣喜回去处理国务。田忌赛马失败岂不是国之幸事？如果是大将田忌约齐威王赛马，作为大将挑战国王，失败尚可，一旦挑战成功，大将压过国王，此举会不会给自己带来杀身之祸？

(2) 此次约定的时间，是否存在部分良驹不是最佳状态，不适合赛马的问题？能否另约时间再战？是否存在过段时间还有好马运回齐国的问题？

(3) 赛马场地主要分草地、沙地、泥地、胶沙地等，本次赛马场地是哪种场地？更适合谁的马？

(4) 齐威王和田忌应该各自都有很多马，每个等级也有很多马，在每个等级中换马参赛是一种方法；而孙膑采用的方法，让田忌的上等马对决齐威王的中等马，用中等马对决齐威王的下等马是第二种方法；用田忌的三匹上等马对决齐威王的上中下等马是第三种方法；此间如不设限制还有很多获胜方法……

(5) 赛场规则显然没有作出很好的规定，为什么各自将他们的马分了等级，孙膑依然可以打破这个规则，不按等级派出马匹？如果齐威王和田忌的同等级的马相差较大，有可能田忌的上等马未必能胜齐威王的中等马。此外，从这里可以分析出：规则有漏洞，需重新修订。

(6) 这次赛马的目的，只是角逐马力吗？

……

(还可继续从不同角度分析问题)

解决问题阶段：根据以上分析，形成对策，并采用这些对策解决问题，观测效果，找出最佳策略。由于这种场景不是现实生活中的场景，因此此处只将策略提出，仅供思考。在日常生活和学习中遇到困境，可以将想到的策略加以运用，并尝试解决问题，观测问题解决的效果，直至问题得以很好地解决。下面根据问题分析阶段的分析，一一对应提出相应策略。此处，必须指出，提出的策略未必穷尽，还可以继续探讨；提出的策略能否从根源上解决问题，还需在实践中观测效果。

(1) 方法一：齐威王提出赛马，赛后田忌失败。田忌感觉扫兴、垂头丧气。田忌需要改变自己的认知，调整情绪，接受现状。

(2) 方法二：针对田忌提出赛马这种问题，在封建王朝，大将挑战国王，不管挑战成功或失败，对自己日后发展都不利，建议以后不要再发生这样的行为。

(3) 方法三：田忌可以根据自己马的状态，另约恰当的时间再战。

(4) 方法四：可以到别的国物色好马，买回来再战。

(5) 方法五：根据自己马的特征，选择更适合的赛马场，进行比赛。

(6) 方法六：用故事中孙膑采用的方法，让田忌的上等马对决齐威王的中等马，用中等马对决齐威王的下等马。

(7) 方法七：田忌用三匹上等马对决齐威王的上中下等马。

(8) 方法八：田忌与齐威王均选用其他马比赛。

(9) 方法九：分析规则漏洞，制定详细赛马规则，约定时间重新比赛。

(10) 方法十：每人都派出 5 匹马，同时进入赛场，谁的马进入前五的数量多，谁胜。

(11) 方法十一：……

大家通过深入思考，还可以想出很多方法，在现实情景中，需要结合实际情况分析比较各方法的利弊，优选并论证出最佳方法首先进行尝试，如果问题没有得到很好的解决，再选用其他方法，直至问题得到很好的解决。

【延伸思考】

人生百态，世事变迁，应学会用发展的眼光看问题。遇上问题，首先，要明确目的，即终点清晰；其次，分析现状，明确起点在哪里；再次，解放思想，想方法；最后，锲而不舍去行动，在更新迭代中找到最佳方法，创新解决问题。

【人生启迪】

创新是人类的希望，是一个民族进步的灵魂，是一个国家兴旺发达的动力，也是一个人在工作乃至事业上永葆生机和活力的源泉。

在日常生活中，如果我们的创新思维能力很高超，很独特，就会有胆有识，信心百倍，思路就宽，办法就多，问题就能迎刃而解。如果创新思维能力低下，遇到问题就会一筹莫展，束手无策，甚至走投无路。

二、在择业中的应用

深入理解“三段六问”创新法的内涵，熟练掌握该方法的流程，即可游刃有余地处理各种不同场景中的不同问题。在面对问题，分析问题与解决问题的过程中，也不必拘泥于形式。下面用另外一种形式展现如何使用“三段六问”创新法。

以下案例是通过六问之法，从不同视角提出问题，如果择业困惑者能够很好地解答这些问题，将有助于其很好地解决问题。

1. 我喜欢做什么？我能做什么？

俗话说，三百六十行，行行出状元。

想要知道自己适合什么工作，当然要客观地正视自己具备的能力。因为只有认识了自己，才能对自己的职业作出正确的选择，才能选定适合自己发展的职业生涯路线，才能对自己的职业生涯目标作出最佳抉择。自我评估包括自己的兴趣、特长、性格、学识、技能、智商、情商、思维方式、思维方法、道德水准以及社会中的自我等。我们所具备的能力，不单是指通过正规教育获得的证书、专业技能、培训经历、工作经历等“硬技能”；社交能力、沟通能力、分析能力等“软技能”也非常重要，能够反映自己如何处理事情、解决问题，也是重要的考核标准。

2. 我为什么喜欢这份工作？

常见的职业选择因素有：①工资高；②能够充分发挥自己的能力、特长；③职业发展前景；④舒适的办公环境；⑤福利制度完善；⑥培训、学习机会多；⑦地处大城市；⑧工作轻松、压力少；⑨同事之间关系和谐；⑩工作稳定；⑪有职业光环；⑫公司名气大；⑬离家近；⑭对社会的贡献大；⑮良好的企业文化；⑯与国际接轨；⑰经常出差；⑱晋升机会多；⑲方便陪伴家人、伴侣。

根据以上多种择业影响因素，可快速确定心中理想的工作标准。

3. 谁能够对我有所帮助？

在职业规划时，可以向任何对你有帮助的人寻求建议，比如父母、老师以及同学、朋友，还可寻找优秀的前辈同事，学习经验，走好职场第一步。

4. 什么时候可以胜任这样的工作？

想要胜任任何一份工作，最先需要的一定是学习能力，比如新工作环境中的人际关系、工作内容、企业文化，这些都需要新生去学习，而这个学习能力同时还必须高效快速，并且日后还能够保持稳定，不断学习提高自身的工作能力，任何技能都是需要不断更新学习。

5. 我想在哪里工作？

对于工作城市以及地域发展的考虑十分必要，会影响个人未来生活以及发展。要分析环境条件的特点、环境的发展变化情况、自己与环境的关系、自己在这个环境中的地位、环境对自己提出的要求以及环境对自己有利的条件与不利的条件等。只有对这些环境因素充分了解，才能做到在复杂的环境中避害趋利，使你的职业生涯规划具有实际意义。

6. 怎样实现这个职业目标？

初步确定未来的职业发展方向之后，就要制定具体的行动方案，即按照规划的短期、中期、长远发展目标制定出阶段性的行动方案，再将阶段性的方案细化到日常可操作的层面。没有行动，理想只能停留在“想”的阶段，实现目标永远遥遥无期。制订落实目标的具体行动计划，包括工作、培训、受教育、轮岗等方面的措施。这些计划和措施需要施以具体的行动，不能只停留在表面。

【延伸思考】

“三段六问”创新法是多种方法的有机整合，需要实践者针对具体问题进行实操。有道是你改变不了环境，但你可以适应环境；你改变不了现实，但你可以改变态度；你改变不了过去，但你可以改变现在；你不能预知明天，但你可以把握今天；你不能控制他人，但你可以把握自己；你不能事事顺利，但你可以事事尽心；你不能延长生命的长度，但你可以决定生命的宽度和高度；你不能左右天气，但你可以改变心情；你不能选择容貌，但你可以展示笑容……只有转变思想，突破思维定势，发挥创新思维和批判性思维能力，才能创造性地解决问题。

【人生启迪】

“千里之行，始于足下。”“苹果为什么落地？”看似司空见惯的问题，通过不断提问，不断探究，亦可为科学界提出崭新的理论。日常生活与学习中，多提问题，多思考，多实践，多反思将助你快速成长。

“众人拾柴火焰高。”遇上问题，一个人思考解决的思路是有限的，通过团队合作的方式，采用头脑风暴的方式来分析问题，将会探寻出全新高效的问题解决之法。

实践是检验真理的唯一标准。针对具体问题，只有在不断的行动过程中，反复锤炼策略，才能取得最佳解决效果。

第五节　方 法 拓 展

三段六问创新法 5.mp4

一、“三段六问”使用技巧

我们在使用“三段六问”创新法对问题进行分析时可以采用如下技巧以提高工作效率。

(1) 取消。在对任务进行规划设计或者现场实施时，思考某道程序、步骤是否有存在的必要？是否可以取消这道程序以精简任务流程？

(2) 合并。在对任务进行规划设计或者现场实施时，思考能否将任务的几道程序、步骤进行合并？在问题解决过程中合理地使用合并技巧能立竿见影地改善并提高效率。

(3) 调整。在对任务进行规划设计或者现场实施时，根据任务的难易程度和个人的思考习惯，可以先进行简单的任务规划设计，并在此基础使用头脑风暴等分析方法对难点进行集中讨论与解决。即改变完成任务的顺序，也可以提高学习、工作效率。

二、“三段六问”创新法与“5W2H”结构分析法

“三段六问”创新法强调发现并在提出问题、分析问题、解决问题的过程中通过从不同角度、不断提问的策略，突破思维定式，发散思维想办法，从众多方法中优选最佳方法

执行，并在持之以恒的行动过程中，创造性解决问题。其中用的六问是针对某种场景或某个事件发展过程中，展开的关于“谁”“什么时间”“什么地点”“什么事情”“为什么发生”“如何解决、效果怎样”等的一系列提问。这些问题不强调结构，不强调顺序，不强调哪种问题有没有出现，也不限制哪种问题出现的频次。利用“打破砂锅问到底”的方式，不断进行提问，使得问题清晰化，使得方法明了化，使得问题得以创新性化解。5W2H 强调结构完整，强调化解问题过程中 7 种问题代表 7 种要素，缺一不可。两种方法都使用了不同类型的提问方式，但使用的侧重点不同，使用方法不同。使用过程中，尚需具体问题具体分析，恰当选用。

【学生研讨】

(1) “三段六问”创新法在人际交往中的应用。

在个体毕生发展过程中，人际交往对其身心健康发展起着重要的影响作用。一定的人际交往能力是大学生成功走向社会的重要基石，能够助推其在学业和事业上左右逢源，最终取得成功。那么，在大学期间，如何与同学、教师、领导、同事和谐相处，试用“三段六问”创新法进行人际交往管理。

	问题提出	问题分析		问题解决
	现状如何	为什么	能否改善	该如何改善
对象(What)				
目的(Why)				
场所(Where)				
时间(When)				
人员(Who)				
手段(How)				

(2) 针对生活中碰到的各种困扰，试用“三段六问”创新法梳理问题、解决问题。

(3) 如何化解考研与就业之惑。

(4) 我更适合选择什么样的朋友。

【学习收益】

培养批判思维，思维变得更敏锐；
掌握头脑风暴，团结方能铸辉煌；
践行行动研究，理论需联系实践；
注重创新思维，探索开辟新局面；
使用发散思维，多方位提供思路；
善用三段六问，学习生活变条理。

【资源链接】

[1] 李剑锋，刘桂珍. 论批判性思维训练的途径及其问题[J]. 西北师大学报(社会科学版)，2006(3)：63～67.

[2] 夏欢欢，钟秉林. 大学生批判性思维养成的影响因素及培养策略研究[J]. 教育研究，2017(5)：67～75.

[3] 付俊英. 论思维定势与创造性思维[J]. 科学技术与辩证法，2000(5)：20～23.

[4] [美] 菲尔・杜森伯里. 洞见远胜创意[M]. 宋洁译. 上海：上海远东出版社，2014：7～11.

[5] 加里・R. 卡比，杰弗里・R. 古德帕斯特. 思维——批判性和创造性思维的跨学科研究[M]. 韩广忠译. 北京：中国人民大学出版社，2009：168～239.

中国话语可以走遍天下，我们可以用中国话语把中国的事情解释得清清楚楚，也可以把世界的事情解释得清清楚楚。

——中国发展模式研究中心主任张维为

第三章　QIM 社交法

东京奥运会开幕式

2021 年 7 月 23 日晚 7 时，“迟到”一年的东京奥运会终于开幕了。在奥运会百余年历史中，这是首次推迟，这也是新冠肺炎疫情下举办的一场全球性人类体育盛典。开幕式前，人们对于东道主会有怎样的表现有着许多期待。当开幕式渐入高潮，大屏幕上开始展示东京奥运会的运动图标，观众朋友们通过短片了解到，在 1964 年东京奥运会，是日本人首次发明了运动图标，意思是用简单的图形代表奥运会的运动项目。从那以后，运动图标就成了奥运会的一个传统沿用至今。在 2021 年的东京奥运会现场，舞台中央竟然表演起了“超级变变变”。几位蓝白“工具人”在不到 5 分钟的时间内，用肢体动作和道具快速模仿了 50 个运动图标，串起了本届奥运会的每个运动大项。全球各地网友风评这是整个开幕式最欢乐的一段，全场最佳！虽然演员在拿羽毛球拍环节出现了小失误，但是手忙脚乱的感觉，反而增加了东京奥运会开幕式的亲民性，成为全球观众记忆最深刻的高光时刻，如图 3.1 所示。

图 3.1　东京奥运会开幕式《超级变变变》(图片来源：开幕式视频截图)

东京奥运会开幕式全程长达 3 小时，只占 5 分钟的“奥运图标变变变”成为开幕式亮点，让全球观众情同与共，可以说有效传达了本届奥运会开幕式的主题——United by Emotion(情同与共)。那么它是怎么做到呢？

《超级变变变》环节的成功，可以说离不开精准的信息传达、高频次的视觉印象与观众的共鸣三方面之联合打造。

1964 年第 18 届东京夏季奥林匹克运动会，是奥林匹克运动会第一次来到亚洲，也是日本第一次进入奥运会奖牌三甲。推迟至2021年举办的东京奥运会开幕式如何与1964年东京奥运会的辉煌遥相呼应，以唤起全球体育爱好者的奥运情怀，是东京奥运会开幕式上首要传达的视觉信息。作为奥运会运动图标的首创国，回顾奥运会运动图标的设计历史可谓首选，为了向经典致敬，2020年版的运动图标本身就是在1964年版的基础上的优化，如图3.2所示。

图3.2　1964年版与2020年版东京奥运会运动图标(图片来源于网络)

如何与历史既有联系又相区别，东京奥运会开幕式的导演大概也想破了脑子，最终选择让50个人形运动图标在开幕式现场快节奏地动起来！视频形式的创意来源于日本NTV在20世纪70年代末制作出品的真人秀节目《超级变变变》——这是个变装创意作品的现场竞技节目，也是不少“80后”“90后”的青春回忆。

2020年东京奥运开幕式上的运动图标之人形速变，可以说选择了非常理想的社交表现形式(Manner)，在最短时间内用最低的成本，一举切中线上观众的热烈共鸣；在回顾介绍日本是奥运会运动图标的发明者等信息的同时，精准传达了2020版运动图标的优化设计(Informativeness)；视频在限定时间内(5分钟)制造了最快节奏的视觉切换，达到交流频次最大化(Quantity)，是QIM社交法的优秀案例。难怪在开幕式当晚迅速登上全球各大社交平台热搜，于最短的时间内俘获最多的观众心，最大限度地传递了东京奥运主题精神，激起全球范围内的“情同与共”。

第一节　QIM社交法的内涵、本质及步骤

一、社会交往与QIM社交法

理论与概念.mp4　　内涵与来源.mp4

QIM社交法中的“社交”，并不是我们日常生活中的“寒暄”，也不是两个人或多个人之间的“聚会”，更不是“应酬”的学名。QIM社交法的“社交”，是马克思主义“社会交往”概念的简称，是指在一定的历史条件下，个体与个体之间、个体与群体之间、群体与群体之间的互动往来，包括语言、肢体语言、通信手段、运输工具、货币等各种方式。

社会交往是从马克思的交往理论中提取出来的，用以从动态角度分析社会现象的基本概念。在马克思、恩格斯那里，社会交往指的是人在生产及其他社会活动中发生的相互联

系、交流和交换。

在当代人类社会实践中，人的任何一种活动，无论对自身还是对他者乃至整个全球共同体都会迅速地产生传动效应。在某种意义上说，当代社会的人类是生活在交往的时代里，交往成为当代人类的生存境界之一。它既是人个体的存在形式，也是民族和国家的存在形式。

社会交往的效果(Social effect)可能好，也可能差，这取决于不同群体之间的依赖性和相互理解的程度，取决于社交主体是否采用最有效的、对方(客体)最易于接受的形式表达自己的思想和感情，以及建立相互关系的能力，这个能力也可以称之为“交往力”。

二、QIM 社交法的内涵

QIM 社交法是指个体或群体在社会交往中，当社交客体的推理努力保持不变时，通过改变社交主体的交际数量、信息量和方式等步骤，有效提升交往力，实现预期社交目标的方法。

Q 代表 **Quantity Principle**，即数量原则，意思是使你的社交如(交往的当前目的)所要求的那样信息充分。在符合信息量原则的前提下，表达得尽可能多。

I 代表 **Informativeness Principle**，即信息量原则，意思是你的表达应是必要的。在符合数量原则的前提下，只说必须说的。没有必要使你的表达比所要求的信息更充分。

M 代表 **Manner Principle**，即方式原则，包括语义表达与行为。不论是国家、集体还是个人所发布的言论与其实际作为相叠加，最终会塑造出一个形象，这个形象分为“自塑形象”与“他塑形象”(关于这两个概念，会在第三节详述)。所以方式(M)不仅是主体对外交往的选择，同时也是自我形象塑造的原则。

用公式表示，如表 3.1 所示。

SE(社交效果)=C(社交主体的交往力)×E(社交客体的推理努力)

C=Q(社交主体的交际数量)×I(信息量)×M(方式)

如果：

Y=SE　X=C　E 为常数

则：

SE=C×E

表 3.1　SE=C×E

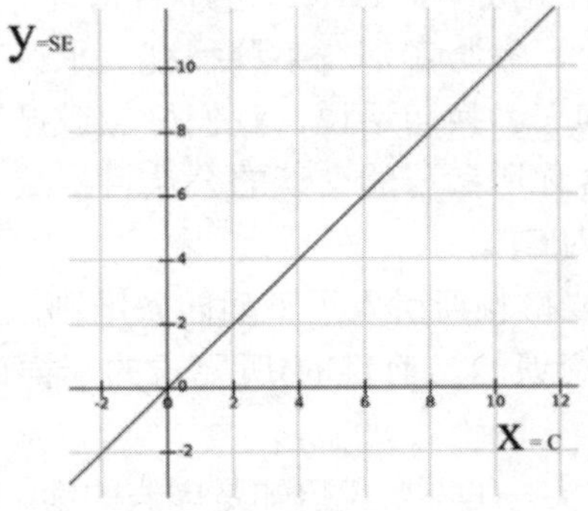

从表 3.1 可以看出，不论是个体社交还是群体社交，或国家间的社交关系，变量 C 的增长都能带来 SE 的增长，也就是说 QIM(数量、信息量、方式)三个层面的变化均会引发交往力(C)的等比变化。在数据模型中，我们假定社交客体的推理能力(E)不变，但事实上在实践过程中，只要我们运用恰当的表达方式，有效传达所必需的信息量，社交客体的理解和接受能力或多或少都会增长，E 与 C 的共同变化更会有效地提升社交主体的交往力。

三、QIM 社交法的步骤

应用和实施 QIM 社交法，基础是弄清楚社交客体的情况，前提是明确自己的社交目的，进而根据社交目标确定交流信息 I 的覆盖范围，在 I 的范围内选择合适的社交方式，在一定的时间与空间内，实现交流数量 Q 最大化。具体可细分为 6 个步骤。

一是明确社交目的。在有计划的社交之前，要非常明确自己的社交目标。社交目标是根据社交主体的需求制定的，最好用文字写下来。

二是了解社交客体。对将要交往的对象，在现有条件下进行最充分的了解与追踪，所谓“知己知彼 百战不殆”。

三是限定信息量。根据社交目标，限定本次社交中需要传达的信息范围、主旨和重点。

四是选择社交方式。根据客体情况与社交目标，选择合适的社交方法。主要分为行为和话语两部分内容，①社交主体保持独立，通过实际行为表达自己的态度、观点和立场；②在社交客体易于理解、乐于接受的前提下，建立有识别度的话语体系，逐步提升话语权。

五是增加频率。在以上原则所限定的信息范围内，尽可能多地表达自己，增加交往频次。

六是反馈总结。收集社交效果反馈信息，总结经验，为新一轮的互动交往做准备。

第二节　QIM 社交法来源、形成、发展与适用范围

一、方法的来源、形成与发展

范围与步骤.mp4

QIM 社交法是在马克思、恩格斯提出的社会交往概念基础上，结合语用学的重要理论——会话含义理论而产生的。会话含义理论最早由牛津大学的哲学家格赖斯提出，他认为会话是有规律的。“我们的交谈通常不是由一串互不相关的话语组成的，否则就会不合情理。它们常常是合作举动，至少在某种程度上，参与者都在某种程度上承认其中有一个或一组共同目标，至少有一个彼此都接受的方向”。换句话说，我们好像遵循了这样的原则：“使你所说的话，在其所发生的阶段，符合你所参与的交谈的公认目标或方向”。这个原则叫合作原则(Cooperative Principle)，简写为 CP。

为了进一步具体说明 CP，格赖斯引入了下面四条准则。

数量：①使你的话语如(交谈的当前目的)所要求的那样信息充分；②不要使你的话语比所要求的信息更充分。

质量：设法使你的话语真实。①不要说自知是虚假的话；②不要说缺乏足够证据的话。

关系：要有关联。

方式：要清晰。①避免含混不清；②避免歧义；③要简练(避免冗长)；④要有序。

会话含义理论为解释语言的使用开辟了一条新思路，立即引起了语言学家的关注。不过，在合作原则及其准则中还有一些矛盾和重复多余的部分。因此，到后格赖斯时期，语言学家尝试着把这些准则简化成一套原则，这套原则是不可缺少的，同时又不会有重叠。例如：数量原则、信息量原则和方式原则。

这个三分模式是莱文森在他 1987 年的论文“语用学与照应的语法——约束和控制现象的部分语用简化”中提出的。莱文森的“数量原则、信息量原则和方式原则”实质上是对格赖斯的数量准则的两条次则和方式准则的重新解释。莱文森把数量准则第二条次则重新命名为“信息量原则”，简写为 I 原则；数量准则第一条次则命名为“数量原则”，简写为 Q 原则。讲到方式原则时，莱文森指出，要区分两种“最小化”：语义最小化和表达式最小化。莱文森主张，只有语义最小化与信息量原则有关。表达式最小化则属于方式原则，因为它与语言单位的形式有关，与表达的方式有关，而与表达的内容或表达的多少无关。

QIM 社交法是山西师范大学“方法论通识课”课题组的原创研发，在马克思、恩格斯“社会交往”的概念基础上，尝试寻找提升社交主体交往力的方法。在这个过程中借用了语言学家莱文森的“数量原则、信息量原则和方式原则”，这也是 QIM 三个字母的由来。在分析社交效果时运用了正比例函数模型。马克思主义理论、语言学理论、数学模型三者共同构成了 QIM 社交法的概念内涵。

二、适用范围

OIM 社交法的适用范围并不被字面上“社交”二字所局限，QIM 社交法的使用目的不是为了安抚社交活动中的情绪，也不提供社交技巧。QIM 社交法其实是解决问题的一种方法，是通过影响对方而不是强制对方来达到我方目的。这个方法可以用于个人与团体、团体与团体、国家与国家之间的成长共存、冲突化解、增加合作。

QIM 社交法的目的是不回避、不极端、不扩大化地通过正面接触解决问题。本方法适用于社交客体并没有付出太多努力，不愿积极参与社交的情况下，我们如何通过改变社交主体的交际数量、信息量和方式等步骤，树立形象，提升交往力，力求在个体或群体间的社会交往活动中获得预期效果。

(一)国际关系与国家形象塑造

华春莹直接回应，严厉驳斥“涉疆谎言”

2021 年 3 月 31 日外交部例行记者会，在面对他国对中国的治疆政策妄加指责的问题上，外交部发言人华春莹采用播放幻灯片举证等方式进行了有效回应与精准反击。

华春莹首先阐明我方观点——“所谓中国‘灭绝种族’是违反国际法的弥天大谎。”通过梳理“灭绝种族”这一概念的产生历史，可以得出：“对灭绝种族罪的认定需要经过权威、严格的法律程序，要经得起事实和历史的检验。任何国家、组织和个人都没有资格和权力随意认定别国犯有‘灭绝种族罪’。”与此同时，播放幻灯片展示图片，借助真实的新闻摄影照片展示了新疆人民过着安居乐业的生活，各少数民族的合法权利和权益得到充分保护。

既然“灭绝种族”在中国并不存在，那么美国称中国政府在新疆进行“种族灭绝”的目的何在？华春莹针对美国政府的真实目的做了客观分析：“所谓新疆维吾尔族问题，只不过是美国企图从内部长期搞乱中国、遏制中国的战略阴谋。”再反观美国政府自身，华春莹举出美国历史上屠杀灭绝印第安人、贩卖奴役黑人；“9·11”后美国以反恐为名对某些国家发动军事侵略；在关塔那摩监狱和阿布格莱布监狱犯下虐囚罪行。2021 年联合国人权理事会审议美国国别人权报告时，有 110 多个国家对美国人权问题提出了批评，要求美国切实解决自身存在的歧视少数群体等系统性问题。

【方法解析】

本国或他国公民、组织或媒介对包括政府外交和公共外交在内的中国外交形成的相对稳定的认知和评价，构成了中国的外交形象。华春莹在 2021 年 3 月 31 日外交部例行记者会的发言，话语表达直截了当，逻辑关系层层推进，成功塑造了中国外交直率、坦诚的形象。藉此我们发现话语会影响个人及组织在公众心目中的形象。近几年我国政府非常重视对外宣传，就是因为话语能够塑造一个国家一个政党一个组织的形象，话语在构建形象方面发挥了非常重要的作用。

习近平在十九届中央政治局第十二次集体学习时的讲话也说：“我们要把握国际传播领域移动化、社交化、可视化的趋势，在构建对外传播话语体系上下功夫，在乐于接受和易于理解上下功夫，让更多国外受众听得懂、听得进、听得明白，不断提升对外传播效果。”这里的“对外传播效果”也可以理解为一个国家的交往力。交往力的提升有赖于利用客观条件，比如“把握国际传播领域移动化、社交化、可视化的趋势”；选择合适的方法(M)，“在乐于接受和易于理解上下功夫，让更多国外受众听得懂、听得进、听得明白”；注意信息(I)发布的内容与数量，“构建对外传播话语体系”。这正是 QIM 社交法“不回避、不极端、不扩大化地，通过正面接触达到社交目的”的践行。

【方法效果】

华春莹在例行记者会上对话的主要对象是美国，但很明显美国并不积极配合我方社交，但是本次外交部发言依然赢得了潜在社交客体的认可，取得了预期对外传播效果。2021 年 5 月 13 日联合国人权理事会前民主公平国际秩序问题独立专家德扎亚斯日前在日内瓦接受新华社记者专访时说，美国对中国新疆所谓“种族灭绝”的指控纯属无稽之谈，是别有用心的宣传和患有“中国恐惧症”的表现，违反了联合国《公民权利和政治权利国际公约》。[①]

(二)商业领域与企业形象塑造

鸿星尔克捐款爆红 8 天销量翻 52 倍

2021 年 7 月，河南遭遇暴雨导致大范围水灾，事发后，诸多知名企业和公众人物纷纷

① 联合国前专家：美国对中国新疆所谓“种族灭绝”的指控纯属无稽之谈，https://world.huanqiu.com/article/436mQnkl2eP.

捐款援助河南。鸿星尔克在 7 月 21 日向河南捐赠 5000 万元物资，这一消息隔天被网友发现后，迅速发酵。7 月 22 日晚，话题“鸿星尔克的微博评论好心酸”，登上微博热搜第一，在这条微博评论下方，众多网友将“感觉你都要倒闭了还捐了这么多”的评论顶上了热评第一。部分网友说，若非这次上热搜，不少人已经忘记了这个创办二十余年的运动品牌。与此同时，22 日晚，鸿星尔克的抖音直播间里也涌进了许多网友。此前，鸿星尔克直播观看数仅几千，22 日晚直播观看数达到了 201 万，直播间粉丝量也增至 763 万。大量消费者涌入鸿星尔克直播间购买产品，鸿星尔克直播间主持人说，“不要因为我们捐钱了就买我们的商品，喜欢就拍，不喜欢不要勉强”。虽然主播多次提醒“理性消费”，但鸿星尔克的销量依然“蹭、蹭、蹭”地往上涨。据网络消息称，鸿星尔克当日的销售额同比增长就超 52 倍，3 天的销量更是超过了半年总和，如图 3.3 所示。

图 3.3　鸿星尔克线下售罄(图片来源于搜狐新闻[①])

【方法解析】

鸿星尔克低调捐款行为本身并不是商业宣传，却意外地打开营销之路，这反映出信息时代交往形式的多样性。鸿星尔克作为商业销售方，其对外的交往目的首要是盈利。事实上在 2020 年国货品牌的营收财报中，鸿星尔克以 28.43 亿营收位列倒数第一，甚至这一年总体亏损 2.2 亿元。在这样的情况下，鸿星尔克默默捐出 5000 万的物资，意外地触动了中国人民的真情。而鸿星尔克在直播间劝导消费者“理性消费”的举动更是树立起与众不同的企业形象，极大地增加了消费者的信赖度，不但在短时间内大幅度增加了销售量，更使“鸿星尔克”成为良心国货的代名词，牢牢地扎根在消费者心中。

“鸿星尔克事件”可以说是一家企业在偶然的时机，使用正确的方式，恰到好处地提升了企业交往力。而这一切也许是鸿星尔克作为民族企业的经营理念造就的，正如总裁吴荣照所说：“我觉得就是要把自己企业的命运和国家的命运紧紧地联系在一起，因为有国才有家，只有国家强盛了，企业才会强盛。”

(三)跨文化交流领域的应用

海外孔院，如何融入

全球第一所孔子学院创办于 2004 年 11 月，截至 2016 年年底，中国在海外已发展至

① https://www.sohu.com/a/480275067_121033355.

513 所孔子学院和 1073 个孔子课堂，分布于 140 个国家。据《孔子学院年度发展报告》最新数据显示，孔院目前拥有各类面授学员 155 万人，网络学员 59.7 万人。我国为此也投入了巨大的人力与财力，孔院院所的增速经过高速增长之后，从 2016 年开始明显放缓，2016 年仅仅从 500 所增加到 515 所，净增 15 所，年增速回落到 3%；孔院的经费增速也开始放缓；2016 年度总经费 314116000 美元，年度增速回落至 1%；孔院教师数量增速更明显停滞，2016 年只有 14442 人，低于 2014 年的 15500 人。[①]

【方法解析】

社会学家费什曼(Fishman，1968：46)提出一条格言警句式的定律：社会语言学研究什么人说什么，对谁说、何时说，以及为何说的问题。可以说孔子学院在海外的办学正是中国人在当今向世界说中国话的国际社交活动。孔子学院的软实力集中表现在具体的对外传播效果，以及它代表的中国在境外舆论场中所展现出的国家形象和对应占据的国际话语权。因此，为有效地达到“中国故事，国际传播”的目的，孔子学院在西方的“落地”就必须考虑话语内容的有效性与针对性问题，在表达式上要符合数量原则和信息量原则，以提升孔子学院的交往力来化解国际社会对于中国的种种误读和偏见。

【方法应用】

国际的跨文化交际也是由具体的人来交往实践的，只要是人的交际，就带有着主观可塑性，其中包括一个人的个性魅力与内在智慧等诸多可变量。在这里让我们列举一个真实的案例，看看坦桑尼亚孔子学院志愿者海霞如何积极社交，融入当地生活，传播中华文化的。

生活在莫罗戈罗，方能感受大山环抱、空气清新；工作在穆斯林大学，方能感受信仰风俗、不同文化的交融；生活在莫罗戈罗穆斯林大学，方能明白什么是真正的“入乡随俗”“循俗而生”。信仰的力量，或是无形而又难以撼动的。而语言、饮食、服饰、习俗，则是更好地展现其细微详尽的各个层面。在莫罗戈罗穆斯林大学里，见面时要记得先问好——不是随意地问一声“你好、早上好”——请你面带微笑，发自内心地给对方一声真诚的问候；吃饭时要记得说谢谢——不是随意地说一声“多谢、麻烦您了”——请你温声细语，懂得感恩地给对方一句衷心的感谢；着装时记得要得体——不是随意地“T 恤衫、牛仔裤”——请你大方得体，即使在炎炎夏日，也要选择适合自己风格的长袍长裙；递物时要记得用双手或右手——不是随意一递一给——请你想着“双手并用、以右为尊”。在非洲每一粒粮食的可贵。递送食物或者吃饭都是用双手或者右手，以示尊重。吃饭时安静地坐在那里就好，较少地喧哗吵闹。女生是和男生分坐在不同的区域。在这里女生女教师都需要穿着长袍长裙，以含蓄为美。我们在这里教授汉语，传播中华文化的同时，也要尊重这里的信仰文化及风俗。或许我们穿的不仅仅是一件“华丽的袍”，而是对不同文化风俗交融的合理化接纳。[②]

---

① 宁继鸣. 孔子学院研究年度报告[M]. 北京：商务印书馆出版社，2019.

② 经本文作者海霞授权使用，https://www.baidu.com/link?url=WCOWQfSmCD5UMZUHNdpZLgJv_8dVghLuH0-XXj7fbtzeI1rqz47_3gYu2alsm3g4nSrIqq6ik2ojAXT9Ow5SGK&wd=&eqid=94894cb1001f38a90000000260e2df9a.

第三节 QIM 社交法的多场景应用

一、社会交往促进人的自我发展

案例与应用.mp4　　自我与社会.mp4

“自我”是个人成长中的重要概念，有的同学认为，社交会让自己丧失自我。真的是这样吗？说到“丧失自我”，我们首先要明确什么是“坚持自我”。心理学上，有一个与坚持自我密切相关的概念，叫作自我分化(differentiation of self)[①]——它决定了一个人能否拥有清晰的自我感，以及他是否能在外界压力下依然坚持做自己想做的。那些自我分化能力极低的人在与他人的关系中常常呈现出两种极端状态——情绪隔离(emotional cut-off)或情感融合(fusion)。顾名思义，前者是一种刻意的疏离状态，即回避与他人建立链接。[②]

日本设计大师山本耀司(Yohji Yamamoto)说：“‘自己’这个东西是看不见的，撞上一些别的什么，反弹回来，才会了解‘自己’。所以，跟很强的东西、可怕的东西、水准很高的东西相碰撞，然后才知道‘自己’是什么，这才是自我。”山本耀司指出了社会交往对个人的意义。社会交往是个人认识的产生、深化和发展的必要条件；社会交往能够促进人的全面发展；社会交往有利于个体成长，能够提高个体生产力，促进社会生产力的创造、保持、传播和发展。如果因为害怕自己在与他人链接的过程中“被吞噬”而将自己与所有人都保持距离，那么这不过是用逃避与人的链接来达到一种不堪一击的“伪独立”状态(Nichols& Schwartz，1998)，并不是真正的“坚持自我”。

【方法应用】

巴赫金说：“人文科学的对象，是表现的和说话的存在。”在巴赫金看来人只有在对话中才能显示出人之为人的本质。因为生存于社会中的人，没有人能够脱离与他人的关系而单独存在。而对话是我们社会生存的最低条件。单一的声音无济于事，只有自我与他人的对话关系才构成我们真正的生命存在。

与其说我们想坚持自我，不如说我们想在与他人的对话中彰显独特的自我形象。事实上我们每一个人每一天都在塑造着自己的形象，我们的所作所为、说话言语、衣着打扮……都塑造了我们的形象。形象关系到自我对自我、外界对自我的认知。形象的形成，可以通过直接塑造与间接塑造两方面来达成。最直接的塑造莫过于一个人的所作所为，你

---

① 自我分化这一概念由家庭系统治疗的奠基者 Murray Bowen 提出的，它指的是一种能够分辨和管理个人的情绪和理智，并将自我独立于他人之外的能力。

② “自我分化”等心理学概念来自公众号 KnowYourself 的推文《为什么有的人特别清楚自己要什么？| 如何科学地做一个坚持自我的人》https://mp.weixin.qq.com/s?__biz=MzA4NjcyMDU1NQ==&mid=2247489065&idx=1&sn=7650636c376c5807681b42493eb09aa0&chksm=9fc53f6da8b2b67bec07328e2d6cd9c14addd9f1b6706561f74be0b2b46a8696fef5b504614e&mpshare=1&scene=23&srcid=0726Z8WFLAcj29Kgj1EJJ1gB&sharer_sharetime=1627307950660&sharer_shareid=4cc7bcd78ee303d2f6360a017e010909#rd.

的行为会给对方带来最直观的形象，这种形象叫作自塑形象。但是“亲历一个人的所作所为而对这个人形成形象”的受众并不会太多，所以我们的形象建构还包括“没有见过我们的人通过别人的描述、转述建构出的我们的形象”，这叫作他塑形象。

不得不说，影响我们自塑形象被对方和盘接受的变量因素很多，十分复杂。塑造的形象与接受的形象不可避免地会发生一定程度的变形，这也是最常见的人际关系烦恼。但是如果合理地运用 QIM 社交法，对大部分人来说，还是可以在受众心中形成一个相对稳定的形象。

二、职场竞争中的社交法则

当我们带着书生意气毕业离校，试图将社会改造得更美好。而晋升的现实却一次次冲击我们的身心，上演一幕幕“理想很丰满 现实很骨感”的职场传说。初出茅庐的青年人应该如何实现抱负？让我们看看李白的故事。

青年李白在“开元之治”时期，树立了远大的政治理想，激发了强烈的建立功业的热情，“莫谓无心恋清景，已将书剑许明时”。然而当李白奉诏入朝，成为天子的近臣，三年待诏翰林期间，却几乎全是侍候帝妃吃喝玩乐，为什么？

有人说是因为李白让高力士脱靴，得罪了权贵之故。事实上高力士有没有给李白脱靴，在严格的文献考证中并没有证据确凿的记载。相反，唐人李肇在《唐国史补》一书中写道：李白遂伸足令高力士脱靴，“上命小阉排出之”。就是说由于李白失礼，唐玄宗命令小宦官把他赶出宫去。可见，高力士并没有为他脱靴，反倒是李白大丢面子。唐人段成式所写的《酉阳杂俎》一书，其中写召见结束，李白走后，唐玄宗对高力士说了一句，“此人固穷相”。所谓“穷相”，意思是说李白是穷措大，有些不识抬举的意思。《旧唐书·李白传》也记有这个故事，其记载与《唐国史补》基本相同，只是将李白赶出宫门，改为“由是斥去”，终生放归山林。[①]从上面的几则记载来看，李白并不是一个职场胜利者，不管他有没有让高力士脱靴，也必然是其某些行为引起了玄宗的反感，影响到李白后续的政治生涯。

【方法运用】

如果李白能够遵循 QIM 社交法，明确自己与唐玄宗的社交目的是辅佐天子“济苍生，安社稷”，在建功立业之外，不做无效交流和行为互动，他的政治命运是否会有所不同？

第四节　方 法 拓 展

QIM 社交法是在社交过程中通过语言、会话、展示等多种方式提高社交质量的行为方法，与心理过程探询法(ORID)、3C6Q 创新法等方法有共通之处，但后两种方法更偏重思维。下面，将简单阐述本章方法与上述方法的区别和联系。

---

① 杜文玉. 高力士为李白脱靴事质疑[J]. 文史知识，2018(8)：47～54.

一、与心理过程探询法(ORID)的区别与联系

四层次探询法(ORID)是一种通过向人们提问观察、体验、理解、决定四个层次方面的结构化问题来引导人们的思维过程，从而使思考过程与心智模式保持一致，以获取人们关于事件的真实想法。

如概念所述，心理过程探询法的落脚点是“获取人们关于事件的真实想法”。方法着重于“人”与“事”，而 QIM 社交法主要作用于“社交主体”与“社交客体”，这是二者最大的不同。心理过程探询法对于 QIM 社交法而言，恰恰可以用于社交主体确定社交目标、社交客体情报收集等前期阶段，心理过程探询法可以为 QIM 社交法的有效实施奠定基础。

与 QIM 社交法联系更紧密的是“聚焦式会话法”。心理过程探询法(ORID)中的“O—R—I—D”四个过程也是聚焦式会话的核心过程，“聚焦式会话”法延续了“心理过程探询法”的优势，在人们之间建立了深刻的、有意义的交流。而这也是 QIM 社交法对社交效果的追求。

二、与“3C6Q 创新法”的区别与联系

“3C6Q 创新法”是创造性解决问题的方法。3C 是指有关问题状态的三个创造性(creativity)阶段，分别是创造性问题提出阶段、创造性问题分析阶段、创造性问题解决阶段。6Q 是指在问题状态的每个阶段所要使用的工具，包括以下 6 个问题(Question)：“WHAT、WHY、WHO、WHEN、WHERE、HOW”。

可以说只要我们设定的社交目标属于创造性问题，那么在 QIM 社交法中就可以使用 3C6Q 创新法，尤其是在分析社交客体、选择社交方式(M)等环节。

【学生研讨】

学校中有一个实力很强的团队在做一个研究项目，我是一个大一新生，我想加入这个团队参加这个项目学习提升，如何才能让这个团队接纳我？

本场景与问题设置由山西师范大学美术学院 2020 级张子健同学提供。

【资源链接】

[1] 关于莱文森的“数量原则、信息量原则和方式原则”，可以参考胡壮麟的《语言学教程》，北京大学出版社，1988.

[2] 关于“逻辑学”的相关知识，可以阅读霁阳编著的《逻辑学原来这么有趣》，北京：中国商业出版社，2018.

[3] 关于孔子学院的相关思考，可以查阅《孔子学院研究年度报告》以及徐丽华、包亮主编的《非洲孔子学院探索与研究》，长春：吉林大学出版社，2019.

[4] 张维为. 中国三部曲：中国超越[M]. 上海人民出版社，2015.

生活是复杂的，这才令人感到趣味无穷，我们需要一种能把握它的复杂性的思维方式，以便让我们根据生活的复杂性相应地确定我们的目标。

——坎贝尔·美国作家

第四章 ORID结构思维法

你能在 20 秒时间内记住并按顺序回忆：辣椒、鸭子、耳朵、国旗、吊车、手枪、拐杖、锁链、气球这 9 个词组吗？

你看过世界记忆大师的表演吗？他们能在几十秒时间里，记住上百个混乱的数字，并能够按顺序将它们复述出来。更神奇的是他们还能够随意调取其中任意一条信息。很多年前人们认为这些人有特异功能，但随着对记忆术的揭秘，人们发现原来记忆大师并不是凭借特异功能来记住这些混乱的信息，而是采用了许多辅助记忆的方法。这些辅助记忆法有一个特点，它们本身具有独特的结构，可以帮助记忆大师把混乱信息变成有序的、结构化的信息。举一个例子，123456789，这是人们再熟悉不过的一串数字，但是它可以变为结构化的记忆工具。试着用这几个数字来将前面提到的那 9 个词组建立联系，是不是很容易就记住它们了？

当然，在工作和生活中我们并不经常需要做这种机械记忆，我们从这个案例中学习到的是“结构化思维”的强大功能。

第一节 ORID结构思维法内涵、心理机制与注意事项

一、ORID结构思维法的内涵

ORID1.mp4

结构思维法是指通过设定特定的程序将思考过程结构化，从而使思考过程更加清晰的一种思维引导方法。常见的结构化方法有二分法、要素法、过程法、矩阵法等。思考过程的结构化分为横向结构和纵深结构，横向结构一般是指根据事物的结构特性逐个进行思考，以使思考更全面，不会遗漏重要方面；纵向结构是指可以对事物进行深度思考，防止停留在事物的表面。中小学生学习写人物、事物描写类作文时按照这种思路来写，就不会出现千篇一律或无话可写的情况。以描写某种水果为例，可以通过形、色、气味、口感、触感等几个方面把自己的观察体验描述出来。也可以横向纵向联合，描写人物的外貌，可以描写他的身高、穿着、五官、声音、表情等外部特征，再进而可以通过一件事来表现他的性格，而这性格当中就包含了一个人的价值观、态度、智慧等内部特征；又如在管理工作中，既可以通过管理内容清单进行全要素分析，还可以采用 SWOT 分析法进行优势分析。

ORID 结构思维法就是一种遵循心理过程的横向和纵向结构，通过引导人们反观自己在事件中的观察、反思、解释、决定等四个层次的问题，如图 4.1 所示，引导人们更加全面、清晰地进行思考，从而对事物、事件有更加准确的认识和判断。

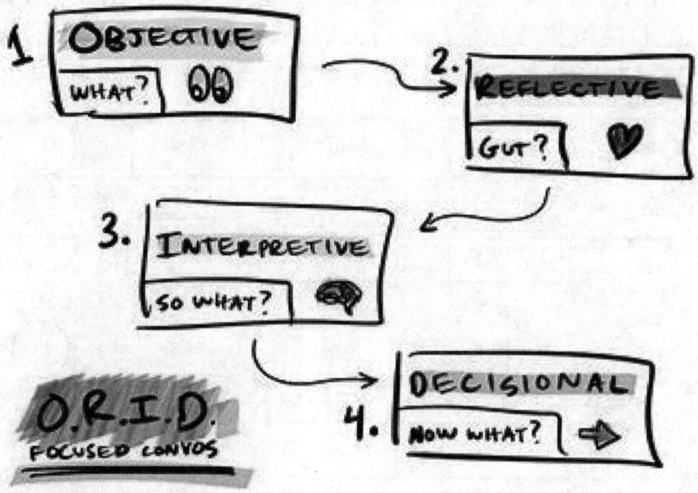

图 4.1 ORID 结构思维法的四个步骤

其中，“O”代表“Objective Data”，指事实层面的数据，即与人通过视听触味嗅等感觉器官与事物直接发生关联所获得的信息，如你所看到、听到、闻到、尝到、感触到的有关事物的信息，你的这些观察就是你做进一步判断的“客观”基础。这部分信息其实并不客观，它包含着观察者感官的差异性，然而这种差异性是人在认知客观事物时所不可避免的。

“R”代表“Reflective Data”，指与人们的情绪感觉相关联的信息，即情绪、情感、联想、回忆。这部分信息也被人们从思考过程中忽略掉，有时候人们甚至认为它是有害的信息，会干扰思考过程的客观公正性。然而，当代认知科学的研究表明，情绪、情感是人们的行动动力来源，如果不能通过有意识的方式得到表达，它们就会在潜意识中表达出来，以隐蔽的方式控制人们的思考和行动。

“I”代表“Interpretive Data”，即信息的诠释层次，这是思维最受关注的部分。它代表着人们对事件的意义、价值和影响等方面的判断和反思，它受人们的社会性的影响，比如一个人的价值观、信念、认知模式以及当下社会的关注点等。通常人们认为这个步骤才是真正的思维，前面的部分都不属于思维。实际上思维是一个完整的心理过程的较高阶段，它离不开感知觉知等基础的心理过程，没有这些基础心理过程的先行体验，人们很难获得准确的理解。

“D”代表“Decisional Data”，即决定层次的信息，指人们在前述心理过程的基础上提出解决问题的办法和未来行动的步骤。在这个阶段的更深层次，人们还可以分析可能遇到的阻碍以及行动策略。决定代表着心理过程的终结，未来的行动的开始。“O—R—I—D”4 个字母即是这四个阶段的缩略写法，是从感知到行动的聚焦，每个层次都可以和前面的阶段组成为一个完整的任务。

二、ORID 结构思维法的心理机制

ORID 结构思维法是一个支持完整思维过程的认知工具，它能将人的完整心理过程包括感知、情感、思维和决策整合起来，分析人们在特定事件、情境中的所知所想，尤其是那些容易被忽略的转瞬即逝的心理活动，从而保证思考的准确性(如图 4.2 所示)。

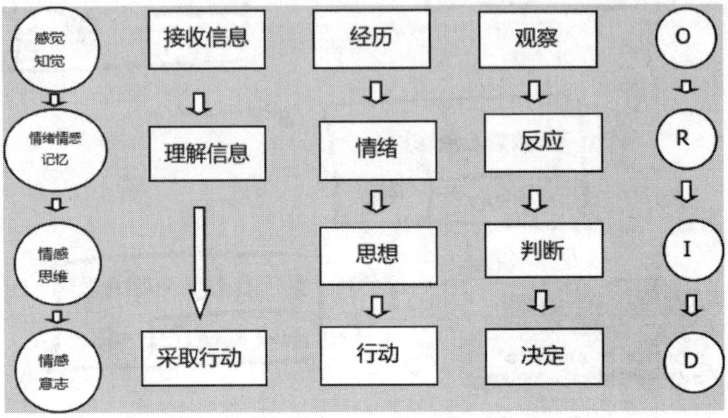

图 4.2 ORID 结构思维法的心理机制

人的一般心理活动包含认知、情感和意志 3 个部分，其中感觉、知觉、记忆、想象、思维属于认知阶段。但人们倾向于认为感觉、知觉是比较低级的认知活动，记忆、想象、思维是高级认知活动，尤其看重思维活动。因此人们在日常思考时常常不屑于认真审视自己的观察，而是直接进行对事件的意义、价值、影响等深层问题的思考。但是，记忆、想象、思维活动并不是孤立存在的，而是与感觉、知觉心理活动紧密相关的，忽视感觉、知觉活动导致的结果就是思维活动的机械性、失真性。在 ORID 结构思维法中“Objective”阶段的分析是最有价值的部分，忽略该阶段有可能导致思考失真，天长日久因为缺乏真实的感受性，就会导致思维的程式化。

情绪和情感则是另一种类型的心理活动，也是脑的功能。20 世纪 70 年代情绪心理学家开始注意到情绪对认知的影响，80—90 年代情绪与认知关系的研究大量涌现，90 年代以后，心理学家对认知与情绪关系的认识已经趋于一致，即无论二者在发生顺序上谁先谁后并不重要，重要的是认知加工过程不可避免地有情绪介入，消极情绪对认知活动有干扰、破坏作用，积极情绪有助于改善思维与决策的质量。同时情绪的发生又常常受认知的调节，通过纠正人们对事件的看法，可以引导人们的消极情绪向积极情绪转化。

意志活动是心理活动的更高级阶段，认知活动是意志活动的基础，而情绪情感活动会影响意志活动的方向和强度；当然意志活动也会夹杂在认知活动和情绪情感活动中，对它们进行调节和控制。

三、ORID 结构思维法的操作注意事项

1. ORID 结构思维法的关键组织技术是提出对的问题

所谓对的问题，根据约翰·克拉夫(John Kloepfer)的观点，首先是指问题要具有开放性

特征。例如：“现在有个问题，我们来讨论一下怎样解决它。”“你感觉今天令你情绪最高的事情是什么？”“令你不开心的事情是什么？”“今天的学习中大家学到了什么？”等，这一类的提问都具有开放性特征；不要问“……怎么样”之类的问句，在日常生活中这类问句会立刻把人们的思考引导得偏离心理过程，人们会信口回答“还不错”“挺好”。即使在正式的对话场合，用“……怎么样”的句式提问也通常会得到模棱两可的回答。此外，问题要与参与者的体验、思考关联，在这一点上 ORID 结构思维法为人们提出正确的问题提供了框架，那就是遵循心理过程的结构来设计不同心理阶段的问题。

2. 为了保证问题的开放性能够落实，还需要提问者站在“不知道”的立场

要知道，引导思考的目的是激发被引导者的认知智慧，而不是向被引导者灌输所谓的正确答案。经验表明，任何自以为知道所谓正确答案的提问者都不可能引导真正开放的自我探询过程。提问者需要激发人们对事物的好奇心，而不是用自己的观点影响别人。例如，在教学中教师在组织学生研讨的时候，经常会点评学生的观点，这会使学生的观点和想法没有办法充分表达出来。所以学生研讨常常无法开放的原因，就是因为教师教学有明确的目的，要纠正学生的“错误”，要“传递正确的知识”。所以要想激发学生的讨论，并且在讨论中真正开始思考，教师必须把“正确的知识”先丢开，教师必须假装不知道答案，才能引发学生的大胆参与。

第二节　ORID 结构思维法的来源、形成、发展与适用范围

ORID2.mp4

ORID 法有很多别名，如“聚集式会话法”“焦点讨论法”“艺术形式对话法”等。最初由一位美国大学教授约瑟夫·马休斯(Joseph Mathews)在教学实践中提出来，后经更多实践者的改造，尤其是美国团队文化建设组织的改造和运作，形成“ORID 聚焦式会话法”。我们之所以将该方法命名为“ORID 结构思维法”，则是因为看到了这一方法的核心过程具有心理过程的一般结构特征，而“聚焦”只是将这一核心过程应用于群体思考时所使用的一种附属技术。

一、萌芽：艺术形式对话

约瑟夫·马休斯(Joseph Mathews)曾是一位大学教授，“二战”期间作为随军牧师参加了战争，战后再次回到大学并致力于帮助那些带有战争创伤的人们重新找回生活的意义。怎样才能帮助这些人呢？这是马休斯苦苦思索的问题。有一次，他与一位美术教授交谈，这位美术教授谈论艺术作品的欣赏过程启发了他。他回忆说，美术教授告诉他，艺术作品欣赏的过程是艺术品、艺术家和观察者之间三方对话的过程。“首先，你要认真观察那儿有什么，没有什么；然后，当你观察这个艺术作品，领会你如何作出反应时，你要认真地考虑你内心正在生成的想法，什么使你不愉快，什么使你高兴。你要剥开意识的每个层

面，这样你可以开始问它对你意味着什么。”[①]在艺术对话的过程中，人们必须倾听，必须思考，然后从自己对艺术作品的理解中发现自己。

与美术教授的对话使他又联想到现象学家柯尔科加德关于自我的论述。柯尔科加德说：“自我是观察生活中发生什么，对观察到的现象做出内在反应，然后从两者中理解意义，再从意义或领悟中引申出它的含义或决定的一系列关系或意识。”受此启发，他创造了一种对话形式，并在大学里开展了一系列教学实验。他首先用凡·高的油画《星夜》(Starry Night)做实验，然后不断地在各种艺术和电影讨论中使用这种方法，并把它们称为“艺术形式对话”。有一次，马休斯让学生欣赏毕加索的名画《格尔尼卡》(Guernica)，他引导说，现在我想让你们思考一下从这幅画里你们听到什么声音？我数一二三，然后大家一起发出你们听到的声音。你觉得画中人发出了多大声，你就发多大声。准备好了吗？一、二、三！——顷刻间，房间里爆发出痛苦或愤怒的嚎叫声。这时，门打开了，两个学生从走廊里探头进来，他们用表情模仿画中人的脸。全体学生陷入不知所措的沉默中，马休斯问道：“在你们的生活中，你们在哪里看到过画中的情形？”令人惊异的结果发生了。这些曾经把艺术看作“一种文化”或“一件装饰品”的学生，忽然间意识到自己的生活与艺术产生了有趣的连接，并被反映在艺术品当中。他们在与艺术品对话的过程中看见了自我。

正如柯尔科加德所说，“自我是一种关系，它是自我对自我的联系，并希望自我成为自我，在支配的力量中关系清楚地奠定了自我基础。”自我实际是人们对于自己在一系列关系中的定位。在战争中经历了创伤的人们之所以痛苦就是因为人们原有的关系定位被破坏，而新的关系定位还没有确立起来。也可以这样说，所有的内心创伤都是因为原有关系意识或关系定位的毁坏。对自我的探索是人类永恒的主题，艺术形式对话是一种非常有效的对自我的探索方式。

二、定型：聚焦式会话

1962 年约瑟夫·马休斯任埃文斯顿基督教研究院(Evanston Institute for Ecumenical Studies)负责人。该研究所的探索已走出了为基督教服务的狭小范畴，发展成为一个世俗化项目，旨在改善生活在贫穷社区中的人们的处境。马休斯和研究院的同事搬到芝加哥“第五城”，这是芝加哥西侧一个几乎被遗弃的黑人社区。在这里，他们发现“人们的自我形象”是阻碍他们发展的最大障碍——他们自认为是无法控制的社会力量的无辜受害者。马休斯带领研究院的人们与这些沮丧的社区居民们合作，帮助他们发现自己的问题，并设计出实用的、基于当地现实的、可复制的解决方案，创造了参与式社区发展的实际运作模式。在社区改进中，他们进入居民家中进行交谈，经常使用的方法就是“艺术形式对话法”，只是这一阶段对话的次序性和层次性更加鲜明地按照自然的顺序，即事实、情感、理性和面向行动的考虑因素。

1973 年文化事务研究所(ICA)成立，该机构的宗旨是 “将人类发展方法推广应用于世界各地的社区和组织”。马休斯他们创建的“第五城”经验与德克萨斯大学奥斯汀分校学

① 柯尔科加德. 致死的疾病. The Sickness Unto Death，P13～14.

生和教职员工创建的“信仰与生活社区”理念被采纳。

经过 ICA 成员的反复实践和改造，ORID 方法的程序性更加清晰，有效性得到了越来越多次的检验，可以应用于世俗社会的各类组织的发展。这一阶段人们更加关注社区和组织的发展，而忽略了该方法在个人发展方面曾经起到过巨大的作用。

三、改造：ORID 结构思维法

马休斯和 ICA 组织后期发展中主要关注社区和组织的发展，旨在通过改善社会来帮助弱势群体获得发展。但这一转变渐渐地忽略了解决个人生命状态问题。科技在社会生活中的广泛应用和渗透给当代社会中的人们带来更多困扰，抑郁、迷茫、情绪失调等心理问题变得非常普遍。并且这些情绪心理问题具有很大的隐蔽性，虽然有各种专门机构帮助人们解决这些严重的精神困扰问题，但人们也需要掌握一些简单有效的心理工具，以便及时进行自我疏导，减少严重心理疾病和精神疾病的发生。

为了重新发挥 ORID 法在帮助个体探索自我以及确立个体存在意义方面的有效作用，我们可以重新把聚焦式会话法拆分成两种技术，即 ORID 结构思维法和聚焦法。在本章，我们将重点介绍 ORID 结构思维法的使用。

第三节 场景分析

ORID3.mp4

这是一个真实的案例。

2005 年 12 月 8 日，安徽省某农村中学一名“懂事”、“自信”并且“成绩优秀”的初三学生小含突然自杀了。小含的亲属表示，小含在自杀前没有任何异样，情绪也很稳定。就在前一天晚上，他还在反复背诵老师第二天要提问的题目。8 日早上，妈妈给他煮了鸡蛋，他坚决要让给妈妈吃，为此两人还推让了一会儿。之前的一次考试，小含成绩下滑，虽然心里的压力很大，却没有在家里人面前表露，而是自己努力赶上。刻苦、自觉、上进、懂事，小含的家长和老师都这样评价他。

据同学回忆，小含自杀前曾将写好的遗书和一张写着红色“恨”字的方格纸夹在练习本中交给同桌小勤，嘱咐她“我走后交给我妈妈”。人们追问小含自杀的原因，认为起因于 8 日下午第一节政治课的一次“罚站”。班主任黄老师兼政治课老师，课上，黄老师让几名同学起来回答“什么是可持续发展”，其中就有小含。黄老师对几名同学的回答都不满意，就进入了讲课的角色，没有提醒学生坐下，直到下课。第二节仍然是政治课，就在这节课上，小含写下遗书，并在下课后出走自杀。(改编自张伟：《一名初三学生自杀的前前后后》，《中国青年报》2015 年 12 月 20 日。)

让我们用 ORID 结构思维法看一看我们可以从这个案例中学到什么。我们可以从两个视角来进行案例分析。首先，我们假定可以回到小含自杀前，采用 ORID 结构思维法与小含进行这样的对话，帮助他看清楚自己对政治课上的“遭遇”产生了什么样的联想，哪些是正确的，哪些是错误的。其次，我们也可以运用这种方法从旁观者的视角来思考小含自杀这件事，看看我们可以从中学习到什么。

一、从小含的视角来看

(1) 当张老师说你们回答问题不正确时，你听到、看到……了什么？

(2) 你产生了怎样的身体和情绪体验？它们令你想到了什么？(如果小含有联想，可以让他多谈一会儿。)

(3) 所以，你是怎样解释自己的“遭遇”的？

(4) 是什么让你做出了自杀的决定？

可是小含已经无法和我们进行这样的对话，我们已经无从知道小含自杀前心中的“恨”来自哪里，是对自己的恨，对老师的恨，还是对家长的恨？或者是对当下学校教育的恨？但是我们可以知道的是，如果众多像小含一样的孩子，能够看清自己真实的心理需求，善于表达；如果家长和教师能够多关注一下作为“人”而不是作为“学习机器”的孩子，这些像小含一样自杀的中小学生也许今天还阳光灿烂地活着。

二、学习者的视角

作为这个案例的学习者，我们也可以通过 ORID 结构思维方法，向自己进行如下的提问。

(1) 在这个案例中哪些场景让你印象深刻？

(2) 它给了你怎样的感受？产生了怎样的联想？

(3) 通过这个场景的感受和联想，你有怎样的思考和学习？

(4) 遇到想不开的事，你会采用自杀的做法吗？

我们再补充一些案例细节。小含把遗书交给同学后，离开学校，穿过村子，来到村南的一个池塘边。沿着石板台阶走下去，水渐渐没过膝盖。站到最后一块石板上的时候，也许是害怕，他慢慢地转过身，倒退着向池塘挪去，随即倒进水中。就在落水的刹那，小含一定是后悔了，小含在水中挣扎，大声呼救。闻讯赶来的村民设法营救，但 20 多分钟后才将小含救上岸。由于呛水过久，小含最终失去了他年轻的生命。

小含去世后，妈妈整理他的遗物时发现了几本日记，其中记录了不为家长和老师所知的小含的另一种情绪。在一篇《考试啊考试》的日记里，小含写满了一次考试前的恐惧：“如果考不好，怎么向父母，向所有关心自己的人交代……唉，烦死了。考试啊考试，你是那么的讨厌，多么渴望能取消你。”在另一篇《一次家长会》里则这样写着：“耳边又响起了班主任的声音：‘初三的目标，就是提高成绩考上重点！’我不禁再一次哑然一笑。成绩、分数、重点，这些虚伪的代名词，真的那么重要吗？甚至改变一个人的一生。”这篇日记写于小含自杀不久前，那时他刚刚在期中考试中取得优秀成绩。小含妈妈提到，就在这次家长会上，班主任和其他老师还都曾对她表示“你们的孩子很不错，没问题”。也就在几乎同一段时间，小含给在北京的爸爸打电话时很有信心地说，我一定能考上重点高中，放心吧。还有三篇日记以“为什么”为题，在其中一篇草稿上，他将“世界什么时候变得如此黑暗”涂掉，改成了“世界什么时候变成这样”。这许多“为什么”，他的家长和老师并不知情。

下面是一个分析举例。

(O)小含自杀的那个场景给我印象很深刻。在从学校走向池塘的路上，他走过荒草丛生的小路，穿过村庄，走下石板台阶，慢慢地转过身，倒着躺进水里，随即挣扎呼救。

(R)这个过程让人感觉到非常的孤独、无助和惋惜。小含在落水后一定后悔了，水呛进肺里是什么感受？一定很可怕，他在那一瞬间一定被死的恐惧淹没，后悔了。在他慢慢走下石板的时候，池塘对面洗鱼的妇女有没有发现什么异样？他在穿过村子的时候，有没有遇到熟人？有没有跟人打招呼？走过荒草丛生的小路时，有没有感受到生命的顽强和美好？那个商店主人要是走到小含跟前看一看会不会影响事情发展的方向？要是他的同学不是先去告诉老师，而是直接告诉商店主人……要是所有这些可能都发生的话，小含就不会死了。多令人遗憾啊！我上初中的时候，学校旁边也有一条这样的小路，通过它可以走到一条废弃的引渠，我时常一个人去那里学习。可是每次走在那条荒草小路上，我觉得无比的安静美好。现在回想当年一个人坐在渠上，听杨树叶子沙沙的响声，听知了的叫声，在滚滚热浪和偶尔吹来的一丝凉风中独自安静地读书，是多美好的回忆。这回忆让我越发为小含的死感到难过。他在走过小路的时候在想些什么？……

(I)这个场景里让我思考的东西太多了。首先，自杀是勇气还是懦弱？从我们普通人的视角来看，自杀是需要勇气的，但是当一个人内心经历着更严重的痛苦而又无力面对的时候，自杀就是一种解脱。小含的自杀是长期压力的总爆发。小含是个成绩优异的初三学生，具备思考能力，但是他对压力没有采取正确的处理方式，而总是独自承担，不善于与人沟通。这为我们学校教育内容敲响了警钟，我们只关心学习自然和社会的知识，却不关心关于人的知识。其次，小含在日记和作文里流露了那么多的情绪和压力，可是家长和老师都不曾注意到。老师表示除了知道小含学习好，对小含几乎没有其他印象。作为与孩子朝夕相处的小含的家长，对自己的孩子了解吗？家长和老师的教育方式里缺乏温度，孩子缺少一个重要的成人引导他的成长。最后，我强烈地期待中国教育发生改变，还给孩子一个完整的童年，一个完整的自我，让他们发现自己，建立存在的意义感，不要成为任人摆布的木偶。

(D)我要怎么办？作为一名教师，我想我可以抽出些时间，与学生聊聊天，一起玩一玩，与学生建立亲近的关系，这样或许能听到他(她)们说说心里话。另外，我应当在学习上助学生一臂之力，不让他们浪费这宝贵的精力。有那么多优秀教师，让学生轻而易举考上他们心仪的学校，这样的教师，学生能不感激吗？教师有责任把自己所教的课程弄懂弄通，将知识的精要总结出来，举一反三地教给学生。但是，我更认为中国教育的根本问题不是一师一校能够改变的，政府应当下大力气改造竞争激烈的教育生态。另外，课程体系里缺乏能引导学生学习如何安排自己人生的内容，案例中小含的两个同学缺乏应对问题的能力，除了告诉老师，身边的成年人也是求助的对象，在最坏的情况下他们也可以陪伴着小含。然而他们缺乏这些经验。

请同学们根据上文4个问题，模仿上述案例分析范例，写一篇短案例分析文章。

这个案例以及其他许多类似案例带给我们更深的思考：如何让人们学会建立生活的意义感？生活的意义是指来自生活中的积极体验，健康、有朝气、快乐、幸福、善良、感激……如何获得积极的心理体验？有人说，那得靠别人的善意，但生活中尽是令人烦恼的人事！心理学的研究告诉我们，积极的体验并不完全来自别人的赋予，与个体内心的信念有极大关系。大家都知道的皮格马利翁效应，1997 年被一位叫 Jamison 的心理学家进行了一次角色调换实验。她到由同一名老师负责的两个班上，在开始上课之前告诉其中一个班，这位老师受到从前学生的极大好评，他们作为心理学家，给这名老师极高的评价，然后他们离开两个班。学年结束时，心理学家们发现，干预组给这名老师的评价高于对照组，而且学生对课业付出的时间更多，成绩比对照组好。因为学生看到老师身上的潜力，当他们相信自己的老师时，学生们表现得更好了。所以，这个心理实验提示我们，生活有不同的色彩，你眼中有美好，就会看到生活中乐观美好的那一面。

当然，情境对人的心境的影响力也非常强大。1979 年心理学家 Langer 进行了一项实验，她把几位 75 岁以上的男人送去一座别墅，那是一座以 1959 年为主题的别墅。音乐来自 1959 年，他们读的杂志都是 1959 年前后的，日报是 1959 年的，所有的一切都是 1959 年的，要扮演 1959 年时的角色。在实验前后进行的各种测量中发现，在 1 周结束时，这些老人的心理和生理年纪都减小了。他们变得更快乐，变得更加自立，他们在各项测试中变得更灵活，手掌、双腿、身体都变得更强壮。记忆力有明显改善，智力水平在实验前后与对照组相比有明显改进。指骨变得更紧，1 周后，他们的手指变长(人越老，骨骼间的空隙变得越小)。他们变得更健康，他们的视力和听觉有明显改善。但是当下中国的家庭和学校教师由于过于焦虑，常常通过增加压力、制造恐惧气氛来推动学生学习，缺乏创造积极情境的能力。压力传递制造了焦虑、不安、失去掌握的情境，也进一步让生活在其中的人变得紧张不安。

ORID 结构思维法可能阻挡不了小含自杀的行为，但是它可以提醒小含的老师、父母“看见”小含的外在表现，发现小含内心的真实想法；对于小含自己也一样，小含在自杀过错中的责任在于他“不敢正视”自己内心的真实体验，一直戴着一副“假面具”用自己无力的肩膀承担了来自家长和老师过重的压力。

第四节　ORID 结构思维法使用的多场景应用

一、处理个人生活场景中的问题

ORID4.mp4

一个周五的傍晚，校园广播开始播放轻松的音乐，学生主持人欢快的声音提醒人们，可以下班了。终于可以整个儿地放松两天了！M 一身轻松地走出办公室，驾车驶上街道。拧开车载音响，听着德德玛浑厚圆润的草原歌曲，心情很惬意。渐渐地，车流越汇越多，骑自行车、电动车的在车流中间穿梭，使只有两车道的街道变成了人车混杂的集贸市场，M 自豪地想，瞧，我可以自由地控制车速，甚至可以把车速控制得像蜗牛一样慢！

这时，庞大的公交车霸道地挤过来，M 被逼得只好停下来，跟在它硕大的屁股后面。一个骑电动车的妇女后座上驮着孩子，几乎总是贴着车身行走，M 不大能判断车身与她的距离，担心地将车头朝里偏了一下，后视镜里却看见车身差不多要蹭到路障了！十字路口红灯亮了，车辆停了下来，骑自行车和电动车的行人们却自在地驶过红灯，把左右两侧道路上的车辆堵在两边，喇叭声此起彼伏，两边的车辆见缝插针地走走停停。这时，对面的绿灯亮了，M 被一辆尚未驶过路中心的越野车堵住动弹不得。她恼火地摇下车窗，对着两边络绎不绝的行人吼叫，“找死啊，着什么急？！”

人们好奇地朝 M 瞥一眼，转头专心地急匆匆驶过，没有人理会她的恼火。

花枝形路灯忽然亮了，把街道装饰一新，像一条铺金缀银的红毯路。M 忽然意识到自己的坏情绪在积聚，她开始有意识地转移注意力。她看到店铺里灯火通明，几个靓丽的小姑娘还在商店里流连，一对老夫妇牵着一只小狗在人行道上散步，车内舒缓的音乐传入耳膜。一个念头跳入 M 的脑海，城市的夜生活不就是如此吗？难道只有你急着过周末，别人就不着急吗？再说，这条路规划的本来是步行街，并没有规划车道，随着城市发展才对车辆放行的，否则就得绕道而行。一时间，M 好像理解了周围人的心情。其实，每个人都是一样的心情，如果我此刻骑自行车，也会在车流里挤；如果此刻走在商店里，我甚至不会注意到这些车流有多么拥挤。这就是真实的生活，你就生活在其间。

上述场景几乎是 M 每天早、晚都会经历的，也是每个城市人都会遇到的生活场景。M 在开车途中先是看到车流拥挤，行人抢道，不遵守交通规则，导致心烦意乱；如果只关注生活中令人不快的现象，就会令自己产生坏情绪，难免在行驶途中出事故。她及时引导自己进行了一次短暂的结构性对话，让自己的心情暂时与坏情绪隔开。神奇的是，当她开始关注那些美好的事物时，她领悟到社会生活的规则——克制。学会克制这是社会生活的基本规则，更是城市生活的法则。有了这个精神层面的学习和领悟，M 及时地处理了自己回家途中的烦心事。

当人们用它来解决个人的生存困惑，或者个人的学习，例如在学习新知识、复习功课，以及和工作有关的一些问题时，这个方法会发生更大的效力。在过去的 50 多年中，ORID 结构思维法被用于早期婴幼儿的童话学习、小学和初中阶段的故事讲解和作品分析、成人教育中的艺术批评和评论等领域。

二、欣赏艺术作品

这样的思考过程可以应用在很多场合，我们可以使用 ORID 结构思维法来体验一下约瑟夫·马休斯曾经试验过的“艺术形式对话”教学法，毕竟 ORID 结构思维法是经过改造的艺术形式对话法。请大家从图 4.3～图 4.5 中选择一幅你们喜欢的画作，按照 ORID 结构思维法的步骤来欣赏一下它。

风景画 1 分析范例。

(1) 客观呈现。首先映入眼帘的是金色的树叶，细看的时候周围不同色彩和亮度的相近色也映入视线。有金黄色、橘色、铁锈黄、枯黄、黄褐色……有的树依然闪着明亮的翠绿，在画面右下方，一棵树整个儿笼罩在一团灰色里，好像是被画家忽略一样。接着树木黑色的树杆开始被看见了，它们有力地撑起了一团团金色、暗红色、褐色……笔直、高大、粗壮，显得天空很高远。草坪上一片片斑驳的颜色，有的地方金黄，有的尚且浓绿。画面近处有一摊水，像是河流的一小部分，水里清楚地倒映着五彩斑斓的颜色，反倒看不见水的颜色。一排白墙黑顶的小房子掩映在树林中，房后仍是一片延伸出去的开阔的树林。房前屋后每一棵树通身长满了枝丫，好像无人打理一样；然而树隙之间宽敞的草坪上却干净空旷，没有布着灌木丛，这说明主人是打理他的庭院的，只不过他给了树木自由生长的权利。

图 4.3　风景画 1

图 4.4　风景画 2

图 4.5　　风景画 3

天空浮着灰黑的云层，远处露出一片光亮。我注意到画面没有光线感，树木的影子就在它们脚下，也没有风，它们静静地、安详地站着。或许是一个降雨的午后。我忽然有点儿明白，那棵树为什么被笼罩在灰暗中，因为乌云或许是从画面右前侧的天空移过来的。

(2) 感受与联想。一个多彩明亮的秋天，多么令人心情愉悦！空气一定很清新，说不定还飘着瓜果的香气！有叽叽喳喳的鸟鸣声。要是能到画里走一走该多好啊，摸一摸粗大的树干，嗅一嗅树林里的味道，踩一踩松软的草地和落叶……我见过秋天的小河边的白杨树林，也是这样高耸的树干，不过树叶儿不等变黄就凋零得只剩下梢儿上零星的几片，在耀眼的阳光下，仿佛开着几朵黄花；北方天气变得太快，往往从夏到秋，用不了几天，就只剩下寒山瘦水，铁树乌枝。不过，我见过武汉桂子山上的秋天，层林尽染，色彩艳丽，像一幅五彩的画布，可是树林太浓密了，树下灌木丛生，令人不敢亲近。

(3) 思考与理解。许多画家喜欢画风景画，有的人喜欢画山，有的喜欢画水，有的喜欢画田野，有的喜欢画残垣断壁……风景画很美，即便是断壁残垣留给人的破碎感也是一种美人迟暮的伤感印象。人们对美的东西总是留恋的，比如在这样美的风景里只是走一遭就太可惜了，只怕错过了再也不能遇见；或者出于惋惜之情，希望更多的人知道它，便想将它画出来，呈现给世人知道。一次一位友人问我，四季之中最喜欢什么季节，我说最喜欢秋天。他很奇怪，问为什么不是春天，不是夏天。我说，春天太艳了，没有浓厚的绿色做陪衬，显得肤浅；夏天太朴实了，满眼的绿色，单调；秋天就不同了，既有厚重的绿为底色，又有丰富的色彩为点缀，仿佛是一个成熟的女人，既有内涵，又有风姿，是最美的。朋友点头称是。不过，要想把这既有内涵又有风姿的秋天搬到画布上，画家一定非常耗费时间精力，因为要想尽展这颜色之丰富，过渡之自然，对于画家的调色技艺大概是一种考验！

(4) 打算与决定。艺术的张力恰好可以弥补工作和生活的单调，懂一点艺术是必要的。秋天来的时候，要到九寨沟去一趟，听说那里是色彩的宝库。要是会画画该多好！至少可以学习一下调色技术，那样就可以尽情地铺陈对自然的感悟。

有没有发现 ORID 结构思维法提升了你的艺术鉴赏能力？艺术品描述的不再是遥远的不相关的事，它描述的就是你的生活，它表达着你的感受。约瑟夫·马休斯在学生中间使用"艺术形式对话"时，一位参与者说："突然，我看到这些艺术形式正在对我提出要求，他们在说，'快醒醒！过你真正的生活吧。'"艺术品与观赏者的生活发生了关联，不只是生活的点缀，而是直接走进了他的生活。

三、用于会议发言

在很多场合，你会被要求即席发言，有些同学会紧张得忘记要说什么，有的同学照着事先准备的稿子念，结果离题万里。怎样能让自己的发言既有内容又有现场感？如果你对当下讨论的话题有自己的想法，你当然可以直抒胸臆。如果你真的不知道要说什么，那么 ORID 结构思维法可以为我们提供一条结构化的发言思路。你可以回顾一下你所听到的、看到的会议现场，谈谈自己的感受，把其中某些比较好的观点拿出来评论一下，谈谈自己的学习和理解，没准儿这时候你也会产生一些有价值的想法呢。

第五节　方法的拓展

ORID5.mp4

会议已经成为各类型组织的重要日常工作，对组织的发展起着越来越重要的作用，许多重要的组织决策是通过会议的方式产生的。并且，人们也越来越意识到会议并不像以往所理解的那样，几个人坐到一起就算是开会，有效率的会议是有技术含量的。当前会议业已经成为许多风景名胜地的一个支柱性产业，成为地方经济增长的重要组成部分。此外，关于会议的科学管理也已成为管理学科当中一个本科专业，我国自从 2003 年以来已经确立了数十个会展经济与管理专业。那么，关于会议的科学管理和 ORID 结构思维法有什么关系呢？

将"ORID 结构思维法"与"头脑风暴法"和"收敛思维法"(也称为抽象思维法)整合起来，让每一个阶段的思考不再只是一个人的独立思考，而是一群善于独立思考的成员相互激发、相互感染，形成创新性思想的集思广益过程。这样该方法就能成为引导集体思考的神奇工具的组成部分，这个神奇工具就是"聚焦式会话"或"焦点对话"。引导集体思考时，虽然关键环节还是 ORID 四个步骤，但此时个人思考转变为群体思考，这就需要一位主持人或引导师来组织。以使群体的思考总是"聚焦在同一个主题上"，而不会被个别人的发言带偏。所以，引导者需要在每个阶段都做好引导工作，例如在开场阶段，需要明确地点明会议的主题。例如下述即为一次会议的开场白。

“为了推进我们部门的改革计划，谈论一下今天发生在各种组织和公司里的事情是有好处的，因为这些顶级组织里发生的变革会直接和间接地影响我们和我们的工作，因此‘学习型组织’需要时常有意识地确定一下这些变革是如何影响我们的组织的……”

这段开场白的作用在于点明主题，并把它用醒目的方式呈现出来，以提醒人们在后面的讨论中紧紧围绕这一主题。接着主持人需要在 ORID 结构思维法的过程中引入“头脑风暴法”，在每一个问题环节发给每个人 3 张纸片，请参与者把自己的意见写下来，并粘贴到一张大白纸或粘贴墙之类的辅助工具上。

(1) 客观呈现。“最近你读到哪些与组织相关的报道？有哪些文章引起你的注意？它讲了什么事件？你读到了哪些变革？还有哪些引起了你的注意？”①

(2) 感受与联想。主持人需要记住人们关于这个问题的关键回答，然后在这个基础上提出第二个问题，如：其中有哪些让你感到震惊或鼓舞？哪些让你觉得“可以试一试”？注意！问题的方式是可以变化的，在这里主持人不是直接问感受，而是追问那些引起人们强烈感受的事件信息。这是因为会议的主题不是探讨个体内在的自我，而是探讨哪些办法能够带来组织的发展。

(3) 思考与理解。主持人接着追问解释层面的问题：“在这些报道中，有哪些你觉得确实是新的和有意义的？它们会如何影响我们的组织？换句话说，就是‘它们的意义是什么？’”“报道的哪些变革或新事物适合我们的使命和理念？”“对此，我们的组织应该作出一种什么样的新反应？”……注意！在这里，问题同样发生了转换，不是弄清楚事件的意义是什么，而是哪些事被认为是有意义的。

(4) 打算与决定。那么，接下来的问题到了会议的关键时刻，“你觉得我们在现下进行一次这样的变革需要做什么准备？”“你觉得我们应当做什么来引导一次这样的变革呢？”在这一步应把人们的思考引向对于组织未来形象和可能采取的行动方面。但是这个阶段也最容易陷入常见的会议困境，人们可能会开始抱怨组织的问题，而不是开始正面的积极想象。这就要求主持人能够时刻把握发言的进程，当遇到类似的责备或抱怨时，可以换一种问法，例如“好的，关于您提出的问题我想大家已经了解了，那么您有什么建议呢？”

在上述每个阶段的群体交流中，引导者需要注意的是，不点评参与者的观点，而是激发头脑风暴，引导群体尽可能地贡献想法；当所有阶段完成之后，就进入聚焦过程，引导者要引导大家共同完成信息的收敛，对其中相似的观点加以概括，抽取其共同内核，那些独特的信息则要保留下来。如果需要也可以与建议的提出者进行对话，以保证更准确地理解信息的含义。经过聚焦后的信息会为我们提供关于组织变革的充分理解，我们会比较充分地了解那些正发生在组织和公司中的变化和行动，也了解了这些变革带给人们的影响，以及大家对组织未来应该如何运用这些改革经验、应当如何开展新的工作所提出的设想。这些宝贵的信息将引导决策者们做出正确的决策。

在群体思考中，做好记录非常重要。参与者们所提出的各种新奇的想法不仅要被记录下来，而且要在当时就呈现出来，以使重复的建议不再被人们反复提起，还有一个好处就

① 布莱恩·斯坦菲尔德. 聚焦式会话艺术[M]. 杜文君等译. 上海：复旦大学出版社，2013：129.

是它可以使人们清楚地“看见”会议的成果，从而产生激励作用。在一些有效的主持人的组织下，人们常常连续两三天以这种方式来讨论组织的发展问题，而感受不到疲惫。

会议记录方式如图 4.6 所示。

数据层面	体验层面	理解层面	决定层面
A			
B			
C			
D			
……	……	……	……

图 4.6　聚焦式会话的列表式会议记录

还有许多工作领域都可以采用聚焦式会话来进行，如准备和制订计划、训练和指导员工、进行数据分析、作出重大决策等工作。20 世纪 90 年代以来，随着知识经济的产生，许多企业公司面临着经营困境，组织和政府部门处于变革的阵痛之中，许多组织都需要寻求变革的方向，处理面临的危机，重塑组织愿景，创造新的组织形式。聚焦式会话成为引导组织中的人们共同面对组织命运形成共识的一种强有力的技术。国际知名企业都在不同的时期引入过该会议引导服务和培训。美国麦当劳公司(McDonald's)在使用这套会议技术后，销售额上涨了 10%～20%。公司负责人认为“参与法是一种相对简单却又高度有效的问题解决和沟通的概念，帮助我们制定了一套新的方式追求麦当劳的卓尔不凡。”[①]霍尼威尔(Honeywell)公司企业技术中心副总裁威廉·萨克特(Dr.William T.Sackett)说：“在参加了建导技术培训之后，我们用了不到一个月的时间创建了用原来的方法要几个月才能完成的计划。”参加过这类培训的公司学员反馈说：“有新意、可行，易学，有用，学会了发掘大家的智慧并达成共识的方法。建导型领导力是可操作的，在群体决策时对工作会有好处，集体智慧胜于个人意见，集思广益的能力得到提高。”还有人说：“我觉得这门课应该被设为大学课程。”

“聚焦式会话”法之所以会让人们产生这样激动人心的感受，是因为它不仅延续了“ORID 结构思维法”的优势，让一个人有条理地、深刻地洞察自己的内在思想、情感与意识，更重要的是它在人们之间建立了深刻而有意义的交流机制。现实生活中人与人之间的交流常常是无意义的，例如下面这段聊天。

“昨天我去看了场电影，太棒了，是××主演的。”

“噢，是吗？我昨天去做了头发，那个发型师真不错，看我的发型好不好看？”

① 稳泰建导成功案例. http://www.wintopgroup.com/.

毫无疑义，这是聊天，但显然不是对话。对话应该会产生下面这些提问。

“电影很精彩吗？有哪些精彩的情节？”

“那个发型师做了什么让你觉得他不错？”或“他实现了你希望要的发型吗？”

或者“嗯，这个发型不错！我觉得它让你看起来很干练。”

为什么上面的谈话是聊天，而下面这段谈话是对话？因为对话是两个以上的人关于某些主题进行的“严肃的”探询，目的是为了呈现或挖掘其中的事实、想法、意义。对话常常是相互的，且具有循环往复的特征。当然，我们说人类需要对话，并不是说因此就不需要聊天。它们各自有不同的功能。聊天的功能就是打发时间，辩论的功能就是分出对错，反思是对自我的观念、行为的批判性思考，而对话就是为促进对彼此的理解。

相比于个人生活，工作场所更需要有效的对话。彼得·圣吉在《第五项修炼》中指出：“本质上，每个组织都是其成员思考和互动的产物。”积极的思考和互动与消极的思考和互动所塑造的组织生态一定很不相同。团队动力学的相关研究已经证明，那些气氛融洽，具有共同目标的团队会产生更大的生产效率。现在，这些新观念已经为组织中的人们所接受，只是由于不同组织的行动力不同，那些能够有效对话的组织更能适应新观念的要求，从而作出迅速适应时代环境的改变，重塑组织的未来。新的组织生态是全系统的、学习型的、能让员工真正参与的组织。阿格雷斯在《阻碍学习的良好沟通》一书中写道：“几年前，当企业只是需要俯首听命工作的员工时，员工调查和现场管理是适当而有效的方法。这些方法仍然可以对日常问题，诸如自动餐厅服务和停车权力，产生有用的信息，但却做不到让人们反思他们的工作和行为表现。个人并没有得到鼓励去承担责任，那些能够激发学习和导致真正变革的、深层潜在的危险或令人困窘的信息也没有得到揭露。”①

有人说，21 世纪是管理的终结。因为管理把人当作工具，管理的手段常常是以对人的控制为前提，而不是让人发挥其创造力。通用公司总裁斯隆说：“你可以把我的所有资产拿走，但如果我能保留住现有的人力资源，5 年后我就能东山再起。”今天组织面临的生态环境更加复杂，原来形成的稳固的金字塔形的组织形式正在被其他更加灵活的组织形式所替代，组织正在变得越来越扁平化，那就意味着员工拥有了更大的参与决策的自由和权力。

【学生研讨】

(1) 请同学们把你们完成的艺术作品分析上传到教学网站，并相互点评。

(2) 请同学们在课后使用聚焦式会话法组织一次关于“如何预防大学生自杀行为”的小型研讨交流会。

【资源链接】

[1] 布莱恩·斯坦菲尔德. 聚焦式会话艺术[M]. 杜文君等译. 上海：复旦大学出版社，2013.

[2] 稳泰建导. http：//www.wintopgroup.com.

[3] 孟昭兰. 情绪心理学[M]. 北京：北京大学出版社，2005.

---

① Chris Argyris. Good Communication That Blocks Learning，*Harvard Business Review*，v72 n4 p77-85 Jul-Aug 1994.

历史总是为生活服务的，它提供范例，评价过去，或者把目前这个时刻安放到生成——演变中去。

——法国思想家·雷蒙·阿隆

第五章　黄金分割法

《蒙娜丽莎》是意大利著名艺术家达·芬奇的作品。所有去巴黎卢浮宫参观的游客，一定会去感受蒙娜丽莎的微笑，如图 5.1 所示。达·芬奇不仅是位杰出的画家，而且在天文、物理、密码、解剖、建筑、考古等诸多领域都取得了非凡的成就。达·芬奇作为一位出色的科学家，在他的这幅传世佳作中也蕴含着一定的科学道理。

图 5.1　蒙娜丽莎

观察蒙娜丽莎的发际线、眉毛、额头、眼睛、鼻子、嘴巴、上半身等部位，会发现一种自然的美，这种美来源于各部分之间和谐的比例关系。生活中人们对身体美的定义基本上都遵循一定的比例关系，例如舞蹈演员、空乘人员，身体各部分都要满足一定的比例。此外，这种比例关系也广泛存在于自然界中。并且人们将这种比例关系应用于平面设计、建筑布局、工农业生产等诸多领域，以使设计的产品更加美观，工农业生产效率更高。

第一节　黄金分割法的内涵及本质

黄金分割法 1.mp4

什么是黄金分割呢？黄金分割是数学上的一种比例关系，是指将整体分为大小两部分，且较大部分与整体部分的比值等于较小部分与较大部分的比值，其数值约为 0.618。[1]由于按此比例设计的物品造型十分符合人们的视觉审美习惯，具有严格的比例性、和谐性及艺术性，蕴藏着丰富的美学价值，因此被称为黄金分割。[2]0.618 也被称为黄金数、黄金比、黄金率等。黄金分割法是指将需要解决的问题，在空间、时间、数量等方面按照黄金分割的比例进行划分，对每一部分问题，采用对应解决策略的方法。

根据黄金分割的概念，从图 5.1 中可以发现从发际线到眉毛再到下颏的黄金分割点。除此之外，你还能找到哪些黄金分割呢？

第二节　黄金分割法的来源、形成、发展与适用范围

一、黄金分割法的来源与形成

黄金分割法 2.mp4

公元前 6 世纪的一天，古希腊著名的哲学家、数学家毕达哥拉斯路过一间工作坊，被里面阵阵清脆的打铁声所吸引，为了一探声音的奥秘，他进去测量了铁锤与铁砧的尺寸，发现它们的比例约为 0.618。他回家后找来一根木棒，按照同样的比例在木棒上标上记号，将木棒分为长短不等的两部分，发现这样的划分使木棒看上去舒服、美观。同时还发现，短部分与长部分之比等于长部分与整个木棒之比。经过多次反复的实验，他计算出这两个比值满足相等的关系时，两个比值约为 0.618。[3]

这一奇妙的比例关系被古希腊著名的哲学家柏拉图称作“黄金分割律”，简称为“黄金比”或“黄金律”。此处用“黄金”两字来形容这一规律的美好性及重要性，可谓恰如其分。更奇妙的是，1 除以 1.618 恰好等于 0.618，而其他数字均无此特征。例如：1 除以 1.118 不等于 0.118；1 除以 1.918 也不等于 0.918，此外，1 与 0.618 之差等于 0.382，与 0.618 之比也等于 0.618。因此，黄金分割通常以两种形式出现，一种是长部分与短部分之比为 1.618 的形式，另外一种是短部分与长部分之比为 0.618 的形式。人们还发现 2/3、3/5、5/8 都与黄金比较为接近，并且以前一数字的分母为下一分数的分子，分子分母之和为下一分数的分母得到的数列，即 1/2，2/3，3/5，5/8，8/13，……随着分母的变大，数列中的数将无限接近黄金数。该数列在数学上被称为“斐波那契数列”。[4]斐波那契数列与黄金分割存在紧密的联系，并且在现代物理、准晶体结构、化学等领域，都有着广泛的应用。

二、黄金分割法的发展

公元前 3—6 世纪，古希腊毕达哥拉斯学派的学者在研究正五边形和正十边形等图形的作图过程中，开始触及甚至初步掌握了黄金分割法。古希腊数学家欧多克索斯是第一位

---

① 司志本. 黄金分割——神圣的分割[J]. 湖南第一师范学报，2003.3(1)：60～62+64.

② 张雄. 黄金分割的美学意义及其应用[J]. 自然辩证法研究，1999(11)：5～8.

③ 张媛. 美妙的“黄金分割”[J]. 安徽电子信息职业技术学院学报，2006(04)：32～35.

④ 吴振奎. 斐波那契数列欣赏[M]. 哈尔滨：哈尔滨工业出版社，2021.

系统研究黄金分割的学者，同时对相关的比例理论进行了探索。古希腊著名数学家，几何之父欧几里得在欧多克索斯的研究基础上，进一步系统完善了黄金分割法，他撰写的几何巨著《几何原本》为最早系统研究黄金分割的著作。

文艺复兴前后，阿拉伯人开始在欧洲传播黄金分割法，受到了欧洲人的热烈欢迎，欧洲人将其称为“三数法则”，甚至冠称为“金法”。17 世纪的一位欧洲数学家称之为“各种算法中最宝贵的算法”。同一时期，黄金分割法也在印度广泛传播，印度人称其为“三率法”。

中世纪后，宗教神学在欧洲普遍传播，深入影响到社会的各个方面，科学家受其影响，给黄金分割披上了神秘的外衣，德国伟大的天文学家、数学家与占星家开普勒将黄金分割称为“神圣分割”，并将其与勾股定理并称为“几何学中的两大宝藏”。意大利数学家帕乔里则称其为“神赐的比例”。①

19 世纪后，随着现代科学技术的发展，特别是计算机技术的普及，黄金分割在诸多科学领域，特别是算法设计方面，获得了广泛的应用，逐渐被人们所接受。最为人们熟知的例子是基于黄金分割法的优选法(0.618 法)，该方法由美国数学家基弗于 19 世纪 50 年代提出，为现代优化方法之一。②

在我国，《九章算术》为中国古代第一部数学专著，在第二、三、六章中有许多比例问题，其中就蕴含着黄金分割的思想。清代数学家梅文鼎认为黄金分割法与勾股定理来源不同，但两者存在密切的联系。

19 世纪 70 年代，我国著名的数学家华罗庚先生在考虑生产工艺问题的基础上，例如如何选取工艺参数以提高产品质量，提出了优选法，通过较少的实验次数可尽快选出最优点，还出版了小册子《优选法平话》，书中重点介绍了黄金分割法。1970 年 4 月，周总理指示国务院多个工业部负责人学习华罗庚的优选法与统筹法(简称“双法”)，借调精干人员组建“推广优选法统筹法小分队”。华罗庚先生亲自带队先后赴 23 个省、市、自治区推广“双法”工作，为工农业生产服务如图 5.2 所示。由于优选法具有范围广、易操作等特性，受到了工农行业的普遍欢迎，生产效率普遍提高。

图 5.2 华罗庚(左)在农村推广优选法

① 司志本. 黄金分割——神圣的分割[J]. 湖南第一师范学报，2003.3(1)：60～62+64.

② 袁亚湘. 最优化理论与方法[M]. 北京：科学出版社，1997.

三、黄金分割法的适用范围

黄金分割现象在自然界中广泛存在，被认为是最和谐的美学比率，具有完美的比例性与艺术性，蕴藏着丰富的美学价值，不仅存在于绘画、雕塑、音乐、建筑等诸多艺术领域，而且在管理、军事、工程、产品设计，特别是计算机的算法设计中，都有着重要的应用。[①]

黄金分割比例是建筑中运用最多的一种比例。[②]埃及的胡夫金字塔是目前发现的古埃及金字塔中最大的一座，由230多万块巨石构成，如图5.3所示。胡夫金字塔有5个面、8个边、13个层面，其底边长230.37m，高146.59m，侧面三角形的高186.5m，底边长度的一半与斜边长做比，恰好为0.618。上海东方明珠(全称东方明珠广播电视塔)坐落于上海市浦东新区陆家嘴世纪大道1号，与外滩万国建筑博览群隔江相望，集观光、餐饮、娱乐、游览、演出、广播电视发射等多功能于一体，是赴上海旅游的必经之地，为上海市的标志性建筑之一，如图5.4所示。东方明珠总高468m，为了符合美学法则，设计师在它的黄金分割点(约290m处)设计了一个球体，使东方明珠在整体上看起来更加协调美观。

图5.3　埃及胡夫大金字塔

达·芬奇不仅是欧洲文艺复兴时期的著名画家，而且在科学、建筑、生物及其他艺术领域都有颇深的造诣，被现代学者誉为文艺复兴时期最完美的代表人物，被称为文艺复兴后三杰之一。达·芬奇在其著作《论绘画》中指出，人体结构包含14个黄金分割点。肚脐为头顶到足底的黄金分割点；咽喉为头顶到肚脐的黄金分割点；膝关节为肚脐到足底的黄金分割点；肘关节为肩关节到指尖的黄金分割点；乳头为躯干纵轴上的黄金分割点；眉间点为发际到颏底的黄金分割点；鼻下点为发际到颏底的黄金分割点；唇珠点为鼻底到颏底的黄金分割点；颏唇沟正路点为鼻底到颏底的黄金分割点；口角点为口裂水平线上的黄金分割点。此外，人体结构还包含两个“黄金指数”，鼻翼宽与口角间距之比及口角间距与两眼外眦间距之比都近似黄金比。[③]

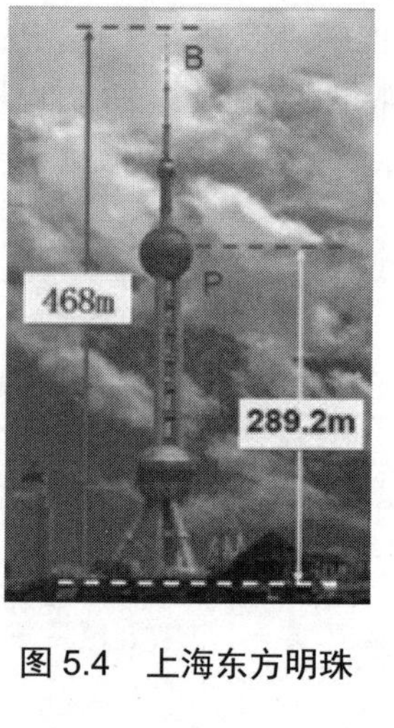

图5.4　上海东方明珠

---

① 李忠东. 自然界神奇的黄金分割率[J]. 小学生之友(中版)，2010，3: 8～9.

② 江凤武，薛文达，张立民. 黄金分割在建筑中的应用[J]. 才智，2008(19)：30.

③ 裴雪重，高世金. 黄金分割与人体科学[J]. 科学，1998，50(6)：44～45.

黄金分割一直被誉为美学上的金科玉律，西方绘画作品在构图的过程中，画家一般将视觉中心，如主要人物、肢体、眼睛，安排在绘画作品的黄金分割点处。黄金分割点处一般是人们视线最集中的部位，最容易被观察到，重复注视率高，也被称为视觉刺激点。黄金分割在绘画作品中的应用还体现了和谐的比例关系，满足人们的视觉审美习惯。[①]

黄金分割也大量存在于植物界中。观察图 5.5 中植物的茎，会发现叶子之间的夹角遵循某种规律。每层只选取一片叶子，相邻两层两叶子的夹角近似于 137°，一个圆周角是 360°，而 137° 大约是 360° 的黄金分割点，以后二三层，三四层……相邻两叶也符合这个规律。植物学家通过大量数据分析发现：叶子之间所保持的夹角非常有助于叶子的通风和采光。在图 5.6 中，树枝在生长过程中会长出分叉，分叉处又被称作它们的生长点，通过观察发现这里面竟然隐藏着斐波那契数列。树干分叉一次，会有两个不同的生长点。因此，一次分叉就会产生两个分支，继续分叉下去，这些数与黄金分割数列吻合。另外，花蕊中也存在这种现象，一朵花的花瓣的数量为斐波那契数列，比如 3、5 或 8。[②]

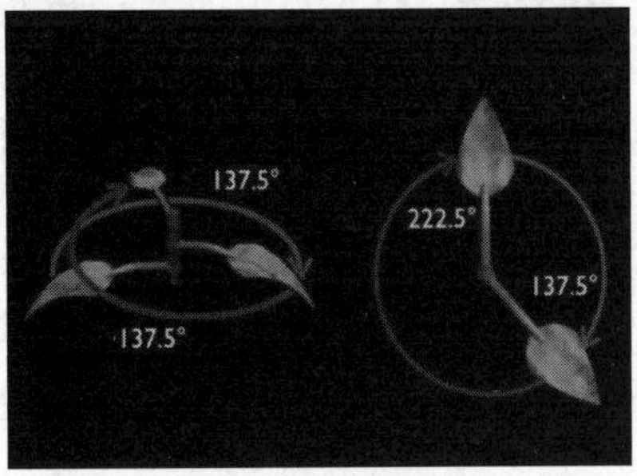

图 5.5 植物茎叶

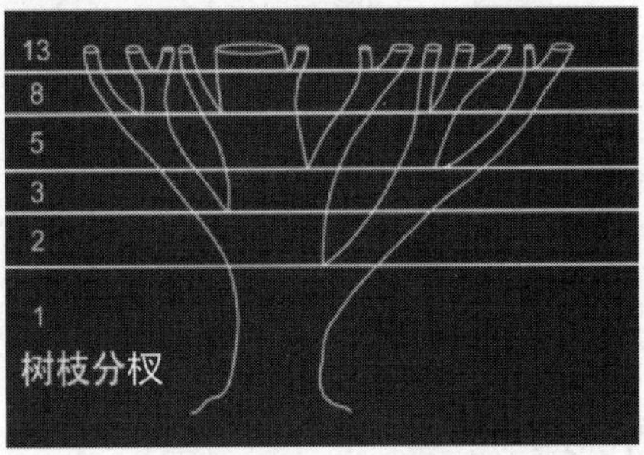

图 5.6 树枝分杈

在人们的生活中，处处可见黄金分割。营养学家提倡一餐主食要合理搭配六成粗粮和四成细粮，以利于肠胃的消化与吸收，减少肠胃病的发生。人们常常提倡的吃饭七分饱，也是一种黄金分割法。此外，人体处于 22 至 24℃的环境下会倍感舒适。人的正常体温是 37℃，22.8℃是其黄金分割点的位置，这一温度下，人类机体的新陈代谢、生理节奏和生理功能均处于最佳状态。每人每天最佳睡眠时长为 7.5 小时。一天是昼夜 24 小时，将白天和晚上各看作 12 小时，依据黄金分割点定律，人类最佳的睡眠时间是夜晚 12 小时的 0.618，约为 7.5 小时。医生提倡 50 岁就需要护齿。人们到了 59～80 岁会出现牙齿脱落情况，刚好护齿的黄金分割区域在 35～50 岁。地球表面的纬度跨度是 0～90°，其黄金分割区域约为 34.38°～55.62°，科学家把这一范围称为地球的黄金地域，从温度、日照时间、降水量、湿度等各个方面来看都非常有益于人类生存居住，说来也巧，世界上的发达国家大多处于这个地域。

黄金分割还存在于军事方面。冷兵器时代，在制造刀剑等武器时，发现按照黄金分割比例锻造出来的武器，用起来会更加得心应手。步枪最初问世时，抓握非常笨拙，瞄准困难。直到 1918 年，一个名叫阿尔文·约克的下士，对其枪身和枪把的比例进行了修改，改善了步枪的使用效率，改进后的比例恰恰符合黄金分割的比率。

① 代海峰，于洪燕. 黄金分割律在西方绘画构图中的运用[J]. 商情，2010(34)：132.

② 张旭东. 绿色世界中的黄金分割[J]. 青少年科技博览，2002(18)：9.

国际关系中，黄金分割也有着广泛的应用。2017 年，按汇率计价，中国的 GDP 总量达到美国 GDP 总量的 63.1%，比例超过 0.618，自此以后，中国在政治、经济、军事、文化等方面都取得了快速发展。军队完成了改革，结构得到了优化。国防科技也有重大发展，建造了国产航母，大型驱逐舰，新型战略核潜艇，巨浪 3 导弹，成功水上发射卫星等。此外，中国已于 2017 年 1 月 1 日正式接任金砖国家主席国，拉开了 2017 年金砖国家“中国年”的大幕，标志着中国作为金砖国家主席国的工作全面启动。这在一定程度上说明了中美在综合实力对比中已经出现各有所“强”的新态势。

苹果、百事可乐的 logo 也用到了黄金分割，苹果 logo 里两个圆的直径之比恰好为 0.618。除了 logo 设计，舞台艺术也是黄金分割的藏身之地，比如有经验的主持人站位时一般会选择舞台的黄金分割点，可以更容易地聚焦观众的视线。此外，A3、A4 纸和书本多数都是 3∶2 的比例，计算机显示器长与宽比值约为 1.6，符合视觉审美规律。

第三节　经典案例或场景分析

黄金分割法 3.mp4

《蒙娜丽莎》中的许多细节都符合人体黄金分割定律，因而蒙娜丽莎的微笑显得非常和谐、美丽，科学规律与艺术家的精湛技术共同造就了这一传世佳作。下面将进一步从摄影、建筑设计、紫禁城布局等方面对黄金分割法进行介绍。

一、摄影

在美术设计和摄影构图中，经常使用 2∶3、3∶5、5∶8 等近似比，这种比例也被称作黄金律。在画面上各画两条与边平行且等分的直线，将画面分成 9 个相等的长方形，称为九宫图，靠近边缘位置的 4 个交点，称为黄金分割点。①

在进行构图时，一般将主体景物放置在黄金分割点附近，如图 5.7 所示。如果按照这一规律进行构图，一方面有利于主体景物发挥其在画面上的组织作用，加强与周围景物的协调和联系，使主体景物更加鲜明、突出，给人一种视觉美感。另一方面，人们在欣赏图片和阅读的时候，往往习惯于从左往右，最后将视线落于右侧，所以在构图的时候，把主要的景物和醒目的东西放在左边或右边黄金分割点的位置能收到良好的效果。

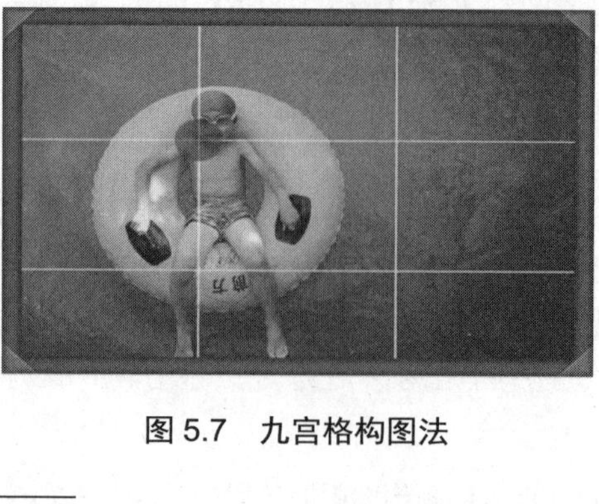

图 5.7　九宫格构图法

① 刘聪. 黄金分割在摄影构图中的运用[J]. 新闻研究导刊，2018，139(7)：247～249.

初学摄影取景时，可运用“黄金分割法”练习构图，积累一定的经验后，就可根据实际情况进行创作。运用黄金分割法只是确定了主体的位置，并没有完成整个构图，要想完成整个构图，人们还需要考虑以下问题：空间安排、主体与陪体之间的呼应、主体思想、影调、光线，色彩等。

二、建筑设计

建筑师们发现，在设计殿堂时，遵循黄金分割率会使殿堂变得更加雄伟美丽，看上去更加舒适漂亮。就连设计一扇门窗，若遵循 0.618 的比例设计成黄金矩形，都会显得更加协调和令人赏心悦目，因此建筑师们对黄金分割特别偏爱。①

黄金分割是建筑艺术普遍遵循的规律，是科学家和艺术家普遍认可的规律，古代许多雄伟壮观的建筑杰作，以及令人倾倒的艺术珍品，都蕴含着一定的黄金分割比例。如中国的故宫、古埃及的金字塔、古希腊的帕特农神殿、印度的泰姬陵、法国巴黎的圣母院等。这些建筑物虽然风格各异，但在构图布局设计方面都有意无意地运用了黄金分割法则，所以都给人以整体上的和谐与悦目之美。

希腊的“黄金分割点”十分有名，它在线条、面积、体积上的体现比较明显，因此也是古希腊人运用黄金分割最多的地方。面积上以长方形最美，且长方形的长宽比例也遵循黄金分割规律。而在立体建筑物方面如台阶、窗门以及整个建筑的高低的比例也遵循这一规律。古希腊最著名的建筑物之一——帕特农神殿，它里面的柱子有所谓的“科林斯柱式”，与符合黄金分割律的人体一样，有着一种节奏性的和谐。其柱头和柱身的比例、神像和柱子的高度之间的比率非常接近黄金分割比。柱身中段略肥，两端瘦削，也与人体体态上的美有异曲同工之妙。

除了古代，在现代建筑中，也有许多著名的大建筑师在设计时运用黄金分割比。比如一些摩天建筑，在这些建筑中使用“黄金分割点”进行处理能使平直单调的塔身变得更加丰富多彩，如果在黄金分割处布置腰线或装饰物则可使整个楼群显得更加雄伟雅致。

中外历代雕塑同样遵循这一规律。雕塑大多把人体比例规范确定为 7 个头长，到后期又确定为 8 个头长。同时，几何学中的黄金分割又被认为是美的比例运用到美术创作中，如希腊雕塑的典范作品《持矛者》，它塑造了一个体格强壮、动作从容的青年战士的形象。

三、紫禁城布局

当人们沉醉于紫禁城璀璨的建筑时，一位老人用一把皮尺把辉煌的宫殿变成一组枯燥的数字，这便是建筑史学家——傅熹年。他对紫禁城的院落面积和宫殿位置进行了测量。其中太和门庭院的深度为 130m，宽度为 200m，其长宽比为 130∶200＝0.65，与 0.618 的黄金分割十分接近。不过暂时还没有从紫禁城最重要的宫殿——太和殿上找到与黄金分割有关的证据。但是如果以太和殿为轴，从大明门到景山这个尺度上衡量时情况就会有所变化。建筑空间以庭院为中心，是中国古代建筑的传统审美观。从大明门到景山的距离是

① 江凤武，薛文达，张立民. 黄金分割在建筑中的应用[J]. 才智，2008(19)：30.

2.5 公里，从大明门到太和殿庭院中心是 1.5045 公里，两者的比值为 1.5045∶2.5=0.618，符合黄金分割比例。这也是明代设计者不惜拆除元大都的南面城墙也要把大明门放在距离紫禁城如此遥远地方的原因。这些数据也有力地说明了以前人们认为的“为了延长宫殿的序幕，使进入宫殿的人产生一种期待”的观点是不准确的。而中国古代宫殿中对于这种美的比率的运用并没有证据表明是受到了西方建筑的影响，这只能说明人类对于美的追求有着共通的成分，验证了黄金分割的天然性。①

第四节　黄金分割法的多场景应用

黄金分割法 4.mp4

一、做好一场演讲

在工作和生活中的许多场景中，如婚礼庆典、岗位竞选、工作会议等，作为一名普通人，有时也需要作为主持人或嘉宾进行致辞或演讲。作为演讲者，不仅要针对不同场合精心准备演讲内容，而且还应该掌握一些演讲的技巧。有哪些简单易懂的小技巧可以有效改善演讲效果呢？

【方法解析】

演讲者在演讲过程中，如果将目光始终聚集在一处，就很难兼顾到大部分的听众。黄金分割法可以帮助演讲者在观众区选择几个关键点，通过关注这几个关键点，就能掌握大部分听众的状态。根据摄影和绘画中长方形黄金分割点的确定方式，可大致选出观众区的 4 个黄金分割点，演讲过程中，演讲者将聚焦点在这几个黄金分割点上变换，可以关注到大部分听众，取得更好的演讲效果。

如果演讲时间较长，例如 45 分钟，还可以通过规划演讲内容改善演讲效果。一般情况下，人们的注意力不会长时间保持持续的关注，可将整个演讲时间划分，以 45 分钟为例，根据黄金分割法则可大致划分为 17 和 28 两个阶段，听众的注意力一般多集中在开始阶段，在这一阶段将核心内容讲述清楚，可进一步改善演讲效果。

【多维思考】

生活及工作中的许多场景，利用黄金分割法对时间及空间进行大致划分，在不同阶段选择不同的内容及方法，可以获得更好的效果。如每天工作时间为 8 小时，利用黄金分割法可知“3”大致为整个工作阶段的一个黄金分割点，可在工作 3 个小时后适当休息。

二、规划体育锻炼时间

随着生活水平的不断提高，人们对身体健康的重视程度也越来越高，适当的体育锻炼无疑是增强体质、保持身体健康的最有效方式。体育锻炼的项目很多，运动强度千差万别，不同人的体质也不尽相同，如果想获得较好的锻炼效果，选择适当时长的锻炼时间非

① 江凤武，薛文达，张立民. 黄金分割在建筑中的应用[J]. 才智，2008(19)：30.

常重要，每次锻炼时间太长会导致身体不适，太短则难以获得锻炼效果。对不同人而言，每次锻炼多长时间较为合适呢？

【方法解析】

在某一运动项目中，假设最初身体可承受的锻炼时间为 0.5 小时，经过一段时间的训练后，身体承受能力有了提升，可适当延长锻炼时间。假设运动的最长时间为 2 小时，可用黄金分割法去测试适合于当前身体状态的最佳锻炼时间。首先寻找 0.5 到 2 的第一个黄金分割点，即约 1 小时，测试运动后身体状况，如果适应且感觉不累，可以在 1 小时到 2 小时找第二个黄金分割点，即约 1.3 小时，若感觉过累，可以继续尝试 1 到 1.3 的黄金分割点，按照这样的方法可以快速又简便地找到适合自身的最优运动时间。

【多维思考】

黄金分割法可在时间及空间的区域内，根据“去坏留好”的原则，逐步缩小搜索范围，快速找到最优点。通过反复使用黄金分割法，逐步缩小范围，快速找到最优点的方法来源于优选法的思想。生活中类似的场景还有很多，如初学炒菜时，很难掌握调料的比例，可用类似的方法反复测试，掌握调料的使用技巧，做出美味的饭菜。

三、挑选得体的衣服

爱美之心，人皆有之，生活和工作中，搭配一身得体衣服，可以很大程度上提高气质。对女性而言，“变美”是一个永远心动的话题。观察女明星们可以发现，除了天生丽质外，她们也非常注重穿衣打扮，以使她们的形象更加完美。作为普通人，日常生活中应该如何搭配衣服呢？

【方法解析】

为了直观地显示身材比例，根据黄金分割法，可选择短款上衣、小款卫衣或 T 恤、紧身上衣等，从而在一定程度上能够修饰腰型，美化身材比例。

腰部修饰可选择腰带“改变腰的位置”，视觉上呈现出腰带的位置，就是腰的位置。如 160cm 的身高，将腰带系在 $160\times0.618=108.8$cm 的位置，会显示出更好的身材比例。

为营造黄金分割比身材，穿高腰裤裙也可以拉高腰线，营造出腰部的线条比实际高的效果，营造窈窕线条，形成上短下长的视觉效果。如 155cm 的身高，可以将高腰裤裙穿到 $155\times0.618=95.79$cm 的位置。

营造身材的另一个方法是拉长腿部线条，可通过穿高跟鞋、厚底鞋等方式来实现。如身高 160cm，腿长 90cm，可选择 $0.618\times160-90=8.88$cm 的高跟鞋。

【多维思考】

身材比例对女性的整体影响很大，生活中个子矮的女性总是没有高个子的亮眼，而比例漂亮身材纤细的女性也总比身材相对臃肿的人更有美感。要提升自己的身形比例，减肥很重要，同时也应该通过穿衣来凸显全身比例。根据黄金分割方法，选择适合自己的衣服，个人优势突出，整体看起来就会亮眼很多。观察网络上一些很红的时装博主不难发现，她们有些人身材并没有多么完美，或者个子矮，或者偏胖，但穿搭得当的时候，就会显得纤瘦高挑很多。

第五节　方 法 拓 展

黄金分割法 5.mp4

一、黄金分割法与三分法的联系

黄金分数与“斐波那契数列”密切相关，根据后者可得到 2∶3、3∶5、5∶8 等比例法则，这些法则是简化版的黄金分割。三分法指 1∶3 或 2∶3 的比例关系。相对于黄金分割法，三分法更容易掌握，适用于生活中的许多场景。如在构图中，对称构图通常把物品放在画面中央，但这会使构图呆板、缺乏美感。为提高作品的观赏性与价值，利用三分法可以把整个画面划分成分别占整体 1/3 和 2/3 的两个区域，如图 5.8 所示。除三分法则外，其他几种简化的比例法在现实生活中也经常使用，如 35mm 胶片幅面的比率接近 5∶8。

图 5.8　三分法实景范例

二、黄金分割法与优选法的联系

优选法通常被用于寻找一个区间内最优点的问题，如前面选择锻炼时间的问题。由于该方法简单实用，也被广泛应用于工业生产中。例如，在炼钢时为了增加钢材的强度，需要加入某种化学辅助原料，假设已知在每吨钢中需要添加某化学原料的量在 2000～3000g 之间，为了求解出加入某化学元素最恰当的量，需要在 2000g 与 3000g 这个区间中进行反复试验。一种方法是每次选取区间的中点(即第一次选择 2500g)观察试验效果，并将其分别与加入 2000g 和 3000g 时的实验结果作比较，从所得实验结果中选取强度较高的两点作为新的区间，再在新区间中选取中点做试验，再次比较端点的结果，就这样一直重复下去，直到取得最理想的实验结果。这种实验法称为二分法或对分法。

二分法简单易懂，反复使用二分法的优选法(简称为对分法)看上去与反复使用黄金分割的优选法(简称为 0.618 法)非常相似，甚至更加简单便捷，容易掌握。但现实中的许多实际问题表明，大多数情形下，0.618 法比对分法能通过更少次的计算找到最优点。如上述炼钢问题，0.618 法的 16 次试验与对分法 2000 多次试验效果相似。数学上，0.618 法也有比对分法更好的一些优点。0.618 法在现实中广泛应用，有效提高了生产效率与经济效益，其根本原因应该是许多自然现象符合黄金分割定律。

【学生研讨】

(1) 设计一座 3m 高的维纳斯女神雕像，使雕像的上部 AC(肚脐以上)与下部 BC(肚脐以下)的高度比，等于雕塑下部与雕塑全部的高度比，即点 C(肚脐)就叫作线段 AB 的黄金分割点，这个比值叫作黄金分割比。试求出雕像下部设计的高度以及这个黄金分割比？

(2) 通常认为，如果一个人肚脐以上的高度与肚脐以下的高度符合黄金分割法则，则这个人的身材比例很好。一位选手参加空姐选拔活动，其肚脐以上部分长 65cm，以下部分长 95cm。那么她应该穿多高的鞋子才能显得更好看？

【资源链接】

[1] 张媛. 美妙的“黄金分割”[J]. 安徽电子信息职业技术学院学报，2006(04)：32～35.

[2] 吴振奎. 斐波那契数列欣赏[M]. 哈尔滨：哈尔滨工业出版社，2021.

[3] 张雄. 黄金分割的美学意义及其应用[J]. 陕西教育学院学报. 1999，15(11)：62～63.

[4] 江凤武，薛文达，张立民. 黄金分割在建筑中的应用[J]. 才智，2008(19)：30.

[5] 张群群. 摄影构图八法[J]. 青年记者，2007(14)：77～78.

季文子三思而后行。子闻之，曰："再，斯可矣。"

——论语·公冶长

第六章　分合评估法

校园贷

2016 年 3 月，就读于河南牧业经济学院的大二学生郑德幸从青岛一家宾馆的 8 楼跳下，原因是无法偿还近 60 万元的网络高利贷；2017 年 4 月，厦门华厦学院的大二女学生如梦(化名)，因卷入校园贷，不堪还款压力和催债电话骚扰，在泉州城东一宾馆内自杀；2018 年 5 月，西安某高校大四学生小森(化名)在保定市政府附近一个废品收购站服毒自杀，正当家人沉浸在痛苦悲伤之中的时候，来自网贷的催款电话却频频打来……校园贷的巨大危害，如图 6.1 所示。

图 6.1　校园贷的危害

悲剧的接连出现，引发全国上下的高度关注。原银监会、教育部等部委针对校园贷严格监管举措，公安、宣传等部门也加入进来，打击与教育两手抓。在多方配合和严厉打击下，校园贷的疯狂势头得到有效遏制。

然而，正如有媒体和专家观察到的，校园贷屡禁不止，甚至有卷土重来的迹象。

政府部门对存在超高利率、违法操作甚至诈骗行为的校园贷进行严格监管和强力打击是十分必要的。大学生自身也应提升风险评估能力，在诸多面向大学生的金融服务产品中理性选择。然而，层出不穷的校园贷和不断出现的校园悲剧提醒我们，当前大学生缺少风险评估能力。为此，有必要为大学生提供便于操作的评估方法，使他们在面对生活中的机遇和诱惑时，能够作出较为恰当的决定，避免潜在的重大损失。

第一节 分合评估法的内涵、本质与步骤

一、分合评估法的内涵

分合评估法 1.mp4

分合评估法，从字面意思来看，就是一种评估方法。这种方法主要运用于行为风险分析领域，针对的是日常生活中出现行为抉择困难之时。

日常生活中的行为抉择，往往基于功利的考量。收益是人们的首要考虑因素，也是关注的重点。然而，行为是否应当实施，关键却在如何评估行为潜在风险的代价。毕竟，行为的收益再诱人，代价却不能太高，如果代价已经超出自己的承受限度或者明显不合算，实施该行为就是非理性了。

分合评估法作为一种估量行为风险的方法，其具体内涵如下所述。

“分”，即划分、分类。其意在对具体行为的各种潜在风险进行细分并归类，使行为的可能代价得到全面呈现。

“合”，即统合、整合。即对具体行为的各种可能代价进行统合分析，在整体上进行效用评估。

“分”“合”的内涵是认识分合评估法的关键，二者前后相接，缺一不可。

二、分合评估法的本质

行为评估，必须兼顾科学性和人情化。人的行为决策是人性的需要，也是人性的反映。人是复杂的，人的行为决策往往是基于多种考量的综合反映。心理学的研究成果表明，绝大多数人类行为的做出，主要是受到主观的、情感的影响。情感对行为的影响是广泛而深远的，不仅日常的生活行为决策深受其影响，就是国家重大政治决策也时常为某些甚至某个领导人的主观情感倾向所主导。

然而，随着个体进入越来越广阔的社会生活之中，尤其是工业文明后陌生人社会的诞生及其对理性行为能力的迫切需求，单个的人在做出行为决定时，尤其是那些能够深度影响自身或他人的行为决定时，有必要尽量消除感情、偏好等非理性因素的影响，更多地基于“收益—代价”来进行功利性分析。这样，不仅有助于筛选出更具效率的个体行为，而且可以大大降低具体行为的风险及其可能导致的各种损失。

分合评估法，就是这样一种契合现代社会行为要求的方法。如何“分”、怎么“合”，均要基于人的客观需求的现实分析，符合人性的要求；“分”的精细化、“合”的整合性，又契合了科学的精神。在细分和统合中完成对行为风险的科学评估，可使具体行为的社会总体收益最大化。

三、分合评估法的步骤

第一步，罗列出具体行为蕴含的各种潜在风险。

第二步，将列出的各种风险进行分类，分别归类为不可承受类风险、可承受类风险、

忽略影响类风险。

第三步，统合分析各类风险，其一般操作如下：P1，有不可承受风险，则取消该行为；P2，无不可承受风险，有可承受风险和忽略影响类风险，则评估可承受风险的潜在损失与行为收益之间的比例，然后做出行为决定；P3，只有忽略影响类风险，则行为可实施。P1、P2、P3 三种风险情形，依次分析，不要打乱顺序。

分合评估方法的内在逻辑结构如图 6.2 所示，具体分析应遵循以下思路：如果出现 P1 风险情形，几乎就可以否定该种行为；只有 P2 和 P3 两种风险情形，重点放在 P2 上，具体考察各种可承受风险的性价比，如果不合算，也可否定该种行为，反之就可实施该行为；只有 P3 风险情形，则可实施该行为。

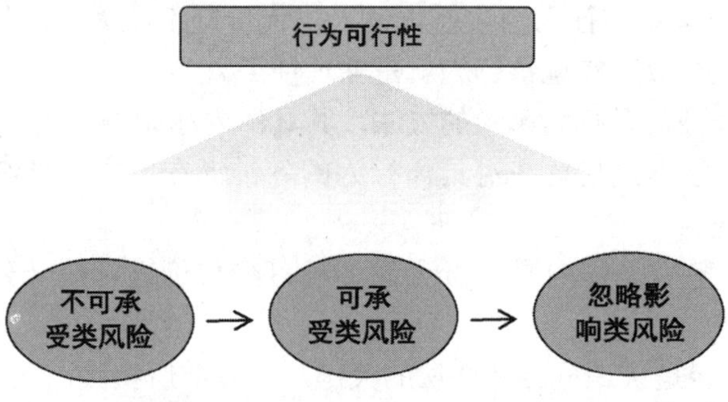

图 6.2　分合评估方法的内在逻辑结构

另外，需要注意的是，第三步中的操作过程只是原初意义上的一般思路，具有简化性。面对复杂的决策情境，人们常常会遇到这样一种问题——有不可承受风险，但可以通过一些现有社会机制化解这种风险——比如通过购买保险将不可承受的风险转嫁出去，从而使某种行为得以继续实施。这样，P1 就出现了一个特例，那就是有不可承受风险，但完全可以转嫁出去，则不用取消该行为。至于这种行为是否应该最终实施，则接着分析 P2、P3 两种风险情形即可。

第二节　分合评估法的来源、形成、发展与适用范围

一、分合评估法的来源

分合评估法 2.mp4

《三国演义》第一回中讲，“天下大势，分久必合，合久必分”。这一源于中国王朝政治运行经验的社会发展规律概括，因具有更为广泛的适用性和浓重的哲学表达意味，深受古往今来中国人的喜爱，并深深植入当代中国人的思维之中。

分合评估法的诞生，借鉴了传统文化中的分合观念，力图在一分一合、一阴一阳之中，糅合细化分析与统合概括，通过分、合功能的兼容，实现双重优势的并包，最终获得一种具有较大适用面的有效方法。

二、分合评估法的形成与发展

在受到传统文化中分合观念启发的基础上，分合评估法的最终形成，主要根源于政治学中民主集中制的制度逻辑、质性研究的定性思维以及管理学中的风险因素分析法。可以说，正是它们形塑了分合评估法的思想内涵、内在逻辑和实施步骤。

(1) 政治学中民主集中制的制度逻辑。民主集中制最早由列宁提出。1937 年 10 月，毛泽东在同英国记者贝特兰的谈话中指出，“只有采取民主集中制，政府的力量才特别强大”。1940 年 1 月，毛泽东在《新民主主义论》中再次强调了这一点，认为以一定形式将民主和集中两个似乎相互冲突的东西统一起来，是实现政府再造、建成有力量政府的根源。1956 年党的八大将“民主”和“集中”有机统一作为国家治理体系的优势所在，写进了报告的“国家的政治生活”部分。进入新时代，民主集中制强调的“既合理分工，又密切协作，既充分发扬民主，又有效进行集中”，在推进国家治理体系和治理能力现代化中将继续发挥重要的作用。民主集中制的制度设计及其蕴含的方法思维启示我们，一种好的方法，既要具有宽广的边界，能够容纳各种不同的情况，又要具有强大的提炼能力，使各种不同情况在整体层面产生一个统一意见。

(2) 质性研究的定性思维。质性研究与量化研究是社会科学研究领域的两大范式。质性研究强调在自然情境下，采用观察、访谈、实物分析等方法对研究对象进行深入的整体性探究。质性研究注重人与人之间的意义理解、交互影响、生活经历和现场情景，力图获得整体性理解和对现象性质的认知。由此，定性思维成为质性研究的突出特征，也是开展质性研究的主要抓手。定性思维之下，不要求发掘现象的统计意义，而是强调深入洞察研究对象的行为、动机，以及可能带来的影响等。进行行为分析，尤其是开展行为风险分析，首要的就是对行为的内容、行为的各种可能结果作出分析和界定，这既是认识行为风险的基础，也是后续开展更加精细化的定量研究的前提。关于日常生活中的各种行为，在做出行为决策时，量化研究尤其是复杂数理计算基础上的量化分析并不具有急迫的需求，甚至没有需求，更大范围、更加急迫的恰恰是定性分析。而且，行为个体在日常决策中往往是从感性、情感出发，选择对自身来说最优的方案。为此，进行行为风险分析，有必要首先对行为可能产生的各种风险进行细化分类，而这种分类基于人的感知状况，可以归纳为不可承受、可承受、忽略不计三种类型。

(3) 管理学中的风险因素分析法。分合评估法的诞生，直接源于开展行为风险分析的过程中。长期以来，风险因素分析法是进行风险分析的主要方法，在重大、复杂事项决策中曾发挥了重要作用，具有实践上的可行性和良好适用性。风险因素分析法的逻辑理路是在评价可能导致风险发生的各种因素的基础上，确定风险发生的概率。其一般思路是调查风险源→识别风险转化条件→确定转化条件是否具备→估计风险发生的后果→风险评价。常见运用领域有审计、社会保险分析等。而分合评估法则是在借鉴风险因素分析法思想资源的基础上，特别针对日常生活中的一些常见场景和及时决策需求开发出的一种风险分析方法，具有操作上的便利性和面向人群的普遍性。其区别于风险因素分析法的全链条分析特点，主要运用于可能发生风险的后果估量环节，从行为者的感知判断上对可能面临的风险作出评估。

三、分合评估法的适用范围

尽管分合评估法主要针对行为风险分析方面，但风险的评估、行为的实施往往关联着机遇的把握问题，如果风险评估恰当，对于行为个体来说，可能就是一个机遇将被识别和掌控。当然，风险评估的实践意义，除了把握机遇，往往预示了对重大风险的规避，其间接意义是巨大的，比如人的宝贵生命、巨额财产损失的挽回。因此，在面临人生重大抉择的时候，分合评估法完全可以一用，既操作简单，也效用明显。

方法的重心在对各种风险归类分析。分合评估法主要针对风险评估环节，其目标十分明确，就是对风险作出一个总的结论——是接受还是规避。至于风险的来源和风险转化条件的识别，则不是该种方法的重心。分合评估法的主要功效体现为将存在的各类风险进行分类分析，然后统合分析结果作出整体评估。

方法的亮点在于从个人体验上定性各类风险。面对日常生活中的各项重要决定，尤其是是否做出某种行为的决定，进行定量分析既不必要也不现实，来自个人体验的定性分析常常主导人们的最终决定。为此，分合评估法将各种风险划分为不可承受、可承受和忽略影响三类，从而契合了人们的行为习惯，既操作方便又易于被接受。

方法的适用并不局限于行为风险评估领域。尽管分合评估法的诞生主要源于行为风险分析过程，但其适用范围并不局限于此。当某一事件将要发生，对于个体到底意味着机遇还是灾难，完全可以运用分合评估法对这一事件的风险作出估量，从而在个人行为上作出接受还是远离的决定，或者是努力采取必要的补救措施。

当然，分合评估法并不是适用于所有场景，受到内在逻辑理路的限制，简单化、易操作的特性使其在日常生活中具有极强的适用性，且主要针对的是行为主体具有极大自主选择性的情景，至于必要做出某种行为、行为情境过于重大和复杂的情景下，分合评估法则不具有适用性。

第三节　经典案例解析

分合评估法 3.mp4

校园贷是提供给大学生的各类贷款的总称。从校园贷的实际状况来看，收取高额利息的网络贷款占据了比较大的比例，且时常夹杂一些违法操作，如通过“线上贷款—线下放贷”方式收取合同规定以外的高额“手续费”，从而坑害大学生；也有一些合法金融公司，尤其是商业银行会提供一些针对大学生的类型贷款，可是实践中也出现了某些违法操作现象。

校园贷引发的一系列恶性事件，使全社会开始关注校园贷，相关部门也开始出手整顿校园贷市场。2016 年 8 月 24 日，银监会明确提出“停、移、整、教、引”五字方针，整改校园贷问题。2018 年 2 月 28 日，广东金融办发布《关于贯彻落实网络借贷信息中介机构业务活动管理暂行办法的通知》，要求现阶段一律暂停网贷机构开展在校学生网贷业务。2018 年 11 月 19 日，武汉警方通报武汉市首例以敲诈勒索罪被追究法律责任的“校园贷”案件。2020 年 1 月 2 日，最高法发布《关于在执行工作中进一步强化善意文明执行理念的意见》，明确全日制在校生因“校园贷”纠纷成为被执行人的，一般不得对其采取纳入失信名单或限制消费措施。有关部门已经行动起来，一方面加大对违法发放校园贷款行为，尤其是“套路贷”的打击力度，不断强化惩处力度；另一方面开始构建对校园贷大学生的保护网络，保障大学生的生命、财产和个人征信等权益。

尽管有关部门在不断完善监管举措，违法校园贷依然存在，仍给一些大学生造成财产损失和精神困扰。某些校园贷“创新”手段，或以新名目加快渗透，比如“颜值贷”“创业贷”等，或开发了注销校园贷的新骗局，导致不少在校生纷纷“中招”，被骗金额少则几千元，多则几十万元，影响非常恶劣。这种状况启示我们，仅仅依靠来自政府社会的强力监管并不能完全消除各种违法校园贷，提升大学生的金融素养，增强大学生的理性行为能力，已经十分紧迫。毕竟，大学生是一个有着较强消费欲望的特殊群体，他们缺少收入来源，又乐于尝试新鲜事物，敢想敢干但风险意识不强。更何况，很多校园贷本就是针对大学生群体专门开发的“套路贷”，具有极强的诱导性和欺骗性，借款人一旦“入套”，就很难摆脱。

有专家已经指出，一刀切式地完全取消校园贷既不现实也不必要，校园金融贷款和面向大学生的普惠金融服务还是具有存在合理性的。增强大学生的风险意识和理性认知能力，应当成为应对校园贷需求、减少校园贷危害的重要举措。分合评估法就是这样一种十分便捷的风险分析法，值得为广大大学生所了解。

按照分合评估法的方法步骤，校园贷的常见风险及其应对过程如图 6.3 所示。

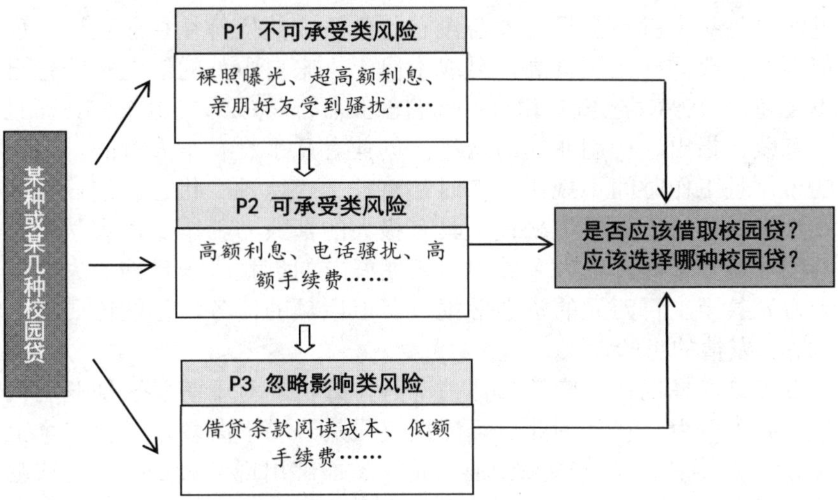

图 6.3 校园贷行为风险评估

从图 6.3 可知，面对一种或多种校园贷，我们到底是否应该借取校园贷，应该选择哪种校园贷，可以首先对准备评估的几种校园贷存在的各类风险进行分类，分别归入 P1、P2、P3 三种情形，然后依次对 P1、P2、P3 的行为结果进行评估，在此基础上，最终完成借贷行为整体评估。

以最为简单的单种校园贷评估为例。比如小王正在面对是否借取 A 种校园贷的抉择时，在对 A 种校园贷各类风险信息收集的基础上，首先应对各类风险发生的条件进行分析，筛选出可能发生的各类风险；其次应将筛选出的风险分别划入 P1、P2、P3 三种情形；最后依次分析 P1、P2、P3 中的风险，如 P1 中的裸照曝光风险无法化解，则应拒绝该类校园贷，如只存在 P2、P3 两种情形的风险，则应依次分析其风险的化解和承担问题，并在此基础上作出是否借贷的决定。多种校园贷的评估，只需重复操作以上步骤即可。

第四节　分合评估法的多场景应用

一、该不该选择创业？

分合评估法 4.mp4

当下，中国经济已经进入新常态，面临着转型升级的机遇和挑战，亟寻找新的发展动能。创业在开辟经济新增长点、促进社会就业等方面须具有巨大优势。大学生是一个特殊群体，他们富有活力和闯劲，又有较高的知识水平和人文素养，是大众创业、万众创新中的优质资源和重要主体。政府鼓励大学生创业，一些大学生也有创业的动机，甚至在读书间隙已经进行了实践准备。然而，具体到某个人是否应该创业，还真有必要仔细分析，依据具体情况来作出决断。

表面来看，对于大学生个体，创业是一个不错的选择。首先，创业成功能够收获巨额的金钱财富。这些金钱，可能是打工者和就业者几辈子都无法赚得的，少则别墅豪车，多则富可敌国。其次，由财富可以衍生出大量其他“收益”，比如个人名望、社会活动能力，甚至还可能得到美女帅哥的青睐。总之，对于青春期的大学生来说，创业成功的诱惑力是巨大的，这也成为诸多青年选择创业的“初衷”。

然而，世间事务从来就不会只有收益没有代价且收益代价往往成正比。创业成功固然风光无限，但创业失败同样比例甚高，且成本巨大。来自中外的创业实践皆已表明，创业中的成功者不会超过 10%，也就是说，90%的创业者都将成为“炮灰”。而且，创业过程充满了艰辛。有统计指出，在创业的前两年，创业者几乎没有个人时间，每天工作十几个小时是常有的事，且工作时间不规律，随时都将处于“待发”状态。创业作为一种高资本投入行为，一旦失败，对于大学生来说，具有极大的摧毁力。毕竟，大学生是一个缺少资本的群体，其创业资金来源，绝大多数出自亲朋好友的借款。一旦创业失败，不仅将面对几万元、几十万元甚至上百万元的资金亏损，背上巨额的债务，往往还要承受亲朋好友的压力，经历亲情、友情的考验。

因此，是否应该选择创业，应该具体情况具体分析。对于萌发了创业动机的大学生，进行理性分析，必不可少。盲目创业，可能仅仅只是一场下海梦，能否安全上岸还是未知数，如图 6.4 所示。毕竟，政府鼓励创业，是希望能够出现大量的创业者成功，希望创业成功者能够提供更多的就业机会，而不是出现大量的创业失败者，不是迫使大学生群体陷入困境而危害社会稳定。

图 6.4　大学生创业须理性

【方法运用】

运用分合评估法，有创业想法的大学生可以评估创业的各种风险并分类，依次开展分析并最终作出是否创业的决断。比如 B 同学，期望过朝九晚五的生活，完全不能忍受没有规律的生活，显然，创业不适合他，因为无规律的生活几乎是所有创业者前两年都将要遇到的。比如 C 同学，是一个男生，期望获得富足的生活，不惧颠沛流离的生活，且心理强大，具有百折不挠的勇气和品质，这样，对于 C 同学来说，几乎没有不可承受的风险类型，他要做的就是评估潜在的各种风险，制定防治预案，进而实施创业行为。

【多维思考】

创业有很大的不确定性，创业者几乎都会经历或多或少的失败，只有创业的激情和优秀的创意是远远不够的。大学生要勇于和善于面对失败，因为创业失败所获得的，远比创业成功所获得的更珍贵、更具有长远的价值，这是人生中一笔宝贵的财富。大学生在创业过程中提高了自身的能力，磨砺了自己的意志，最真实地检验了自己，也最有效地强大了自己。大学生要全面权衡创业利弊，作出最佳选择。

【人生启迪】

一个国家的进步，镌刻着青年的足迹；一个民族的未来，寄望于青春的力量。青年强则国强，创业不仅给了青年一个做真正的自己、实现自我价值的机会，更为建设创新型国家和人才强国奠定了最坚实的基础。青年一代要勇担历史使命，让青春在奋斗拼搏中绽放光彩！

二、能不能网络交友？

我们正在步入信息网络时代。目前，计算机网络已经普及，随着手机为代表的即时消息收发装置的普遍使用，信息网络已经深度嵌入我们的生活，各种网络行为应运而生，网络交友就是其中深受大学生欢迎并普遍参与的一种活动。

网络交友，内涵宽泛。广义来讲，既涵盖熟人之间的网络交往，也包括陌生人之间的网上交往；既可指一般的人际交往行为，也可指某种特定类型的交往行为，如同事间的网上交往、恋人间的网络交往(俗称网恋)等。而常见的网络交友软件有 QQ、微信、陌陌、快手、抖音等。基于行为决策须有一定的难度，此处所讲的网络交友，仅指陌生人的网络交友、网恋等特殊情形。

网络交友具有诸多优势，比如便捷化，即使相距千里、万里，也可快速交往，不用再耗费大量时间去乘坐交通工具等；低成本，随着网络普及，当下的网费已经比较低廉，即使加上耗损的电费，网络交往与电话交往、见面交往相比，成本还是要低很多，毕竟见面后常常会吃饭喝茶，耗费必然要高不少；多觉感知，网络交友比传统的电话交往有更多的感觉通路，当前网络已经实现的感觉通路有视觉、听觉，以及文字交流等。

网络交友也将面临一定的风险，比如欺骗和诈骗，网络交往的一方可以借助网上信息传播的不周全性伪造个人信息，进行欺骗和诈骗，正如曾经媒体上的一个玩笑，你不知道跟你网上聊天的是一个人还是一条狗，至于网恋中的计算机那一头是男是女、年龄大小，更是无从辨识。网络交友中一旦出现欺骗诈骗行为，尤其是造成的金钱损失，由于对方信息可能造假、信息不全、信息阻隔以及追剿成本等原因，面临难以挽回的困境。已有的网恋案件中，感情被欺骗、金钱被骗取的事件，更是十分常见。

大学生处于感情旺盛期，有交友、婚恋的需求。大学生也具有较强的对新鲜事物的接受能力，是网络交友的重要参与群体。然而，对于特定大学生个体来说，能不能网络交友，尤其能不能网恋，应该根据自身情况来决定了。

【方法运用】

比如 D 同学十分内向，胆小慎微，对陌生人抱有较强的警觉心理，那么，网络交友因为具有较强的欺诈风险且不宜把控，对于该同学来说，具有不可承受的风险，故该同学不适宜进行网络交友。而 E 同学外向而聪敏，具有接纳陌生人的能力，且很乐于尝试新鲜事物，相信机会大于风险，故可以尝试网络交友。只要在网络交往过程中，提高防范意识，把控安全底线，就完全可以了。

因此，能不能网络交友，不应一概而论，完全禁止不免损害一些大学生进行交友的权利和机会，作为校方和家长，只要告知学生网络交友的风险，在必要的时候给予学生力所能及的物质、心理和权益帮助，就完全可以放任学生自主进行决断了。至于学生进行行为决策，注意分析个人对可能遇到风险的忍耐度和性价比状况，就不会导致恶性事件的发生。

【多维思考】

网络是把“双刃剑”，网络交友亦是如此。网络交友可以扩大自己的交际圈，结识到更多志趣相投的朋友，有很多网友从网络走向现实，成为真正的朋友或恋人。但是网络交友受骗的事件也有很多。网络毕竟有很多虚假信息，在网络交往中必须提高自我安全防范意识，在保护好自己的前提下真诚交友，利用好网络交友的优势，规避网络风险。

【人生启迪】

正如《论语》所说：“有朋自远方来，不亦乐乎？”古人提倡交诤友，现代人提倡广交友，友谊是最宝贵的财富，但是交友须谨慎，我们一定要擦亮双眼，建立和发展真正的友谊。

三、应不应借钱给同学？

大学生活离不开财力的支持，大学生又是一个财力上的弱势群体，再加上攀比意识的作祟，大学生时常会面临财力拮据的状况。在大学生群体中，很多学生都曾遇到过来自同学的借钱请求，让他们面临精神困扰，如果处理不当，还会损害同窗之间的友谊。

面对来自同学的借钱请求，通常会出现以下精神困惑：如果不借钱，该同学会如何看我，我们之间的友谊还能存续吗？不借钱的消息被其他同学知晓后，我在同学中如何自处？如果借出钱去，对方不还钱，财物损失是必然的了。如果催促对方还钱，可能更加伤害同学间的友情。

那么，面对同学的借钱行为，应该如何做呢？

【方法运用】

运用分合评估法，可做以下情况分析。

步骤一，列举借钱行为关涉的各种风险，如友情损害、钱财损失、个人口碑及其引发的其他损失。

步骤二，按照不可承受类风险、可承受类风险、忽略影响类风险，归类各种风险。

步骤三，统合分析行为风险。比如小李向你借钱，经过分析，你认为面临以下风险状况：只存在 P2 和 P3 两类风险情形，具体包括可控的友情损失、可承受的财力损失、可忽略影响的个人口碑风险。这时，是否借出这笔钱财，就要根据具体借款数量衡量性价比了。

当然，如果只存在 P1 和 P3 的风险情形，非常好决断，无非不借和借出两种行为。复杂的就是存在 P2 的风险情形。由于借钱这一行为是否发生与借钱数量存在直接相关性，且关系重大，如人们对借出 10 块钱和 1000 块钱的态度往往是根本不同的。这时，完全可以对借钱一方提出你可以承受的借钱数量，让对方来决断是否继续提出借钱请求。

我们一般讲，金钱身外物，友情要珍惜。然而，现实中却常出现一些人借助友情的名目骗取他人钱财，有时甚至让他人因此陷入生活困境。人与人的交往，应当以不损害他人为界限，给他人造成巨额财产损失压力的交往，一定不是好的交往，不具有正义性。同理，不考虑财产损失承受能力的借贷决策，也不是理性决策，可能引发更大的损失，如使自身陷入精神和物质的双重困境。在大学生之间的借钱行为中，引入分合评估法，具有极大的合理性和适用性。

【多维思考】

关于应不应该借钱给同学或朋友，一直是一个令很多人困惑的问题。同学朋友之间相互帮忙本是人之常情，但是面对一些人借钱不还甚至故意骗取钱财的行为，借钱成了一件令人困惑又烦心的事情。如果不借，可能会失去一段友情；如果借出，自己可能面临财产的损失。面对这样的困境，我们要在全面评估和认真衡量之后作出决定。

【人生启迪】

中国人最看重感情和人际关系，但是借不借钱不是衡量关系好坏的标准，是否是真挚的友情也不是依据能否借钱来评判的。对于借钱问题，我们必须进行理性的评估和判断。

第五节　方法拓展

分合评估法 5.mp4

一、与四步公关法的联系和区别

四步公关法指处理公共关系中遵循的四步工作方法。四步工作即四个工作步骤，分别指公共关系的调查分析、选择策略、实施计划和评估效果。四个步骤前后相接，循环往复，促进公共关系获得螺旋上升式发展。四步公关法已经十分成熟，在公司绩效管理等领域有较好的应用效果。分合评估法与四步公关法都能促成行为决策的产生，但二者又有明显的不同：分合评估法通常运用于行为未发生之时，是对现有状况的一种分析方法，其目的是为接下来的行为选择作出提示；而四步公关法讲求实践经验的总结，其行为决策发生在已有决策获得实践的基础上，是对已有行为实践的经验和教训进行总结的基础上。简单来说，分合评估法发生于行为实践之前，四步公关法发生于行为实践之后。两种方法完全可以协同使用，共同推动行为的实践。

二、与 SWOT 分析法的联系和区别

SWOT 分析法是一种基于内外部竞争环境和竞争条件的态势分析，具体来说，S，即 Strengths，优势；W，即 Weaknesses，劣势；O，即 Opportunities，机会；T，即 Threats，威胁。整体来看，SWOT 包括两个部分，一是 SW，主要用于分析内部条件；二是 OT，主要用于分析外部条件。SWOT 分析法常常被用于集团或组织的发展战略制定过程中，是一种战略分析方法。分合评估法则侧重于个体行为的决断分析，如果说 SWOT 分析法具有战略性、宏观性、整体性，分合评估法则具有鲜明的战术性、微观性和片面性。毕竟，运用分合评估法，其主要目标就是促使个体形成行为决策。尽管分合评估法与 SWOT 分析法差别较大，但在宏、微观的结合上，二者可以有巨大的协作空间。比如，在运用 SWOT 分析法获得整体发展战略的基础上，行为个体在实践组织战略的过程中选择具体行为时，可以运用分合评估法。

三、与成本效用分析法的联系和区别

成本效用分析法是一种基于成本与效用的比例关系而形成决策的方法。具体来说，成本效用分析包括三种分析路径：①当效用相同时，选择成本低的方案；②当成本相同时，选择效用高的方案；③当存在追加成本和增量效用时，选择增量效用单位追加成本最低的方案。成本效用分析法常常运用于项目分析领域，侧重于经济效益的评估。分合评估法与成本效用分析法既有区别又有交叉。分合评估法通常运用于无法定量分析的情境，更多关注的是行为结果的个人体验，至于行为的成本收益不是不涉及，只是局限于 P2 情景下可承受类风险的分析之中，且同样不具备绝对的适用性。分合评估法侧重于行为个体的情感感知和体验，关注到了日常行为决策中的广泛适用性和使用便捷性，在复杂化的行为决策中可以与成本效用分析法起到相互补充的作用。

四、与网格管理法的联系和区别

网格管理法常运用于社会治理领域中，追求系统管理和精准精细化管理，用于保障社会事务或某项工程的有序、高效、平稳推进。运用该方法，首先要明确复杂系统中的关键点，然后根据关键点的属性与特征设定网格数量、大小、分布等，从而将系统中杂乱无序的“点”纳入各个网格之中，实现有序管理。从管理目标和管理思维来看，分合评估法与网格管理法具有诸多相通点。二者均追求高效管理，方法使用便捷。从点到线再到格，其本身就蕴含了由分到合的过程逻辑；而确定点与格的对应关系，又要求具有由合到分的逻辑思维能力。分合评估法与网格管理法的区别，集中体现在前者更加注重个体体验及其在

决策中的价值，后者更加注重方法理性的工具价值，要求对各主体的客观属性进行理性的归纳分类。两种方法各有侧重，形成互补。

【学生研讨】

(1) 试利用分合评估法分析《三国演义》中的一个典故。

(2) 试分析“谋定而后动，知止而有得”蕴含的哲理。

(3) 试分析公司与个人在风险评估上的差异。

(4) 如何利用分合评估法解决择业难题？

(5) 试分析“权宜之计”的方法论意义及其与分合评估法的联系。

【资源链接】

[1] 害死多条人命的校园贷卷土重来，年化利率最高达 199%！亲测 7 家平台，3 家成功下款，http://www.nbd.com.cn/articles/2019-08-05/1360164.html.

[2] 风险因素分析法，MBA 智库・百科. https://wiki/mbalib.com/wiki/风险因素分析法。

[3] 赵宇春. 生活风险分析法[M]. 北京：中国劳动社会保障出版社，2014.

[4] 顾辉. 综合评价法在城市治理评估指标体系中的应用[J]. 江淮论坛，2015(6).

[5] 关杨伊. “互联网+”背景下校园贷治理思考[J]. 合作经济与科技，2021(14).

横看成岭侧成峰，远近高低各不同。不识庐山真面目，只缘身在此山中。

——宋・苏轼

第七章 化归转换法

我国以“新旧动能转换”推动优化升级

“当今世界国际环境日趋复杂，正在经历人类百年未有之大变局，新冠肺炎疫情再次加剧了大变局的演变，经济全球化遭遇逆流，一些国家单边主义、保护主义盛行，我们必须化解和应对各种困难，在一个更加不稳定、不确定的世界中谋求发展。我国已进入高质量发展阶段，经济发展前景向好，同时发展不平衡、不充分问题仍然突出，实现高质量发展还有许多短板弱项，面临着结构性、体制性、周期性问题相互交织所带来的困难和挑战。面对更多逆风逆水的外部环境，面对国内发展环境的深刻变化，我们究竟应该怎么看、怎么办？”我国媒体发出的评论引人深思。

“如何应对危机变局，最能体现一个民族的精神面貌和发展能力，最能彰显一个政党的战略定力和政治智慧。”习近平总书记指出：“进入新发展阶段，国内外环境的深刻变化既带来一系列新挑战，也带来一系列新机遇，是危机并存、危中有机、危可转机”；要“善于从眼前的危机、眼前的困难中捕捉和创造机遇”。“我们最大的机遇就是自身不断发展壮大，同时也要重视各种风险和挑战，善于化危为机、转危为安。”

中国秉承构建人类命运共同体的理念，积极推进《巴黎协定》达成和落实，促进绿色“一带一路”建设和联合国《2030 年可持续发展议程》的实施。中国塞罕坝的“绿色奇迹”让世界刮目相看，北京大气治理经验受到联合国环境规划署的肯定，如图 7.1、图 7.2 所示。中国正在探索一条应对全球气候变化、如何实现保护环境与实现国家经济增长多赢的发展路径，为全球绿色发展贡献中国方案。

图 7.1 塞罕坝荒漠变绿洲

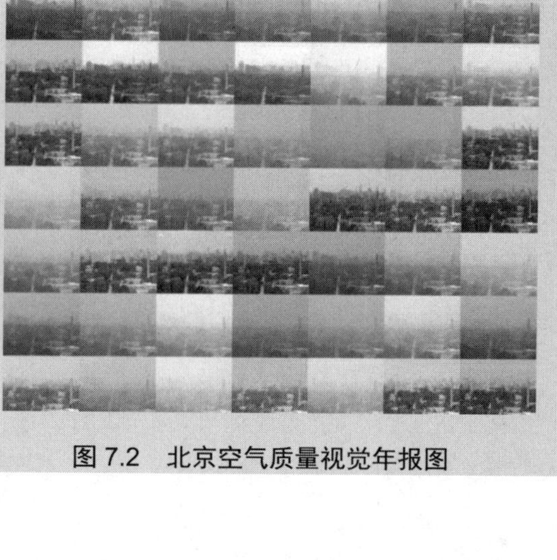

图 7.2 北京空气质量视觉年报图

当前，我国经济正在由高速增长阶段转向高质量发展阶段，需要依靠新旧动能转换推动经济增长转型。在“十四五”时期，要提高科技创新能力和技术转化能力，着力加强基础研究，攻克一批“卡脖子”技术瓶颈；要培养高素质人才队伍，其中包括具有企业家精神的行业引领者、具有 STEM(科学、技术、工程、数学)背景的创新型人才、掌握先进制造技术工艺的工匠等。

(资料来源：案例素材部分选自《人民日报》2020 年 10 月版)

第一节 化归转换法的内涵

一、化归与转换的概念

化归转化法 1.mp4

“化归”是转化和归结的简称。化归法是数学、物理等学科常用的解题思维方法。在处理和解决问题时，总的指导思想是把问题转化、变换为能够解决的问题，这就是化归思想。通常是把未知问题化归为已知问题，把特殊性问题化归为一般性问题，把一种形式化归为另一种形式(如把代数形式转化为函数图像形式)等。在解决问题中通常表现为：化难为易，避繁从简，转暗为明，化生为熟。

人们在物理学中对于一些不易直接测量的或者看不见、摸不着的现象，转换成易测量的物理量，间接测量转变成一些非常直观的现象去认识和研究问题，这种方法叫作转换法。在物理实验中，很多物理量由于其属性关系无法用仪器直接测量，或不易测量，或难以准确测量，因此常将这些物理量转换为其他物理量进行测量，然后再反过来求出待测物理量。

二、化归转换法的特点与应用

化归转换法的特点是思考和解决同一问题时的灵活性和多样性。此方法重在保证效果相同的前提下，将问题进行化归，在人们思考和处理事务时将复杂、陌生的问题转换成简单、熟悉的问题；将不易见、不可见的现象转变成易见、可见的现象等。

化归转换法也可以拓展应用在社会生活的各方面，通常用于研究与解决问题时，在思维受阻或一般方法难以解决时，为了寻求简单方法或从一种状况转化到另一种状况，即转化到另一种情境使问题得到解决。这种化归和转换思维方法的使用是解决问题的有效策略，同时也是遇到问题能扭转形势从而获取成功的思维方法。

三、化归转换法的步骤

遇到用一般方法难以解决的问题时，可运用化归转换法动态灵活地将难以解决或不可解决的新问题，朝着利于解决的方向实现化归，将无法解决的新问题转换成已解决或易解决的旧问题，再通过解决旧问题、从而回归到要解决新问题的初衷。此方法主要包括三个步骤，具体内容如下所述。

一是目标化归。紧盯要获得的结果和所达到的目的，把握需要解决的问题特点，灵活地将现有问题等效或等价转化、归结为可解决或易解决的问题。

二是困难对象转换。即分析所遇问题难以解决的根本原因，明确其症结、难点并朝着利于解决的原则和方向进行转变和替换。

三是解答回归。将化归后的问题按照已有途径或方式进行解答，并回归到原问题。

应用化归转换法解决难题时，一般应遵循下述几项原则。

(1) 熟悉化原则。即将人们相对陌生的问题转变为熟悉的问题。

(2) 简单化原则。即通过多种转换将复杂问题转化为简单问题。

(3) 直观化原则。即将较抽象的问题转化为比较直观的问题。

(4) 正难则反原则。即若问题直接求解困难时，可考虑运用相反或者互补的方式，如反证法、补集法等间接思考并解决问题。

第二节 化归转换法的来源、形成、发展与适用范围

一、化归转换法的来源

化归转化法 2.mp4

化归转换法的思想来源最初源于科学探究的过程。在数学家解决难题的过程中，往往不是采用直接解决原问题的方式，而是将难题进行转化乃至变形，或者把问题化归为容易解决、已经解决的某问题。

匈牙利著名数学家 P. 罗莎曾在她的名著《无穷的玩艺》一书中用生动的比拟阐释了化归方面的方法。她写道："假设在你面前有煤气灶、水龙头、水壶和火柴，现在的任务是要烧水，你应当怎样去做？"回答是："在水壶中放上水，点燃煤气，再把水壶放到煤气灶上。"接着她又提出了第二个问题："假设所有的条件都不变，只是水壶中已有了足够的水，这时你应该怎样去做？"对此，人们通常可能回答说："点燃煤气，再把壶放到煤气灶上。"但罗莎认为这并不是最好的回答，因为"只有物理学家才这样做，而数学家则会倒去壶中的水，并且声称已经把后一问题化归成先前的问题了"。

罗莎通过夸张的比喻却道出了化归的根本特征，就是在解决一个问题时人们的眼光并不落在问题的结论上，尽管向前走两步，也许能达到目的，但我们情愿退一步去寻觅、追溯一些熟知的结果，回到原来的问题上去思考该怎么办。利用化归法解决问题的过程可以简要地用流程图(见图 7.3)表示。

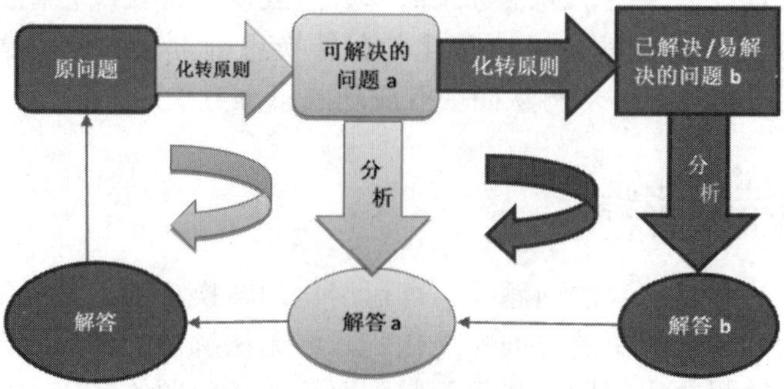

图 7.3 化归转换法的流程图

把握所要解决问题的症结和难点，突破常规求解思路，根据要实现的目标灵活变换问题，使之转化归结为另一个问题 a 或更易解决的问题 b，再通过分析、解答归结后问题 a 或 b，最终回归原问题，使原问题得解，这种解决问题的方法，我们称之为化归法。例如，科学家爱迪生在计算梨状灯泡的容积时，将灯泡注满水，然后将水倒入一圆柱形量杯中，则水的体积就是这种不规则的玻璃灯泡的容积。爱迪生将求梨状灯泡容积的难题转换为求与之等体积水的体积，使计算不规则形状物体的体积问题变得简单化。

二、化归转换法的形成与发展

化归法是一种分析问题解决问题的基本方法。在数学中通常的解法是将一个非基本的问题化归为一个熟悉的基本问题，通过分解、变形、代换，或平移、旋转、伸缩等多种方式，从而进行解答。

在数学和物理学中，化归和转换的思维方法运用较为常见，这种方法也可运用在多个领域。主要是在保证效果相同的前提下，将不可见、不易见的现象转换成可见、易见的现象；将陌生、复杂的问题转换成熟悉、简单的问题；将难以测量或难以测准的物理量转换为能够测量或测准的物理量的方法。我们将这种解决问题的思维方法统称为化归转换法。

在有关研究概念、规律和实验的学科教学中多处应用了这种方法。例如，中学物理关于磁场的实验教学应用，是将铁屑放置在磁场中，化无形为有形，让学生们看到了磁场分布情况，建立感性认识，从而可以描述磁场的性质。如图 7.4 所示，看不见的磁场可通过铁屑的分布显现出来，使无形变为场性质的磁感线便于理解和学习。还有如图 7.5 所示的测音叉震动实验，为了使学生便于观察敲击音叉时产生的震动情况，将音叉本身不明显的震动现象通过悬挂的乒乓球被弹起，即转换成了可观察到的明显现象。

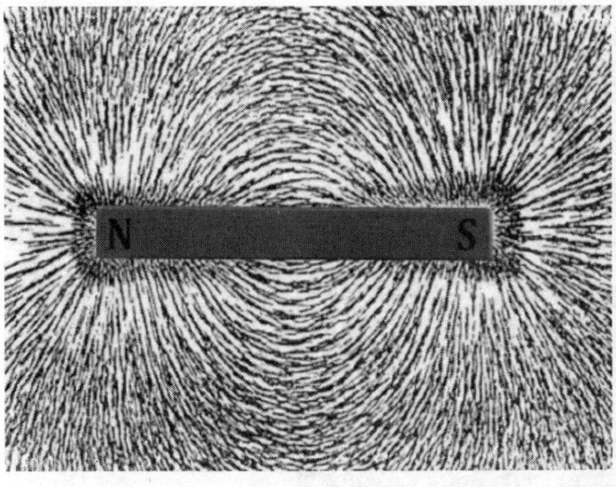

图 7.4　磁场中的铁屑分布

图 7.5　测音叉震动

人们在实验或实测时常使用的转换法，可将不可测的量转换为可测的量进行测量，也可将不易测准的量转换为可测准的量，提高测量精度，从而顺利解决问题。化归、转换思维方法使物理实验方法与各学科的发展关系更加密切，已渗透到各个学科领域。

人们运用化归与转换的方法，最初是在研究和解决数学问题时采用某种方式等价转换问题，进而达到解决问题的目的。等价转换的方式总是将复杂转化为简单、抽象转化为具体，未知转化为已知，通过变换合理地寻找、选择问题解决的方法。

转换思维实际是一种多视角思维，即从多个角度观察同一现象，用联系的发展的眼光看问题，会得到更加全面的认识；从多个层次、多个方面、多个角度思考同一问题，会得到更加完满的解决方案。

如果我们遇到某个问题时，一般的思考和解决方式不利，就应该转换思路，换个角度考虑问题，也许就可以让问题迎刃而解。我们通过转换思维从多个角度思考，有助于理解事物的内涵和外延，并对事物的概念作出界定，有利于认识和解决新问题。此外，转换思维对于发明创造来说有重要意义，由于可以避免思维定式，每转换一个新视角都可能引发出新发现、新发明。

三、化归转换法的适用范围

化归转换法通常用于研究与解决数学、物理等问题，在思维受阻或一般方法难以解决时，为了寻求简单方法或从一种情形转化到另一种情形，使问题得到解决，这种化归和转换思维方法的使用是解决问题的有效策略，同时也是遇到难题能获取成功的思维方法。化归和转换的思维方法也可推广运用于社会生产生活中。化归、转换思维可以无处不在，它是人们分析问题、解决问题的有效策略。

第三节　经典案例或场景分析

化归转化法 3.mp4

大学生应该多关心国家大事，了解国家政策和发展趋势。这样在提前制定学习和工作等人生规划等方面也就有了大致的方向，否则将来无法实现“学以致用”。

我国当前推进的“新旧动能转换”是以谋求全球发展的时代高度为目标，化归社会经济发展遇到的瓶颈和困难，将新动能的发展转换为旧动能基础上的升级优化，稳中推进而不是彻底舍弃。例如，中国在光伏技术快速发展的同时，也给行业创造了一些新的机会。如图 7.6 所示，通过将旧电站进行改造，使其效益连续新增占全球首位。在一些国家层面的发展问题上，我们大学生作为祖国未来的建设者和接班人，更应该了解国家发展需求，可以运用化归思维在本质上认识中国为什么必须推进“新旧动能转换”，把握新旧动能转换的意义和认识到它的迫切性。

图 7.6　光伏电站改造

国家发展一定要从全人类可持续发展的目标出发，特别是人类共同面临的经济和环境矛盾，放眼科技革命大势，从时代演变的方向来把握新旧动能转换战略。如何把握发展问题的内涵和实质？它的真谛是什么？用化归转换思维可帮助我们理解和认识国家发展大势，紧跟时代发展潮流。

当下，人类正处在一个大发展、大变革、大调整的时期。从全球角度来讲，在经济、文化领域正面临着一些共同发展的困难和矛盾。如何化解出现的新问题和新困境，我国尝试通过新、旧动能有序转换，通过人文历史观的继承发展，以质量强国发展实体经济、优化社会结构的方式谋求绿色可持续发展。而新、旧动能转换的长久之计关键在于在传承中创新。而新的技术力量和教育模式才能孕育出适应时代发展的新型人才，摆脱当前教育共同面临的困境。

联合国教科文组织所倡导的终身教育、全民教育、全纳教育思想，不仅展示了国际教育发展的趋势，也指明了朝这一方向发展应采取的具体策略，即教育必须提供多样化、个性化和优质化的服务。国际上，以多样化的方式应对多样性的挑战已成为解决教育困境的共识。

现代社会变化很快，再也难有稳定不变的“铁饭碗”。当代大学生应该多关心国家和世界发展趋势，与时俱进地去培养自身兴趣和技能专长，适时转化困境，从而实现自身“新旧动能转换”。因此，在校期间不仅要学习专业技能，还要发展第二技能甚至多项专长，开阔视野，尽早了解社会需求并融入社会发展潮流中。大学生要保持终身学习的态度，认识思维转换的力量，要相信这是个“一切皆有可能”的时代，勇于做新时代的“弄潮儿”。

第四节　化归转换法的多场景应用

一、“曹冲称象”教学场景应用

化归转化法 4.mp4

在一堂中学科学的“浮力”课上，老师带领同学们重温了“曹冲称象”的故事(见图 7.7)，师生一起品味了这一典故中的故事情节，开启了一堂链接古人智慧的科学课。

图 7.7　“曹冲称象”典故

相传我国东汉时期的曹冲在小时候，知识和判断能力所达到的程度，就可以比得上一个成年人了。有一次，孙权送来一头巨象，曹操想知道这头象的重量，询问属下，都被难住了，说不出称象的办法。这时曹冲说：“把象放到大船上，在水面所达到的地方做上记号，把象赶下船，再让船装载石头，当水面也达到记号的时候，称一下这些石头的重量，就能知道大象的重量了。”曹操听了很高兴，马上照这个办法做了。

科学教师评价曹冲令人折服的智慧，在一群文人参谋都束手无策的时候，他竟想出这么个好办法，根本原因是他善于观察生活、会转换角度思考问题，才能“称象”。

【方法解析】

科学教师通过情境创设继而引入了中学课程的浮力教学。教师对学生的启发，联系古人智慧，注重思维培养。中国寓言故事中蕴含着丰富的人生智慧和处世哲理，对现代社会的人们启示作用仍然很大。曹冲称象，取自《三国志》，讲述了聪明的小曹冲如何智慧破解难题，在古时候的有限条件下称量大象的故事。中学科学课教师能够引用我国古代经典故事创设情境，“古为今用”进行浮力课的教学，使学生在回味古人智慧故事的同时，对解决问题的认知过程更生动而深刻。我们运用化归转换法将“称象”的解决思路做个具体分析。

(1) 目标化归。要测出大象的重量，却由于体积过大，不能用秤来称量，但可用船载。

(2) 困难对象转换。大象体积过大，又无法拆分，可转变成等量可称量的物体，如石块等。

(3) 解答回归。可用船载大象，再根据所记录刻度放入等刻度量的石头，即得到大象的重量。

实际上，聪明的曹冲将问题进行了等价转换，通过可测量的多块石头的重量等价于大象的重量，将称量物体进行转换，使“大”转化为“小”，分而治之，这一难题就得到圆满的解决。曹冲称象的故事，就是把不可直接称重的大象，等量转换为可用当时的秤进行称量的石块，化解不利因素、转变思路找到称重办法，从而使得难题迎刃而解。

通过分析此案例可以看出，我们面对困难无法直接运用一般方法解决时可化归原有问题，从多个角度看问题，利用动态灵活的转换思维方法，分析并抓住困难症结所在，“此路不通、另寻他路”，多方面去寻求有利于问题解决的途径与方法，最终实现解决原问题。

【人生启迪】

由此可见，解决问题的能力不在于年龄大小，而在于好的思维方法。我们中国人无论老少都应该传承经典、开启智慧，古为今用。化归转换法的主要特点是遇难则转，化解不利因素，即按照一定的化归思路将问题进行转换，以灵活多样的动态思维方式去解决问题。在学习和生活中，我们应善于多角度、多方面观察和思考生活中遇到的各种问题，化转各种难题。对于一个问题，组成主要元素之间的相互依存和相互联系的形式是可变的，其形式并非唯一，而是多种多样。

面对纷繁复杂、不断变化的世界，大学生毕业后可能专业和工作不那么对口，可能面临转行到跟过去毫不相干行业，如何让“没用”的过去成为优势呢。我们最重要的就是会终身学习，能审时度势地不断转换思维，对思想和行为做好调整，那么过去所拥有的专业和技能，也能成为一种优势，以更好的心态去面对困境，做到“柳暗花明又一村”。这时候你的人生才能够通过转换思维和心境，不断地迭代升级，这个叫作“君子不器”。

二、“四两拨千斤”的武术技法

“四两拨千斤”这一武术技法术语初见于太极拳《打手歌》：“任他巨力来打我，牵动四两拨千斤”。谓顺势借力，以小力胜大力。在太极拳推手过程中，凡加引化劲于对手动作上，诱其落空，或者先化后粘，逼使对方陷入不利地位，或者以横拨直，以直拨横，改变对方劲力方向等，均属“四两拨千斤”之法。此语经广泛传播，为各家拳派所采用，泛指以巧胜拙的各种技法。

【方法解析】

中国功夫可以通达经络、增强意志、强身健体。中国武术常以小胜大，以弱胜强，太极拳中常用的技法之一就是“四两拨千斤”。四两拨千斤是太极拳的核心技术之一，被看作太极拳练习者追求的高级目标，是衡量一个太极拳习练者精纯的标准。在武术竞技中，“四两拨千斤”是以小力胜大力、以巧胜拙的经典案例。四两拨千斤，从方法论角度分析恰是多种方式转换受力、巧妙地化解巨力等不利因素，化力借力，甚至获得以弱胜强的效果。

太极拳综合吸收了明代名家拳法，运用了中国古代的阴阳学说和中医经络学说。随着历史的发展，武术的功能逐渐从战场搏杀转为体育竞技和防身健身。练习者可使用意念贯通全身，获得修身养性、益寿延年的效果，是广受大家喜爱的一种运动。

【人生启迪】

中国的太极拳以柔克刚，含蓄内敛，是一种集养生与防御为一体的武术，是以中国传统儒、道哲学中的太极、阴阳辩证理念为核心思想，集颐养性情、强身健体等多种功能为一体，结合易学的阴阳五行之变化，中医经络学等形成的一种内外兼修、刚柔相济的中国传统拳术。它于 2020 年 12 月列入联合国教科文组织人类非物质文化遗产代表作名录。

作为世界上至今称得上完美运动的太极拳，体现的不仅仅是一种武术种类，它其实蕴含着我们中国传统文化的精髓！它正影响着世界人民，正在把中国的传统文化传播到世界各地。它的强大已经和世界融为一体！太极拳目前已逐渐成为连接不同种族、不同民族、不同语言、不同国家的文化纽带，已经成为中国文化对外交流传播的重要载体之一。

作为一名当代中国大学生，无论是在当前的学习，还是今后的生活工作中，继承和发扬中华传统文化，承担起新一代实现中华民族伟大复兴的重担，是新的历史时期赋予了你们义不容辞的使命，应创造属于青年这一代人的灿烂辉煌。

三、大英图书馆“搬家”风波

英国大英图书馆，是世界上著名的图书馆之一，里面的藏书非常丰富(见图 7.8)。老馆因年久失修，换个地方新建图书馆。图书馆要搬家，也就是说要从旧馆搬到新馆去，结果一算，搬运费要几百万英镑，图书馆经费根本就没有这么多钱，眼看着雨季就要到了，不及时搬的话，损失可就大了。这可让馆长着实为难。该怎么办呢？有一个高人，向馆长出了一个点子，结果只花了几千块钱就解决了问题。

图 7.8　藏书丰富的大英图书馆

图书馆在报上登了一则广告：从即日开始，每个市民可以免费从大英图书馆借 10 本书。结果，许多市民蜂拥而至，没几天，就把图书馆的书借光了。书借出去了，怎么还呢？图书馆要求直接还到新馆来。就这样，图书馆借用大家的力量搬了一次家。

【方法解析】

大英图书馆由于馆藏丰富，藏书量巨大，搬迁本是件困难的事。给图书馆长出主意的这位高人，正是运用了化归转换思维，将遇到的难题运用智慧进行化解，建议馆长通过简单巧妙的办法借助社会力量，最终图书馆得以顺利搬迁，从而解决了难题。人们运用化归转换法获得了化难为易、事半功倍的效果。

【人生启迪】

任何事物都不是孤立存在的。一个大的系统工程，总是由无数个小系统组成，易行的小系统完成了，自然就完成了难度大的系统工程。这就是把难事、大事分解为多个易行的小事的有效方法。根据系统整体特点，和外部环境发挥优势互补的作用，完成了无数的易事，自然积累完成了难事。

四、新颖慕课制作者的故事

在慕课刚兴起时，很多大学的慕课课程是由专门的团队和筹集经费来制作的。一般深受欢迎的慕课课程教授有一个制片人和 20 人的团队。由于受到条件的限制，这样的慕课不是一般教师可以制作的。然而芭芭拉·奥克利敢于突破，利用了自己的方法。如图 7.9 所示，她在自己的地下室搭建了简单的视频工作室，买了块绿幕，尝试练习在绿幕前讲课，并让丈夫帮着录制，她自己剪辑视频，替换背景，最后她做成了。

图 7.9　绿幕录课

【方法解析】

这个思维转换的故事是芭芭拉·奥克利在条件受限的情况下自己录制慕课的经历，将复杂、本不可能的事情变成了可能，并且实现起来简单有效。

【人生启迪】

有时候，挣脱束缚、不遵循传统方法的行为可能具有很大价值。即使面临的困境可能令人生畏，你也要寻找机会，将自己独特的想法和新颖的风格代入你的工作或爱好中。

第五节　方 法 拓 展

以上几个案例都是当人们面对难题和困惑时，能够运用化归转换思维，善于在化归思维下变换不同角度动态地分析问题。我们可以在生活、学习、工作等各方面遇到了难以解决的问题时，尝试应用化归转换思维方法和原理去解决，在此方法使用原则下利用简单的、已有的、快捷的途径或方式等去解决，甚至变不可能为可能，从而实现化转式解决问题。

化归转化法 5.mp4

一、方法应用

人很容易陷入一种思维定式中，认为你只能做自己过去做过的事。但是，如果你敞开心扉去挖掘自身潜力，遇到困难时如果能学会运用化归转换法去思考，能分析并解决问题，则巨大的变化和成长都是可能的。

当你应用化归转换法思考并解决问题时，请留意以下使用要点。

首先，注意聚焦化归目标，保证转换的有效性；其次，注意问题的等价性，保证逻辑的正确性；最后，注意转换的多样性，保证转换的合理性。

化归转换法实际是一种多视角思维方法。从多个角度观察同一现象，用联系和发展的眼光看问题，会得到更加全面的认识；从多个方面、多个层次、多个角度思考同一问题，会得到更加完美的解决方案。

大学生在学习、工作和生活中遇到困难时，可尝试应用化归转换法思考和解决问题，比如大学期间可能会遇到下述一些情形。

(1) 在学习中需要记忆大量知识又感觉记忆力减退时，可通过形象联想来帮助自己加深记忆，画出生动的思维导图或知识结构图，让所学材料变得栩栩如生，摆脱机械记忆从而提高效率。

(2) 打算通过各种高难度考试，又不知从何入手时，可按模块分解备考，将难通过的模块细化分解，然后逐个解决。

(3) 想做某件事却总没有充足时间，可巧妙利用经常被忽略的零碎时间，合理安排学习与生活，注意平时积累也会发现不知不觉地做成了想做的大事。

(4) 在学习、工作和生活中，面对人生中的不同情形能适时转换角色，调整心境、快速适应新环境，可以远离心理阴影和压抑情绪，正确看待和处理各种问题和矛盾。

二、与其他方法的联系

化归转换法在保证效果相同的前提下，可将不可见转换为可见、不易见转换为易见；可将陌生转换为熟悉、复杂转换为简单。在实际应用时与其关联的方法有很多，有的具有类似的特点。例如，类比法、等效替代法、控制变量法等。

类比法(Method of analogy) 也叫“比较类推法”，通常是根据一类事物所具有的某种属性，推测与其类似的事物也应具有相同属性的推理方法。类比对象间共有的属性越多，则类比结论的可靠性越大，其结论必须由实验、行为来检验。

等效替代法是在保证某种效果相同的前提下，将实际的、复杂的问题和过程转化为等效的、简单的、易于研究的问题和过程。

控制变量法在研究问题时常用于针对多因素(多变量)的问题，常常采用控制因素(变量)的方法，把多因素的问题变成多个单因素的问题，只改变其中某个因素，从而研究这个因素对事物造成的影响，通过分别研究，最后再进行综合解决。

【学生研讨】

(1) 尝试运用化归转换法推测，古代我们的祖先是如何确定节气的？

(2) 可能一些中学生会因为不喜欢某门课程的老师而因人废课，作为师范院校大学生，你会怎么看待和解决这一问题呢？

(3) 面对学习、生活中的各种问题和困难，我们应该毫不畏惧，迎难而上，但要能找到利于解决问题的思路和办法，请举例说明如何运用化归转换法解决难题或困难。

【资源链接】

[1] 史蒂芬·柯维. 高效能人士的七个习惯[M]. 北京：中国青年出版社，2011.

[2] 李忠秋. 结构思考力[M]. 北京：电子工业出版社，2014.

[3] 芭芭拉·奥克利. 跨越式成长[M]. 北京：机械工业出版社，2020.

以铜为鉴，可以正衣冠；以人为鉴，可以明得失；以史为鉴，可以知兴替。

——唐太宗李世民

第八章 历史三维分析法

第一个地球年表

地球是自然界各种生物赖以生存的家园。有关“地球和地球上的动物和植物是从哪里来的？它们有怎样的历史？”等问题，自古以来就吸引了无数智者的思考。18 世纪之前，《圣经》宣扬的神创论被认为是唯一正确的答案。神创论认为世界上的万物都是上帝在 7 天中创造出来的，而且自那以后就一直没有发生变化。

7 天之内怎么可能创造出万物呢？法国博物学家布封(原名乔治·路易·勒克莱尔，1708—1788)对此提出质疑，但他又不敢违反神创理论。布封继承了母亲的庄园，又长期担任王室御苑司苑，而且自己还开有矿石厂，收集了大量古生物化石。他经常流连于现实的和化石的动植物世界，苦苦求索各种各样植物、动物的来龙去脉。经过长期思考，布封终于找到一个“不得罪”上帝，而又言之有理的理论。布封提出，上帝 7 天造物是不容怀疑的。但堪称伟大创世纪的“一天”，绝不是我们现在普通的“一天”。而是一个漫长的“一天”，即一个“世代”。布封计算出地球的历史大约在 7.5 万年以上，包括 7 个世代。

以时间为维度，布封推测出伴随地球温度下降，各个世代发生的重要事件。从第二世代开始，地球逐渐出现峡谷和山岭；水、有机体和动物；植物；大象、河马和犀牛等大型陆生动物；至第七世代出现人类；最终地球冷却致使生物毁灭。由此布封创立了第一个地质年表，并于 1779 年出版《自然的世代》一书。与此同时，布封还综合了无数的事实材料，从“共时”意义上，对自然界的生物进行分门别类的研究，耗时 50 年出版 44 卷《自然史》(布封生前只出版 36 卷)，较为科学、详细地描述和解释了地球、人类以及其他生物的演变历史。

第一个地球年表的历史意义，首先是对人类文明史和科学史作出巨大贡献。在神创论统治时代，它对于物种可变和进化论的思想，发挥了积极的启蒙作用。现代科学研究表明，宇宙起源于 150±亿年前的一次大爆炸，爆炸引发的宇宙星云形成了恒星、行星和陨石。根据科学计算，地球年龄约有 46 亿年。现在看来，布封对地球各个发展阶段的估计是建立在高度思辨基础上的，而缺乏实验性证据。但是，地球年表却达到当时认识水平所能达到的高度，给后世提供了宝贵的思想借鉴。

在方法论层面，第一个地球年表展现了历史分析的崭新研究方法。布封通过对地球过去事件“时间性”的梳理，勾勒出宇宙和地球“历时”意义上的纵向发展图卷，使宗教神学的根基受到重创，为达尔文物种起源学说奠定了唯物主义基础。布封创立的地球年表以及《自然史》，以时间为经，事件为纬，对历史主体——地球的发展历史，进行了三个方面的具体考察：原始察终的顺向考察，由今溯古的逆向考察和网络交叉的横向考察。通过精辟地分析，布封概括出反映地球这一历史主体发展的基本面貌与基本规律。

可见，从时间、事件和历史主体三方面考察历史全貌和发展规律是可行的。这种新方法就是历史三维分析法。

第一节　历史三维分析法的内涵、本质与步骤

一、历史、三维、分析的概念界定

历史三维法第一节.mp4

历史，有多重含义：“客观自然界和人类社会的发展过程”“某种事物的发展过程和个人经历”“过去的客观事实”“历史学科的简称”“过去事实的记载”。这里是指区别于使用“逻辑的”“实验的”或“调查的”方式，认识当前状态的一种认识观。它强调从发展的、普遍联系的、矛盾的辩证唯物主义视角，阶段性、趋向性和规律性地认识事物的真实过程和发展全貌，以获取现实启迪。

三维，是指历史认识或考察的三个向度或三个方面。包括“时间性向度”“事件性向度”和“主体性向度”。人类历史是综合的，复杂的，影响历史进程的因素有很多。根本上说，作为一个整体，历史不是静态的、平面的、线性的，而是主体动态的、多维的、相互联系的复杂整体。如果一个因素、一个因素孤立地考察，既浪费时间，又不符合历史的真实面貌。洞见历史发展规律的分析，需要对具象的历史事实、史实和史料进行抽象分析。“四方上下曰宇，往古来今曰宙”，宇宙中的历史总是由特定的主体及其在一定时间内所引发的事件构成的总和。因此，任何历史分析，都可以转化为对历史主体、历史时间和历史事件的考察与分析。

“时间性向度”提供了从古至今考察历史主体发展的时空环境。时间性是作为整体的历史所具有的一个基本特征，也是核心特征。“主体性向度”指向能动发展的客观世界、客观事物(包括自然界和人类社会)自身。历史主体生活在历史环境之中，既是历史的组成部分，又是历史的创造者。对人类历史而言，主体性向度又被称之为“人物性向度”。历史人物既有个体(英雄人物、领袖人物)，也有群体(普罗大众)，他们都是独特的客观存在。“事件性向度”提供了在特定时刻、条件和情境下，历史主体所发生的发生、变化与演变过程。由于时间的不可逆性，历史情境具有既往性、不可还原性和不可重复性，历史事件是不以人的意志为转移的客观存在。人类社会发展的分析向度如图 8.1 所示。

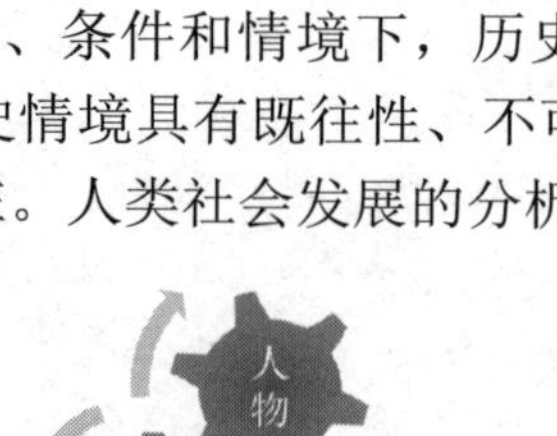

图 8.1　人类历史发展的考察向度

分析，是与综合相对立统一的现代科学思维方式，是将客观事物分解为它的组成部分，并确定各部分之间如何相互联系，通过推理、判断、归纳、演绎等逻辑思维和批判性思维，达到解释现象，认识事物发展全貌与规律的目的。

二、历史三维分析法的本质

历史三维分析法是指将主体变化发展置于历史视野，以时间、人物和事件三个维度为侧重点进行考察、剖析，通过比较、推理、判断、归纳、演绎等逻辑思维和批判性思维，进行综合分析，以说明历史现象的本质，归纳出历史发展的一般规律，推知过去，预测未来，获得生活启迪与发展经验的方法。

时间维度分析：是指以时间为分析线索，对主体发展进行分析。历史主体的持续发展具有即时性和延时性，时间的分析尺度就有历时性和共时性两种。历时性分析即将主体发展划分为几个连续的阶段，对不同阶段进行比较；共时性分析即将对同一阶段或时刻，历史发展的状况进行比较、剖析。**人物维度分析**：主要是对历史人物在不同历史时期的活动、作用进行具体分析，剖析历史人物之所以成为历史人物的各种促成因素，寻求历史人物自我否定的临界点。[①]**事件维度分析**：通过回溯历史事实，对历史事件发生的起因、经过和发展等进行客观分析，探明历史真相的前世今生，深刻认识历史事件的历史必然性，及其对历史进程的作用和影响(价值)。简而言之，时间维度分阶段，人物维度找临界，事件维度见必然。最后，综合各维度的分析结果，归纳历史本质和历史发展的一般规律，获取现实启迪与发展经验。

将主体的变化发展置于历史视野，一是应坚持整体观，以上下贯通的纵向眼光，动态地考察主体发展不同阶段的历史事件、历史人物、历史成就等，将之放在全局之中，上下联系起来分析，以期明了历史发展的前因后果，对其价值和意义作出正确评价。二是应坚持系统观，以相互联系、相互影响的横向眼光，精准地考察一定范围内，历史主体变化的原因和结果，透视主体发展的时代特点，总结主体发展的客观规律，预测主体的未来发展趋势。三是应坚持全面观。多元素、多角度、全方位、立体动态地考察历史现象，寻找历史真相和历史发展规律。

三、历史三维分析法的步骤

历史三维分析法的目的旨在通过长时段的分析，推知过去，预测未来。其步骤包括五步三个方面，如图 8.2 所示。

第一步：确定维度。“三维”指时间、人物和事件这三个分析向度。分析时，可以同时展开三维的分析，也可以以其中的一维或二维为主要的分析向度，展开分析。第二步：分解维度。根据分析需要，将每一个维度分解成若干部分，以便主体的发展变化得以妥当处理。其中，从时间出发，考察历史的不同阶段或者关键点；从人物出发，考察其对历史发展的影响或作用；从事件出发，考察历史过程的历史必然性或者价值。第三步：确定分

① 程洪. 历史是什么？——由此产生的方法论问题[A]. 历史科学规划小组史学理论组编.历史研究方法论集[C]. 郑州：河南人民出版社，1986：93.

析的主因素、辅因素，并收集相关资料(数据)。第四步：选择量化或质性方法，从多方面、多层次和多视角分析趋势和特点，以进行全面的考察。第五步：综合分析，总结历史主体发展趋势，得出相应的结论、规律，或作出适当的预测与决策。

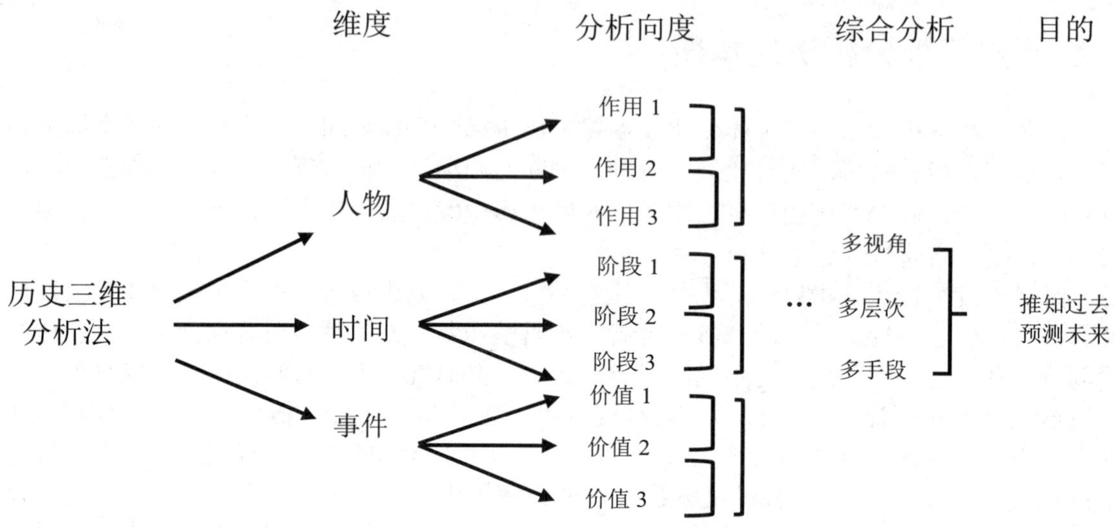

图 8.2　历史三维分析法图示

三个方面是**时间维度分析、人物维度分析以及事件维度分析**。通过对历史发展阶段的比较，人物作用的概括，事件价值的综合分析，梳理关系，弄清楚历史的来龙去脉，总结过去，展望未来，作出科学决策。

第二节　历史三维分析法的来源、形成、发展与适用范围

一、历史三维分析法的来源

历史三维分析法本质上属于分析方法。作为人类理性和认知的重要方法，分析方法发端于古希腊哲学家德谟克里特，近代被以伽利略和哈维为代表的科学家广泛运用于科学研究，并于 17 世纪 30 年代，经法国哲学家笛卡尔总结，成为跨学科的一般研究方法。

历史三维法第二节.mp4

德谟克里特(Δημόκριτος，约公元前 460 年—公元前 370 年)创立了最早的分析法。在古代，人们奉亚里士多德的演绎法为圭臬，以笼统的猜测性推理的方式来认识世界。古希腊伟大的唯物主义哲学家德谟克里特向世人提供了一种不一样的原子论方法。这种方法是将认识对象整体地看作一个复杂系统，通过将复杂系统(结构)分解为若干个较小的组成部分(亚结构)，再以这些小部分或亚结构为侧重点来分析它们之间的相互关系，从而说明系统(结构)的本质，归纳出一般规律。

伽利略(Galileo Galilei，1564—1642 年)在没有物理实验参与的情况下，用“思想实验”展示了智力分析的精神过程。他将概念、命题与推理引入分析，成功地由已知出发，探索出未知世界的规律。伽利略设想假如亚里士多德的断言正确的话，把一个大物体 M 和

一个小物体 m 绑在一起下落，可以得出这样一个结论“新物体 M+m 必定比物体 M 单独下落得更快”。但由于小物体 m 单独下落的速度要比 M 慢，小物体必然会对 M+m 新物体的下落造成阻碍。这样来看，与重量越大的物体下落得越快的看法相矛盾了。一个物体的下落不可能有时快有时慢。由此，伽利略通过对自然真实性的抽象得出“所有的物体在真空里的下落速度一样快”的结论，论证了较重的物体比较轻的物体向下运动得更快是何等的不可能，从而确立了物体自由落体规律。

哈维(William Harvey，1578—1657 年)将科学实验和分析方法相结合，依靠一个又一个具体的科学事实和实验数据，进行从特殊到一般的推理和归纳。哈维曾连续多年对四十余种动物活体心脏进行解剖、结扎、灌注等实验，同时也做了无数人的尸体解剖，获得了大量的实验数据(资料)。在分析实验事实以后，哈维发现了血液循环。哈维提出心脏像个水泵，它的搏动引起血液循环运动，并于 1628 年出版《动物心血运动的解剖学研究》一书，[①]为近代实验生理学奠定了基础。

哈维与伽利略的工作，使分析法与“空想”“臆测”分道扬镳，彰显了分析法在理性认知上的巨大魅力。分析法可以将未知和已知联系起来，化复杂为简单，化繁杂为单一，揭示“黑箱”的奥秘与“真实”。分析法首先在自然科学研究中取得了巨大成功，同时也促进了很多学科从哲学中分化出来。

基于哲学、科学成果空前繁荣的事实，笛卡尔(René Descartes，1596—1650 年)将分析法总结为一种通用的、一般性的哲学方法。笛卡尔秉承“我思故我在”的第一原理，提出分析是发现真理的方法。为了找到真理. 我们当然总是从特殊的概念开始，以求达到一般的概念。[②]如何达到？笛卡尔在《谈谈方法》(原文题目为“谈谈正确运用自己的理性在各门学问里寻求真理的方法”，1637 年)一书中指出 4 条原则或 4 个步骤。

第一，凡是我没有明确地认识到的东西，我决不把它当成真的接受。也就是说，要小心避免轻率的判断和先入之见，除了清楚分明地呈现在我心里，使我根本无法怀疑的东西以外，不要多放一点别的东西到我的判断里。第二，把我所审查的每一个难题按照可能和必要的程度分成若干部分，以便意义妥为解决。第三，按次序进行我的思考，从最简单、最容易认识的对象开始，一点一点逐步上升，直到认识到最复杂的对象；就连那些本来没有先后关系的东西，也给它们设定一个次序。最后一条，在任何情况下，都要尽量全面地考察，尽量普遍地复查，做到确信毫无遗漏。[③]

分析法是以普遍怀疑法为第一前提，运用心灵的直觉(一译“直观”)与演绎，坚持确定性原则、从特殊到一般原则、详细列举与次序性原则，对以前所不知的东西进行认知，使模糊东西明晰化，从而达到正确认识事物的目的。跟综合法相比，分析法有如下 4 个特点：首先，分析法不以任何特定的被接受为真的前提作为出发点；其次，分析法要求读者摒弃成见，给予充分的注意；第三，分析法是通过廓清成见的方式来使真观念显现为真观念的；最后，分析法发现真理的过程是从个别命题的认识进入普遍命题的认识的过程。[④]

---

① 赵功民. 外国著名生物学家传[M]. 北京：北京出版社，1987：25.

② [法]笛卡尔. 第一哲学沉思集[M]. 庞景仁译，北京：商务印书馆，1986：390.

③ [法]笛卡尔. 谈谈方法[M]. 王太庆译，北京：商务印书馆，2006：16.

④ 贾克防. 笛卡尔论分析方法与“我思故我在”[J]. 世界哲学，2014(3)：96～104.

二、历史三维分析法的形成与发展

以时间分析为主的历史三维分析法，形成于布封对地球起源和自然界生物的研究，经达尔文(Charles Robert Darwin，1809—1882 年)再次运用于生物进化问题的研究，至马克思主义的诞生，逐渐走向成熟。

生物进化学说重创了神创论，不仅在生物学领域开创了一个新纪元，而且渗透到各个学科领域，引发了整个人类思想的巨大革命。进化论与细胞学说、能量守恒定律被恩格斯称为 19 世纪自然科学的三大发现之一。19 世纪中叶，随着马克思(Karl Heinrich Marx，1818—1883 年)《资本论》(1867 年)等一系列著作的发表，历史分析法得以首先在经济学中真正地确立起来。

人类社会是极其复杂、多面的。在马克思之前，人们对它的认识都是停留于某一方面。马克思认为，经济的社会形态的发展是一种自然史的过程，社会经济制度不是一成不变的，它的发展体现出不以人的主观意志为转移的客观规律，历史趋势必然会朝向更高的历史阶段过渡的。[①]根据经济社会的交换形式、财产关系等，马克思将人类社会划分为若干阶段。马克思提出了人类社会两阶段、三阶段、四阶段和五阶段理论。其中根据不同分析视角，三阶段的划分多达 7 种。这为我们提供了以时间维度为主，进行历史分析的社会认知框架。

列宁再次阐明历史分析的重要性和具体操作方式："要最科学地来看这个问题，[②]至少应该对国家的产生和发展情况作一个囊括的历史的考察""为了解决社会科学问题，为了真正获得正确处理这个问题的本领而不被一大堆细节或各种争执意见所迷惑，为了用科学眼光观察这个问题，最可靠、最必需、最重要的就是不要忘记基本的历史联系，考察每个问题都要看某种现象在历史上怎样产生，在发展中经过了哪些主要阶段，并根据它的这种发展去考察这一事物现在是怎样的。"[③]

19 世纪末至 20 世纪前半叶，历史三维分析法被广泛地运用于不同学科领域，其研究成果反过来又催生了各个学科专门的分析方法。奥地利帝国生物学家孟德尔(Gregor Johann Mendel，1822—1884 年)，通过研究豌豆的性状在亲代之间的代际传承，结合数学方法，创立了利用遗传图谱进行基因遗传的遗传学分析法，发现基因遗传规律并创建遗传学。美国遗传学家摩尔根(Thomas Hunt Morgan，1866—1945 年)发现了染色体的遗传机制，于 1933 年获得了诺贝尔生理学或医学奖。奥地利精神病医师、精神分析学派创始人、心理学家弗洛伊德(Sigmund Freud，1856—1939 年)，于 1895 年与别人合作出版《歇斯底里症研究》一书，创立"精神分析法"。

20 世纪 70 年代，有学者指出马克思主义历史主义的内容包括 4 个方面：首先，历史主义要求把历史看成是一个永恒的运动、变化、发展的过程；其次，历史主义要求把历史**事件**和历史**人物**放到一定的**历史范围**去考察；第三，历史主义要求通过历史发展的内在联

---

① 刘忠世. 马克思对人类历史发展阶段的多种划分形式及其方法论意义[J]. 河北学刊，1994(4)：33～38.

② 这个问题指国家问题。

③ 列宁. 论国家[A]. 列宁选集 • 第 4 卷[C]. 北京：人民出版社，1972：43～44.

系，发现它的客观规律；第四，历史主义要求对待历史遗产采取批判继承的态度。①这点明了时间、人物、事件在历史分析中的核心地位，揭示出历史三维分析是马克思主义历史主义的重要分析内容和方式。

20 世纪 60 年代以后，随着计算机科学和多元统计学的发展，历史三维分析逐渐与多元分析结合起来。20 世纪 70 年代，量化的多元分析法在历史学研究中得到广泛运用。借助量化研究手段，历史三维分析法被广泛运用于经济史、政治史、文明史等多个领域。进入 21 世纪，随着系统论、控制论和信息论的发展，历史三维分析法已成为一种通用的分析方法，而不是为哪一个学科所独有。

三、历史三维分析法的适用范围

历史三维分析法广泛运用于伴随时间发展而发生变化的自然事物和人类社会现象，是史学研究中的一种非常重要的分析方法。从历史三维分析法的发展历程来看，历史三维分析法又不仅仅限于对历史事实的史学研究。它可适用于对历史本质问题的认识，还适用于使用历史史实、史料而作出有关个人、自然和社会的重要问题的分析、研究与决策。

对历史本质问题的认识。历史的发展从来不以任何人的意志为转移，不同历史阶段，不同历史人物和历史事件，对历史发展的作用如何？这是认识历史本质必须回答的基本问题之一。比如，美国著名科学技术史家默顿出版《十七世纪英国的科学、技术与社会》，将 17 世纪下半叶英国科学和技术作为一个整体，运用历史分析方法，发现近代科学与技术的兴起的社会——文化动因。这一发现，使人们能够认识到科学家、科学文化、科学(发现)事件对科学技术发展的重要作用。

自然演化史重要问题的分析与研究。如前所述，在有关地球起源、人类起源等自然重要问题的分析与研究方面，历史分析法取得了重要成果。当有关自然的重要问题，涉及历时性、共时性的发展变化时，历史三维分析法是不错的选择。

社会发展史重要问题的分析与决策。人类社会是在自然界发展到一定阶段，伴随着人类的产生而出现的一种物质运动的最高形式。人类社会又是极其复杂的一个矛盾体系，它的发展涉及科技、文化、经济、军事、教育等多个方面的复杂矛盾运动，常常会面临一些社会重大问题，如环境污染、全球传染病大流行等。这些重大问题的解决，不能仅仅局限于“当下”问题的分析，而往往需要从历史长河中，从不同历史阶段，不同历史人物和历史事件中，获取相关资料(数据)，通过分析得到相关问题解决的经验与教训。资料的来源，可以是史籍记载，如《史记》等；可以是专门问题的研究论文(著作)；可以是从互联网上获取的电子资源；还可以是自己亲自调查获得的原始资料。

个人人生史重要问题的分析与决策。生命对于每个人而言，都是单程旅行。人的一生是一个不断地遇见问题、分析问题和解决问题的连续发展过程。在涉及个人重要问题时，往往一个问题尚未解决，其他新的问题又出现了。及时分析和获取别人在类似问题上的经验，对于个人的正确决策非常重要。大到事业发展，小到婚恋琐事，从不同历史阶段，不同历史人物和历史事件中，可以获得不同的经验和启示，从而帮助个人在人生史的重要问题上采取正确的决策。

① 许永璋. 试论历史主义[J]. 社会科学辑刊，1979(1).

第三节　经典案例或场景分析

历史三维法第三节.mp4

一、经典案例分析

利用长时空的历史资料发现和分析问题，最典型、最常用的案例莫过于学术史分析。针对某一课题、问题或研究专题，在开展相关研究或问题解决之前，我们首先得“溯源”并找到自己研究的“前人的肩膀”，即了解前人已经做了哪些研究？取得哪些成果？有何不足？可能在哪些方面有所突破？面对纷繁复杂的文献，如何理出头绪？下面以青蒿素的发现(获得 2015 年诺贝尔生理学或医学奖)系列论文之一，来解释如何利用历史三维分析法进行学术史综述的运用场景。

运用该方法开展学术史的分析时，首先需要确定收集学术文献的时间范围。一般地，学术研究的文献查新工作需要从当前年份往前数十年开始，也可以从该问题提出的最早年份开始，圈定文献搜索的时间范围。其次，从这一时间范围中，寻找该问题研究取得突破性进展的关键时刻，并遴选解决重大学术问题(提出新的学术观点和新理论、新方法)的关键人物(群体)，及其他们取得的突破性成果(事件)。最后，按照一定的组织和逻辑，将其整理成文——学术史综述。所有与问题相关的重要成果，都应当写入学术史综述，并且在参考文献中列出。参考文献中的作者、文献题目和发表刊物、时间等信息，展示问题研究的“人物”“事件”和“时间”，也满足了历史三维分析的要素。

中药青蒿又称黄花蒿(Artemisia annua L.)，我国民间早已用于治疗疟疾。它的化学成分据文献报导主要有挥发油[1]1957，1936、香豆素[2]1971、稀炔化合物[3]1972、倍半萜内酯 Arteannuin B[4]1973 和 Arteannuin A[5]1972 以及万寿菊黄素 Quercetagetin[6]1975。我们则从这种植物的石油醚提取物中，除了得到倍半萜内酯 Arteanniun B 外，还分离到一个含过氧基团的新型倍半萜内酯[7]1977，这个新型的倍半萜内酯我们称其为青蒿素(Arteanniun)，它经药理证明是抗疟的有效成分。本文仅报导青蒿素的结构及其化学反应，至于从这种植物中分离到的其他若干成以及分离方法将另文报导。

——节选自：刘静明、倪慕云、樊菊芬、屠呦呦、吴照华、吴毓林、周维善. 青蒿素(Arteannuin)的结构和反应[J]. 化学学报，1979(02)：129～143.

(注：参考文献略，其发表年份已在引文序号后标注)

再看一例。

统计分析在心理学研究中发挥着重要作用。崔丽霞和郑日昌(2001)对 1981—1998 年发表在《心理学报》《心理科学》和《心理发展与教育》上的论文所使用的研究方法进行了回顾：经常被使用的定量分析方法是显著性检验，包括正态检验、t 检验、χ^2 检验和 F 检验。焦璨、黄泽娟等(2010)对 1998—2008 年发表在《心理学报》和《心理科学》上使用了统计方法的论文进行了文献分析：使用最多的依次是方差分析，t 检验和相关分析；多元统计使用最多的是因子分析。此外，还有研究者对特定统计方法在心理学研究中的使用情况进行文献分析(例如，范津砚等，2003；赵必华，顾海根，2010；方杰等，2013；唐文清，方杰等，2014)。上述研究都是对统计方法在心理学研究中的应用情况进行文献分析，未见有对心理统计方法研究的文献分析。

——温忠麟、方杰、沈嘉琦、谭倚天、李定欣、马益铭. 新世纪 20 年国内心理统计方法研究回顾[J]. 心理科学进展，2021(8)：1331–1344.

学术史综述包括两部分。前半部分为“综”，后半部分为“述”。“综”是从**时间**上，对从事某一领域学术研究的**学者们**，在各自研究**事件**的结果(成果)中所提出的观点和理论及运用的方法等的系统整理，以揭示该研究领域的新动态、新趋势、新水平等。“述”是对“综”的批判性评价和分析，以指明自己研究的出发点、立足点，以及未来可能的突破等。“综”是“述”的前提和基础，没有从时间、人物和事件三个维度的详细考察和条理性的“综”，“述”便成了“无米之炊”。

二、运用历史三维分析法的注意事项

第一，三维分析可以同时展开，也可以就其中的一维或二维进行分析。一般地，时间维度的分析是对问题提出的时代背景或环境特点进行分析；人物维度的分析是对所涉及的历史主体的主观努力或相关人物的历史作用进行分析；事件维度是揭示发展的必然性及其历史价值。在此基础上，总结历史主体发展趋势，得出结论或获得启示。

第二，历史三维分析本质上属于历史分析，是基于历史事实、史料、资料或者数据(简称资料)的分析。因此，在使用历史三维分析法时，首要的任务是收集资料。其次，应对资料的真伪进行甄别。只有真实的资料，得出的结论才能经得起时间的检验。

第三，可以利用表格、时间轴等工具，对资料进行整理和展示，这样有利于厘清分析思路。

第四，历史三维分析法并不排斥和拒绝其他方法。针对研究问题和问题的解决，需要对资料进行收集、整理、分析、比较、归纳和演绎等，这就离不开其他具体方法的运用。此外，历史三维分析法与其他通识方法也有区别，具体内容可参见第五节“方法拓展”。

三、历史三维分析法的特点

通用性。作为分析法与史学研究相结合的一种方法，历史三维分析法不再局限于对史学问题的研究，它可以适用于基于历史史实、史料而作出的有关个人、自然和社会重要问题的分析、研究与决策。因此，通用性是它最大的特点。

独特性。历史是人与自然、社会既往运动发展过程的总和，但它又是具体的，是在具体时间、具体地点，由具体的人的活动及其联系构成的。其中存在过的任何人、任何事都具有绝对不可重复性的“这一个”[①]，历史三维分析法所依据的资料，具有很强的独特性。因此，相比其他方法，独特性是它的第二个特点。

真实性。针对研究问题，历史三维分析起始于对真实资料的收集，对问题的解决过程又是对真实资料的整理、分析、比较、归纳和演绎等。因此，真实性是历史三维分析法的第三个特点。

---

① 马自毅. 谈谈历史研究方法的多元化问题[J]. 史林，1987(2)：46～50.

第四节　历史三维分析法的多场景应用

历史三维法第四节.mp4

一、中华民族伟大复兴的分析

中国能在21世纪实现伟大复兴吗？

直到18世纪中叶，中国还是世界上最为先进的国家。在世界制造业产量，中国占32.8%，整个欧洲占23.2%，日本仅占3.8%。[①]以1840年为分水岭，中国自此陷入半殖民地半封建境地。根据历史发展的综合状态，从1750年至今，可以将中国近代发展史划分为七个阶段：沉沦、觉醒、挣扎、崛起、壮筋、停顿、奋起。从沉沦走向复兴，历史的真相是什么？中华民族能否在21世纪实现伟大复兴？

【方法运用】

社会现象的产生，要受到复杂因素的影响。只有三维历史地来看这些现象，才能够明晰现象背后所蕴含的社会发展规律。

时间维度分析。从1840年至今，已有180多年历史。根据不同的划分标准，可以把这180年划分为若干个历史阶段。但是，无论怎样划分历史阶段，总离不开三个关键节点：1840年前后、1949年和2018年。煤、钢、油、电是国民经济发展的重要资源，它们是一个国家综合实力的体现和代表。我们可以收集这些资源的变化数据，从三个历史节点来看中国在煤炭、钢铁、石油、电力行业的今昔对比(见表8.1[②])，能直观地感受到近现代以来我国综合国力从弱到强的历史巨变。这些变化同时也向世界展示了中国力量。

表8.1　三个历史节点我国原煤、钢铁、原油和发电量的变化(与英国或美国对比)

	1840年前后	1949年	2018年
原煤	中国少量开采，英国已达0.43亿吨	中国产量为0.32亿吨，美国产量为4.36亿吨	中国产量为36.8亿吨，美国产量为6.85亿吨
钢铁	中国生铁产量约为2万吨，英国生铁产量约为140万吨	中国钢产量为15.8万吨，美国钢产量为7074万吨	中国钢产量为9.28亿吨，美国钢产量为0.87亿吨
原油	无现代开采	中国产量为12万吨，美国产量为24892万吨	中国产量为18911万吨，美国产量为54805万吨
发电量	尚未使用电能	中国发电量为43.08亿度，美国发电量为3450.6亿度	中国发电量为6.8万亿度，美国发电量为4.18万亿度

人物维度分析。近代以来，在政治、经济、文化、军事等多方面涌现出许多仁人志士。从扭转中国国运发展前途来看，作出惊天动地伟业的关键的历史人物主要有孙中山、李大钊、陈独秀、毛泽东、邓小平和习近平。孙中山推翻了清政府，李大钊、陈独秀和毛

① [英]保罗·肯尼迪. 大国的兴衰[M]. 北京：国际文化出版公司，2006.

② 巨力. 从三个历史节点看中国经济发展奇迹[J]. 求是，2019(20)：34～41.

泽东创立了中国共产党，毛泽东更是带领中国人民站起来，邓小平通过改革开放让人民富起来，习近平布局“一带一路”，让中国人民强起来。作为领袖人物，他们探明了中国前进的方向，他们像黑暗中的灯塔，指明了中华民族伟大复兴的道路和路径，向世界贡献了民族发展和振兴的中国方案。

事件维度分析。回溯中华人民共和国成立以来的奋斗史，在科技、经济、文化等多个方面，中国人民取得了许多举世瞩目的历史成就。如“两弹一星”、全工业体系、高铁，直到航空航天事业所取得的辉煌成就：载人飞船(2003 年)、嫦娥探月探测器(2007 年)、暗物质粒子探测卫星“悟空号”(2015 年)、“天问一号”火星探测器(2020 年)、三名航天员进入天和空间站核心舱(2021 年)等。它们共同的特点就是都是由中国人独立研发，具有完全自主知识产权，向世界展示了中国智慧。

综合分析。总之，中华民族伟大复兴不是一句空话，而是由中国智慧，带领中国力量，一步一个脚印、锲而不舍地发展中国方案。由此可以预测，21 世纪中华民族有能力实现伟大复兴。

【人生启迪】

《管子·形势》中提到“疑今者，察之古；不知来者，视之往。”意思是指对当今(现在，或者今天)有疑惑不解的事可以考察古代，对未来有不了解则也可以考察过去。为什么呢？因为“万事之生也，异趣而同归，古今一也”。世间万事的本性，内容虽有不同，但总是同归一理，从古到今都是一样的。

“以史为鉴”，一个国家的兴亡和民族的繁荣和衰落，蕴含着历史发展的经验与教训。多维度、多层面、多角度地分析历史，可以使我们追根溯源揭示历史发展的趋势，提出符合实际的解决办法，获取“明史知理”的思维方法，奋发图强的勇气和成就事业的思想。

二、成为组织中的领导

如何成为组织中的领导？

2021 年是中国共产党建党 100 周年。经过百年奋斗和百年考验，中国共产党已经成为通过人民革命，取得政权并长期执政的世界最大政党。作为一个诞生于民族危亡时期的政党，从建党初始的 51 人，发展到今天 9000 多万人，中国共产党创造了世界政党史和国际共产主义运动史上的奇迹。

1920 年陈独秀等人创建共产党时，全国只有 6 个共产党早期组织，其中，就有毛泽东在湖南发起并成立的“既有其名、又有其实”的共产党早期组织。“一大”13 位代表中，只有两人一直参与革命并领导革命走向胜利——毛泽东、董必武。而“一大”时，毛泽东不过是书记员，负责会议记录。从年龄、学历、出身、影响力等方面来看，当年的一大代表中，毛泽东都没有优势。但最后他却成了党中央的核心。毛泽东从党组织中的边缘人物成长为核心人物和灵魂人物，这一切是如何发生的？带给我们大学生怎样的启示？

【方法运用】

在现代社会中，我们每个人总是自觉或不自觉地在一定的组织中学习、工作和生活。

三维历史地分析毛泽东如何成为党的核心领导，可以帮助我们获得在集体、团队或组织中生存发展，以及进行社会管理的相关经验。

时间维度分析。毛泽东在党内领导地位的确立，并不是一帆风顺的。中国共产党的领导机构为“四级”领导机构：全国代表大会、中央委员会、中央政治局、中央书记处。其中，(党的七大时)中央书记处是领导核心。从 1921 年到 1945 年，短短的 24 年间，经历了陈独秀主导、频繁换帅和毛泽东主导三个发展阶段。1921—1927 年，即中共一大——五大时期，初步形成“五级”领导机构(全国代表大会、中央委员会、中央政治局、政治局常委会、总书记)，负责人为陈独秀，听命和受共产国际领导，缺乏独立性。1927—1934 年，即八七会议至六大时期，党的领导层频繁换帅，左右倾错误路线并存，党的事业发展历经曲折和艰辛。毛泽东于中共三大(1923 年 6 月)进入领导层，四大落选，五大至六大期间，历任中央委员、中央政治局候补委员。1935—1945 年，即遵义会议至中共七大，毛泽东历任军事指挥协助者、军事最高领导人(军委主席)和党的最高领导者，领导中国革命从一个胜利走向另一个胜利，最终解放全中国。

其中有四个关键点(见表 8.2)。1923 年 6 月，毛泽东首次进入中共领导层，在中央执行委员会 14 人中排位第六，中央局 6 人中排位第三。临时中央(1931 年 9 月—1934 年 1 月)时期，被排挤出领导层。遵义会议(1935 年年初)时，毛泽东被增选为中央政治局常委，进入党的核心领导层。1945 年 4 月，中国共产党第七次代表大会在延安召开，有 755 人参会，代表 121 万余名党员，选举毛泽东为中国共产党中央委员会主席。这是党的历史上第一次由中央全会选出的第一位中央委员会主席，标志着以毛泽东为核心的中共第一代领导集体正式形成。

表 8.2 毛泽东在中国共产党领导机构中的地位变化

时　间	负责人	领导机构名称(排位或得票排序/总数)	状　态
三大	陈独秀	中央执行委员会(6/14)；中央局(3/6)；政治局(0/3)	首次入选
临时中央	博古	“临时中央”政治局(0/9)；“临时中央”常务委员会(0/5)	被排挤出局
遵义会议时期	张闻天	中央委员会正式委员(3/22)；中央政治局正式委员(9/13) 中央政治局常委会(3/7)；中央书记处(3/9) 新“三人团”：周恩来、毛泽东、王稼祥 五人团：毛泽东、周恩来、王稼祥、彭德怀、林彪	增选进入领导核心层
七大	毛泽东	中央委员会正式委员(1/44)；中央政治局(1/13) 中央书记处(五大书记)：毛泽东、朱德、刘少奇、周恩来、任弼时	选举为第一代领导集体核心

人物维度分析。毛泽东在中共中央核心领导地位的取得，离不开各个时期党的领导层成员对他的信任和支持。首先，红四军时期的毛泽东得到时任红四军前委书记陈毅和以李立三、周恩来和陈毅组成的三人委员会的秉公支持。井冈山会师后，中共中央将朱德与毛泽东领导的两支部队改称红军第四军，简称红四军，并任命朱德任红四军军委书记，毛泽东任红四军前委书记。朱毛二人的合作使红四军名扬天下，中央称在全国各地的红军中“最著名的自然是朱毛所领导的红军”。[①]但在实际工作中，由于二人不同的知识结构、实

① 余伯流. 井冈山革命根据地全史[M]. 南昌：江西人民出版社，2007：432.

践经历、思维方式和解决问题的方式，在工作中产生了一些意见分歧[①]。为了彻底解决二人分歧，1929 年 8 月 29 日，陈毅亲自前往上海，公正无私、实事求是地向中共中央政治局详细汇报了红四军的有关情况。并撰写《关于朱毛红军的党务概况报告》《关于朱德、毛泽东军的历史及其状况的报告》等 5 篇报告，对红四军的战略战术、军队的编制、党务等都作了详细的汇报。[②]鉴于红四军的经验及存在的问题都至关重要，中共中央政治局决定成立由李立三、周恩来、陈毅组成三人委员会深入讨论审议，并于 9 月 28 日讨论通过三人委员会集体研究、陈毅执笔、经周恩来审定的《中共中央给红四军前委的指示信》，即著名的“九月来信”[③]，正确地化解了党内矛盾，促成了红四军高度的团结。在“九月来信”的指导下，毛泽东主持起草了《中国共产党红军第四军第九次代表大会决议案》(即“古田会议决议”)，纠正了红四军中的错误倾向。在古田会议上，毛泽东重新当选为红四军前委书记。[④]

其次，长征时期，在力主毛泽东回到军事领导岗位和政治局常委方面，张闻天、王稼祥和周恩来都有贡献，其中以周恩来的贡献最大。红军一渡赤水到达“鸡鸣三省”后，周恩来同博古有过一次推心置腹的会谈，说服博古服从革命事业的需要，顺利完成“博洛交权”。这一举措直接导致张闻天负责党中央，毛泽东负责军事的“洛-毛”体制，为中共中央领导机构改组，成立“新三人团”和毛泽东进入核心领导层创造了客观条件。博古的贡献也不可抹杀。在中国共产党生死存亡的关键时刻，博古没有贪恋权力与地位，而是深明大义和顾全大局，顺利地交出了中共中央的印章和中央文件。而在后来的一系列党内重大问题的斗争中，比如粉碎张国焘的分裂活动，博古都坚决地给毛泽东投了支持票。

事件维度分析。回溯毛泽东的革命史，可以发现，毛泽东的成功有着历史的必然性。

从主观上来讲，毛泽东从理论与实践两方面，积极探索中国革命的出路，形成以马克思主义为指导的毛泽东思想和具有中国特色的民族解放运动的实践经验。《中国社会各阶级的分析》(1925 年 12 月)初步提出关于中国新民主主义革命的基本思想，为党领导中国新民主主义革命的实践提供了理论指导。《湖南农民运动考察报告》(1927 年 3 月)提出无产阶级及其政党领导农民革命斗争的纲领，为革命指明了方向。“枪杆子里面出政权”(1927 年 8 月 7 日)指明暴力夺取政权的新出路。《论持久战》(1938 年 5 月 26 日至 6 月 3 日)提出全国抗战的理论纲领，《新民主主义论》(1940 年)提出新民主主义革命理论等。这一系列以马克思列宁主义与中国革命实践相统一的理论，最终在中共七大上被概括为“毛泽东思想”，并被确立为全党一切工作的指针。

从客观上来讲，秋收起义(1927 年 9 月 9 日)、“三湾改编”(1927 年 9 月 29 日至 10 月 3 日)、中华苏维埃第一次全国工农兵代表大会(1931 年 11 月 7 日)分别成功地探索了根据地、新型人民军队和人民政府的建设。前四次“反围剿”的胜利和第五次反围剿的失败，都用鲜活的事例证明了毛泽东在组织、管理、军事上当之无愧的领导能力。

综合分析。总之，毛泽东成为中共核心领导人物，既是他个人心怀崇高革命理想，矢

---

① 萧克. 朱毛红军侧记[M]. 北京：中共中央党校出版社，1993：90.

② 戴洪波. 陈毅对中央“九月来信”的贡献[J]. 邢台学院学报，2018，33(2)：110～112+115.

③ 陈毅年谱：上卷[M]. 北京：人民出版社，1995：136～137.

④ 王建国. 中共中央“九月来信”探析[J]. 毛泽东思想研究，2011，28(5)：109～113.

志不渝、坚持奋斗的结果，也是中国共产党组织理性选择的结果，更是马克思主义理论与中国实践相结合的必然结果。

【人生启迪】

舜发于畎亩之中，傅说举于版筑之间，胶鬲举于鱼盐之中，管夷吾举于士，孙叔敖举于海，百里奚举于市。故天将降大任于斯人也，必先苦其心志，劳其筋骨，饿其体肤，空乏其身，行拂乱其所为，所以动心忍性，曾益其所不能。

——孟子

组织是社会的细胞，也是个人成就事业的平台。很多大学生在进入大学参加社团组织时，才第一次与志同道合的人们相聚在一起。如何在陌生的环境里，通过组织中的工作与活动，充分地展示个人才能，磨炼个人能力，实现个人理想并与组织共成长，是大学学习的重要内容。这种学习，甚至超过了大学学习本身。

——自编

三、我命由我亦由天

为什么说“我命由我亦由天”

2019 年，动画电影《哪吒之魔童降世》上映，短短 1.5 小时票房就超亿。片中的小哪吒出生时遭受歧视、排斥、嘲笑和敌对，经过自己的努力，逐渐得到大家认可。在奋争中，哪吒喊出了“去他个鸟命！我命由我，不由天！是魔是仙，我自己决定！”自己的命运真的仅仅掌握在我们个人手中吗？2018 年 10 月，中央统战部、全国工商联推荐出改革开放 40 年百名杰出民营企业家。其中中国互联网第一阵营“TABLE”创始人中有 4 人入选。T 是腾讯(Tencent)，A 是阿里巴巴(Alibaba)，B 是百度(Baidu)，L 是雷军(即金山小米系)。年龄最小的是北京字节跳动科技有限公司 CEO 张一鸣，只有 35 岁。在他们的成功中，个人努力和环境，哪一个起决定性作用？

【方法运用】

时间维度分析。纵观国际和国内互联网的发展历史，不难发现，我国互联网的发展几乎与世界同步。自 1969 年美国国防部高级研究计划署建成阿帕网，到 1981 年时，该网已经具备通信网络和信息检索服务功能，形成互联网的雏形。1989 年，英国科学家蒂姆·伯纳斯·李(Timothy Berners Lee)开发出万维网(World Wide Web，WWW)，建立了全球信息交流、沟通和服务的平台和世界性的信息库，使全世界通过一根光纤连成一个地球村成为现实。有学者将我国的互联网发展划分为 4 个阶段，即学术牵引期(1980—1994 年)、探索成长期(1994—2002 年)、快速发展期(2002—2010 年)和成熟繁荣期(2010—2018 年)。其中，1996 年年底至 2000 年年初，可谓中国互联网商业化的第一个关键时段。今天占据中国互联网商业格局的“TAB”3 大公司基本在这一时期成立，它们抓住了即时通信、电子商务、搜索引擎在中国兴起的历史发展机遇。在这些互联网公司的牵引下，自 1997 年到 2003 年，我国互联网应用，如上网计算机、域名、网站和国际出口宽带的数量均得到快速增长，某种程度上激发了 GDP 的增长，如表 8.3 所示。①

表 8.3 1997—2003 年我国 GDP 和互联网应用状况

年份	公 司	网民规模(万人)	GDP(亿元)	上网计算机(万台)	域名数(个)	网站数(个)	国际出口宽带总量(M)
1997	网易*	62	73143	29.9	4066	1500	25.408
1998	腾讯	210	78018	74.7	18369	5300	143.23
1999	阿里巴巴 中华网	890	78345	350	48695	15153	351
2000	百度	2250	82063	892	122099	265405	2799
2001		3370	89468	1254	127319	277100	7598
2002		5910	97315	2083	179544	371600	9380
2003		7950	105172	3089	340040	595550	27216

*：新浪网前身“四通利方网站”和搜狐前身“爱特信信息技术有限公司”已分别于 1996 年 6 月和 1996 年 8 月开通和成立。

人物维度分析。“TAB”三大公司的创建，3 位创始人马化腾、马云、李彦宏功不可没。3 位创始人均为大学学历，分别毕业于深圳大学计算机系(1993 年)、杭州师范学院外语系(1988 年)和北京大学信息管理专业(1991 年)。李彦宏还在美国纽约州立大学布法罗大学取得计算机科学硕士学位。马化腾和李彦宏是软件技术方面的能手和专家。马化腾在 1995 年创建名为 ponysoft 的惠多网深圳站，是风靡一时的股霸卡软件的作者之一，经常为朋友解决软件难题。李彦宏于 1996 年正式提出搜索引擎排序算法的“超链分析”概念并发表了相关文章，1997 年 2 月申请了“超链分析技术”(Hypertext document retrieval system and method，专利号 5，920，859)。该技术已被 211 件国际专利引用，率先解决了如何将基于网页质量的排序与基于相关性的排序完美结合的问题。其后的三年间，李彦宏在互联网应用实践中不断完善自己的超链理论，发明的新技术又申请了数项专利。1999 年年底，李彦宏回到祖国创办搜索引擎——百度。

3 人在创业之前，均有公司实践和管理经验。马化腾毕业后进入深圳润迅通讯发展有限公司，专注寻呼机软件开发，并升任至开发部主管。从事实用软件的开发工作，培养了马化腾敏锐的软件市场感觉，也让他拥有了过硬的技术，敢于模仿以色列公司的即时通信软件 ICQ(I SEEK YOU，我找你)开发 OICQ(Opening I Seek You，开放的 ICQ，QQ 的前身)社交软件。李彦宏先后担任道·琼斯公司高级技术参谋，是全球第一个网络版实时金融信息系统《华尔街日报》的设计者。国际公司的从业经历和一流的技术专利，使李彦宏拥有超前的国际视野，敢于对标谷歌(Google)来创业。马云毕业后被分配到杭州电子工业学院(现杭州电子科技大学)，担任英文及国际贸易讲师。凭借大学期间学生会主席和学联主席

① 侯明帅，李俊雅.互联网发展对我国区域经济的影响[J].现代经济，2007(10)：47～48.

练就的领导能力，马云发起成立西湖边上第一个英语角，并成立海博翻译社。通过海博翻译社的外教比尔，马云知道了互联网，参观了西雅图第一个互联网服务提供商(Internet Service Provider，ISP)公司。1995 年马云辞职，成立中国第一家互联网商业公司杭州海博电脑服务有限公司，只有 3 名员工。之后，马云创办中国第一家互联网商业信息发布网站“中国黄页”，比中国能上 Internet 还早几个月。

作为创业者，他们的共同特点就是不甘为庸俗之辈。除了胆量之外，他们还拥有广阔的国际视野、超前的思想、过硬的技术和互联网实践经验。机会总是给有准备的头脑的，因此，他们的成功是必然的。

事件维度分析。回溯中国互联网商业化发展历史，可以发现 TAB 三大互联网公司的成功并不是偶然的。在“TAB”创业方面，创始人的努力起到决定性作用。但是，来自学术界、中国政府和中国企业的帮助和支持，为这些企业的生存发展创造了良好的发展环境。

首先，得益于中国学术界和政府的努力，中国互联网环境和基础设施的搭建为互联网企业的创建创造了条件。1987 年 9 月，“越过长城，走向世界”的电子邮件从北京计算机应用技术研究所发送德国，标志着中国正式接入国际互联网。1993 年 3 月 12 日，朱镕基副总理主持会议，提出和部署建设国家公用经济信息通信网(简称金桥工程)，同年 8 月 27 日，李鹏总理批准使用 300 万美元总理预备费支持启动金桥前期工程建设。1994 年，中国国家计算机与网络设施工程 64kbps 国际专线开通，同年，“.CN”服务器建成，中国互联网实现与国际互联网的全功能连接。1995 年 1 月，邮电部电信总局通过电话网、DDN 专线以及 X.25 网等方式开始向社会提供 Internet 接入服务。1996 年 12 月瀛海威时空全国性主干网搭建成功。这些工作为中国互联网的发展奠定了基础。20 年后，移动互联网的大规模发展，促使已经有过四次创业经历的张一鸣意识到“帮用户发现感兴趣、有价值的信息，机会和意义都变得非常大”，而创办字节跳动(Bytedance)。

其次，接地气的中国商业模式才能使企业生存下来。2000—2002 年互联网泡沫使国内互联网企业受到重创，2001 年搜狐、网易股票发行价甚至跌破 1 美元。各企业发现由于网民规模少，他们并不能通过美国式的依靠网络广告的商业模式实现盈利。转折出现在 2000 年 11 月，中国移动推出“移动梦网计划”，利用“梦网”向电话用户提供信息和应用服务，让互联网企业获取分成，挽救了互联网企业，使互联网的商业价值得以实现。目前，中国互联网已经发展出广告、网游、搜索引擎和电商这四种典型的商业模式。大浪淘沙后，中国互联网的“TAB”商业格局基本确定：搜索有百度，社交有腾讯，电商有阿里，而腾讯还同时与新浪、网易一起形成三足鼎立的门户网。字节跳动旗下拥有“今日头条”“搞笑囧途”“好看图片”“今晚必看视频”等 12 款应用，张一鸣由此成为中国国内互联网行业最受关注的青年领袖之一。

综合分析。总之，从以上分析可知，个人的成功是内因与外因相互作用的结果，“命”的“命脉”，既掌握在个人手中，也离不开环境的影响与时运的支持。因此，“我命由我亦由天”。

【逆向思考】

方法不是知识体系，它可以帮助我们分析别人的成功经验，作出符合自己实际情况的人生决策。生活中有很多成功人士，都是在自己熟悉的领域中耕耘不辍。网上有句很火的话："你不能赚到你认知以外的钱"。这些都间接地证明通过历史分析作职业决策方法的正确性。但每一种方法都有一定的适用范围，不可能将所有历史事实纳入我们的分析范围。方法分析和作决策，只能影响你的思想，它不能影响到你的行动。而且，生活是复杂的，又是充满变数的。我们能否"方得始终"，还是要坚持"不忘初心"。

第五节　方 法 拓 展

一、与比较历史研究法的区别

历史三维法第五节.mp4

比较历史研究法是传统的历史研究方法。它是采用比较方法，对历史进行研究的一种具体方法。大体来说，包括横的比较和纵的比较两个方面。从横的方面来说，就是对同一时期，不同历史事物、现象或者历史发展的比较。如对中国戊戌变法和日本明治维新进行比较，比较为什么前者失败，而后者能成功？从纵的方面来说，就是对不同时期，相似或者相近的历史事物、现象或历史发展的比较。如对封建王朝、民国政府和新中国成立以后，我国卫生防疫制度的比较。比较的目的旨在"看出异中之同和同中之异"，但由于缺乏对比较维度的规定和比较步骤的规定，使比较很容易限于笼统和不明确的境地。历史三维分析法中包含历史比较研究法，由于它明确地规定了时间、人物和事件三个维度，将比较研究聚焦于阶段(关键点)、人物的作用以及引发事件的主要矛盾和矛盾的主要方面，使比较更便于操作和实施。

二、与假说演绎法的区别

假说演绎法，又称假说-演绎法，是现代科学常用的研究方法。指在观察和分析科学现象的基础上，提出问题，通过猜想、想象或推理作出解释问题的假说(设)，为了验证这个假说，先假设它一定成立，由演绎法推出一个结论。然后用实验来验证这些结论是否成立。如此往复循环，推动科学理论不断完善和发展。其程序为发现问题—做出假设(说)—演绎推理—设计实验—验证假说—得出结论。比如，孟德尔基因分离规律的发现过程，就是一个典型的假说演绎过程。其本质为归纳推理法，是综合了归纳和演绎的一种推理方法。它与历史三维分析法的主要区别在于：第一，研究对象不同。历史三维分析法研究的是历史现象，而假说演绎法研究的是科学现象。第二，研究过程不同。两种方法都是起始于问题，但历史三维分析法不做任何假设，凭借对历史现象的分维度、分向度分析，发现规律，获得认识结果。另外，假说演绎始于问题和问题的假说，其结论是否正确，需要经过实践的检验。

三、与边际、微变量和最优效用分析法的区别

边际、微变量与最优效用分析法是经济学分析方法，主要用于动态跟踪边际成本与边

际收益变化，以求得效用最大化极限，为决策效用最大化提供依据的短时段分析方法。历史三维分析法，常用于分析一段历史时期内的自然事物和人类社会现象。它立足长时间，推知过去，预测未来，是一种长时段的分析方法。历史总是由特定人物在一定时间内所引发的事件的总和，因此，分析事物时，就要从时间、人物和事件三个维度，通过对这些维度的再细化和再分解，通过追根溯源，弄清事物发展变化的规律，并提出符合实际的解决办法。

【课堂活动】

1. 学生研讨

鲁迅先生曾经说过，世界上哪有什么天才，我只是把别人喝咖啡的时间用在工作上了。胡适曾说，人与人的区别在于八小时之外如何运用。利用时间轴，画出你最近一个月以来课余时间在做什么？约见过什么人？将你的活动进行归类，并制作一张微时间管理图。

2. 拓展思考

(1) 选择自己感兴趣的问题或课题，试用历史三维分析法做一个学术史分析。

(2) 收集资料，尝试绘制新冠病毒变异毒株德尔塔(Delta)全球流行路径，概括德尔塔病毒传染特点，提出防疫和防控措施。

【资源链接】

[1] [英] 亚·沃尔夫. 十八世纪科学、技术和哲学史[M]. 周昌中，苗以顺，毛荣运译，周昌忠校. 北京：商务印书馆，1997.

[2] 历史科学规划小组. 史学理论组编. 历史研究方法论集[C]. 郑州：河南人民出版社，1987.

[3] 灵动有方. 1994—2018 年，中国互联网发展历程！[EB/OL]. https://zhuanlan.zhihu.com/p/70025982.

[4] 侯明帅，李俊雅. 互联网发展对我国区域经济的影响[J]. 现代经济，2007(10).

[5] 龙凌云. 中共中央领导机构演进研究(1921—1945)[D]. 天津大学马克思主义学院，2019.

[6] 习近平在北京大学师生座谈会上的讲话(2014 年 5 月 5 日) [EB/OL]. http://edu.people.com.cn/n/2014/0505/c1053-24973276.html.

天才在于积累，聪明在于勤奋。时间是由分秒积成的，善于利用零星时间的人，才会做出更大的成绩来。

——华罗庚·中国著名的数学家和逻辑学家

第九章　类比优选法

从三星堆“青铜纵目面具”到射电“天眼”

我国的三星堆“青铜纵目面具”与“天眼”，两者跨越 3000 多年，看似毫无联系，却有着不为我们所知的关联。类比“纵目”与“天眼”，变的是中国人对星辰大海的探索方式，不变的是 3000 多年来目光远大、探索苍穹的鸿鹄之志。青铜纵目面具与天眼如图 9.1 所示。

图 9.1　青铜纵目面具与天眼

人类在探索科学技术的过程中，为什么以感知、理解为主导向？在孜孜不倦的科技探索中，人类对科学技术的感知永远离不开听觉、视觉和触觉等感觉器官。尤其是视觉，视觉是人类感知和获取外部信息的最重要渠道。通过这双“纵目”，我们看到了古蜀先民眼中的世界，他们希望用自己的眼睛去了解周边或者更为遥远的事物，由于受限于肉眼所能触及的范围和科学技术落后，只能采取“纵目”面具的方式表达超能力的情感和愿望。借助天眼，人们探测到了人类肉眼所不可见的宇宙，人类的感知范围也得到了前所未有的拓展，感知能力实现了质的飞跃。

人类科学探索的每个阶段为什么都需要不断地进行技术的更新？随着科学技术的发展，人类从最简单的“以眼观天”开始，在感知的同时不断地加以思考，不断地更新技术和设备，以期通过“看”和“想”类比优选出新的技术和手段，拓展人类的视野。从“纵目”到“天眼”，正是通过技术的不断类比优选，才使我们人类慢慢从愚昧走向文明。

（案例来自《国家宝藏》第三季第八期《三星堆博物馆》）

第一节　类比优选法的内涵及本质

类比优选法 1.mp4

一、类比、优选概念界定

类比是由一类事物所具有的某些属性或特征，推测出与其类似的事物也应具有这种属性或特征的推理方法。类比的结论必须由实验来推演或验证，类比双方的共性越多，二者的关联性就越大，类比结果的可信度就越高。类比的最大特点就是“先比后推”。“比”的前提是双方具有共同点，“比”的过程既比共同点又比不同点。“推”指的是事件推演或逻辑推理。

优选法又称最优化方法，是研究如何用尽可能少的试验次数，迅速找到最优方案的一种科学方法。这里重点阐述由华罗庚先生结合黄金分割法提出的优选法。华罗庚先生的优选法通俗易懂好操作，符合当时中国国情和经济发展的需要。它有效地提高了生产效率，极大地缩短了生产工期，大幅降低了生产成本，促进了成果的快速产出，受到了广大一线工作者的认可和喜爱。

二、类比优选法的内涵

类比优选法是依据一类对象所具有的属性特征，推演或判断与其类似的对象也有此种属性特征，当通过类比获得结论后，依据推演或推理原理就可以选取优选对象，实现既定的优选目的。其基本操作模式为“类比—推演—优选”。科技领域由于其探索性强、创新性高、可借鉴资料少等特点，类比显得尤为重要。伴随科技的飞速发展，诸多先进科技的核心问题最终都归结为优选问题。因此，类比优选法将成为科技领域必不可少的方式方法。

三、类比优选法的步骤

应用和实施类比优选法，基础是观察、比较和联想，核心是推演，目标是优选。因此，类比优选法的实施步骤主要有下述四步。

(1) 寻找类比源，也叫类比对象。根据新知识、新问题的一些特征或性质，去寻找与新知识、新问题相类似的一些相关的知识、经验或者方法。一般可以通过启发引导、创设问题情境等方式，能够更快地找到类比源。

(2) 寻找有效类比条件。确定类比对象后，通过进一步的观察、比较和沟通，寻找有效的类比条件或者属性特征，并提出方案或结论。

(3) 推演验证。类比获得的方案或者结论不一定是正确的，或者符合要求的。为此，我们需要采取举例验证、正反验证等方式对其进行推演验证。该过程可以使我们不断地反思与回顾、修正与完善方案或者结论。

(4) 优选类比结果。经过类比后的结果可能是方方面面的，我们要将那些符合优选目标的方案或者结论优选出来。在必要的情况下，做进一步的应用和创新，以更好地实现类比优选的最终目标。

第二节 类比优选法的来源、形成、发展与适用范围

一、类比优选法的来源

类比优选法的思想渊源以及应用先驱主要包括中国数学家华罗庚、古希腊思想家亚里士多德、英国物理学家麦克斯韦、奥地利物理学家薛定谔等。

类比优选法 2.mp4

华罗庚是我国优选法的首倡者。20 世纪 60 年代，数学直接为国民经济服务之风盛行。华罗庚先生一直致力于研究如何将线性规划理论应用于实际生产生活问题。在当时，线性规划的繁杂运算与国民整体受教育程度低的现状极不匹配，造成线性规划方案难以大范围推广。华罗庚先生积极调研，反复试验，不断思考，终于找到了一种易于被大众接受，能广泛服务于生产生活的数学方法，即优选法。优选法简单讲就是用最少的试验次数获得最优的点。优选法简单易行，非常符合当时的国情民情，大大提高了企事业单位的工作效率，切切实实地促进了国民经济发展。

亚里士多德是一位集大成者，而类比概念是连接他多个相对独立的理论间的桥梁，在《形而上学》卷第 6 章中，他曾写道："类比在把潜能和现实概念从运动领域运用到实体领域，以及在对潜能和现实的相互说明等方面都起到关键的疏通作用。"亚里士多德通过类比融会贯通了他的诸多理论，而类比也在亚里士多德这里得到了继承和发展。

麦克斯韦是经典电动力学创始人。在他的研究中多次使用类比法，尤其是在电磁学研究中，类比法更是起到了关键核心作用。他通过对电磁学多个理论的合理、有效类比创立了电磁场论。他认为类比法的最大优点就是"无需使用物理理论便可获得物理概念"。麦克斯韦对类比法性质、特点及使用方法的很多论述时至今日仍有参考和借鉴价值。

薛定谔是诺贝尔物理学奖获得者。他将光学与力学做类比，他从物质波的几何光学等同于经典力学，推演出波动力学等同于波动光学，并通过实验进一步去验证，提出了闻名世界的薛定谔方程，创立了波动力学，为后来量子力学的发展作出了巨大贡献。

二、类比优选法的形成与发展

类比法是一种古老的推理方法，它将未知事物与已知事物进行归纳与演绎，从而提出猜想。如果通过归纳与演绎，未知与已知事物间存在诸多相似之处，则类比就具有相对的认知价值。特别是在自然科学发展史上，从古至今，类比见证和参与了太多的科学发现。一路走来，类比法也经历了从简单到复杂、从静态到动态、从定性到定量的稳步发展。相信类比法将会继续为科学探索作出应有的贡献。

古代的很多先哲都是类比的推崇者。他们通过类比思考问题、认识事物。例如中国的老子，西方的柏拉图、亚里士多德和尼采等都是类比的积极践行者。类比不仅在哲学领域大放异彩，在以严谨著称的数学和物理领域也发挥着重要作用。翻看近代物理学的发展史你会发现，物理学中的很多学科都是依靠类比建立的，它已经根植于物理学家的头脑中。

例如，我国古代科学家宋应星，将击物声类比投石击水的纹浪，水是以波动形式传播开的，他由此推测声音也应该是以波动形式传播开的，宋应星使用的正是定性类比方法。再来看看爱因斯坦，物理界的大神，他通过最具想象力和预见性的类比，创立了狭义相对论，该理论在后来的数十年中大都通过实验得到了验证，着实佩服爱因斯坦的类比思维能力。类比在数学等其他领域也扮演了举足轻重的角色。

优选法是以数学原理为指导，合理安排试验，以尽可能少的试验次数尽快找到生产和科学实验中最优方案的科学方法，即最优化方法。使用优选法解决问题通常需要经过以下 5 步，即提出优选问题、建立优选问题数学模型、分析模型、求最优解、验证及实施。经多年实践验证，优选法已成为现代管理科学的重要方法。在国防、科技、管理、制造、医疗等领域被广泛应用。在我国，最具代表性的就是华罗庚先生的优选法。

华罗庚先生的优选法，在生产生活过程中一学就懂，一用就会，简单易行，实现了数学的普及化。举个生活中常见的例子，蒸馒头问题，面和碱的配比多少最合适？按照华罗庚的优选法，以 1kg 面粉为例，需要放碱的量在 0～10g，第一次取黄金分割点 6.18g 碱，看做出来的馒头怎么样。若碱多了，第二次再试就选 0～6.18g 的黄金分割点 3.82g 碱。我们会惊奇地发现，两次的黄金分割点 6.18 和 3.82 的中间正好是 5.0g，这两个点距离 0～10 的中间点 5.0 距离相同，5.0 是 6.18 和 3.82 的对称点。正是由于它的简单易用，在全国得到了大力推广。1974 年冬，华罗庚先生在广西壮族自治区深入车间讲解优选法的情形如图 9.2 所示。

图 9.2　1974 年冬华罗庚在广西壮族自治区深入车间讲解优选法

三、类比优选法的适用范围

类比优选法是广泛应用在生产生活和科学研究中的一种方法。它适用范围很广，在教育教学、生产生活、技术研发、医疗科研、交通运输、新闻传播、通信工程、司法实践、社会分配、文体娱乐等领域被广泛应用。下面就类比优选法适用的部分领域做简要说明。

(一)类比优选法在学习领域的应用

类比优选法在学生日常学习中发挥着一隅三反、抛砖引玉、融会贯通及激发创新的作用。学习中正确理解和运用类比优选法可以明显缩短理论推演的时间，有效提高学习效率，较快得到解决方案，并激发创意灵感。比如，万有引力定律就是牛顿将自由落体运动与天体运动经过无数次类比、推演及优选后发现的。同时，类比优选法也是一项被广泛应用的教学策略，通过有效地类比优选，学生的逻辑思维能力、判断能力、创新能力等将得到显著锻炼和提升。教师善用、巧用类比优选，引导学生从已知事物出发，为学生留出足够的探索时间和空间，自然地建构起通向新事物的桥梁，远比直接教给学生现成的规律和原理要有效得多。因此，类比优选法在学习领域得到了越来越多的认可和应用。

(二)类比优选法在社会生活领域的应用

类比优选法同样适用于包括衣食住行在内的社会生活的方方面面。人类社会从愚昧无知的远古时代发展到今天的信息时代，是与持续不断的类比优选分不开的。鲁班类比蝗虫牙齿和丝茅草叶子发明了锯子；莱特兄弟类比飞翔的鸟发明了飞机，就是很好的例证。在当代，类比优选在衣食住行方面对人们的指导和影响依然很大。“衣”从传统的线下实体店到线上淘宝、京东、拼多多等网购平台再到线下线上相融合的直播带货，人们的消费方式发生了质的转变；“食”从以往的“吃饱”到如今的“吃好”“吃出健康”“吃出格调”，饮食文化不断升级；“住”从土坯平房到普通楼房、电梯房再到科技住宅，在一次次的类比优选中，人们的住宅体验不断优化；“行”从二八大杠到共享单车，从桑塔纳到共享汽车，从绿皮车到子弹头，绿色、健康、快捷成为新时代出行文化的特征。

(三)类比优选法在科技发展领域的应用

在科技发展领域，由于其探索创新性强，可借鉴经验少等特点，利用类比优选去发现新技术、新理论、新手段显得尤为重要。如果运用得当，将会大大助推科技的发展。比如，我们纵观 3 个世纪以来物理学的发展，可以看到：物理学中很多重大发现都是依靠类比优选建立起来的。泊松类比引力势发现了电势，麦克斯韦类比电势发现了磁势，杨振宁和米尔斯类比光子发现了矢量玻色子……再比如，在大热的人工智能领域，谷歌人工智能团队 DeepMind 在经过数次类比、推演后，将曾经击败世界冠军李世石、柯洁的 AlphaGo 优选、升级为 AlphaGo Zero，AlphaGo Zero 完全不依赖于人类数据，仅通过三天训练就完胜了 AlphaGo。还有 AI、区块链、云空间、量子技术等的发明和发现都有类比优选的身影，类比优选为科技的发展与创新插上了腾飞的翅膀。

(四)类比优选法在生产制造领域的应用

自第一次工业革命以来，机械化取代了手工生产，而如今，伴随着信息时代的到来，我们已进入第四次工业革命时代。工业 4.0 时代，面对技术与运营的双重迭代优选，生产制造领域如何在其中实现突破，类比优选的运用不可或缺。比如，通信工具的升级换代，从 BP 机、大哥大、非智能机再到智能机，从 2G 到 4G 再到现如今的 5G，就是生产制造领域在一次次工业变革中持续不断地类比—推演—优选的结果，在保证质量、追求效率的同时注重创新。再比如，令国人为之骄傲的航天工业，1956 年中国航天从零起步，从“东方红一号”到“一箭多星”，从“神州一号”到“神州十二号”，从“嫦娥一号”到“嫦娥五号”，从“玉兔号”到“祝融号”，从杨利伟进入太空到聂海胜、刘伯明、汤洪波入住中国空间站，中国航天发展史正是中国航天人一步步类比—推演—优选的奋斗史。当然，类比优选法在生产制造领域的其他方面也发挥了举足轻重的作用。

(五)类比优选法在司法实践领域的应用

类比优选法在司法实践中也凭借其独有的创造性和开放性得到了广泛应用。具体的应用场景有类比适用、判例类比、类比并案推理、侦查实验类比推理等。当法官审理无明文规定的具体案件，准备适用法律时，通常采取的方法就是根据性质最相类似的法律条文进行“类比适用”。“判例类比”是指法官无明确法律条文遵循时，会参照已有判例进行推演与判决。“类比并案推理”又称“并案侦查法”，很多罪犯在实施犯罪时在作案手法、作案时间等方面都存在一定的规律性。如果罪犯连续作案，我们就可以利用类比优选，进行并案侦查，层层抽丝剥茧，提高办案效率。“侦查实验类比推理”就是我们常说的“案件模拟”和“案件重演”的侦查方法。司法实践中还有很多其他环节也用到了类比优选法，该方法提高了司法人员的办案效率和办案能力，对促进依法治国有重要的实践意义。

(六)类比优选法在新闻传播领域的应用

目前，我们已进入飞速发展的信息时代，新技术、新模式、新理论等新生事物的更新迭代速度超过了以往任何一个时代。大众对比特币、区块链、人工智能、云空间等新词汇往往一知半解，如何将这些非常专业和新生的事物清晰明了地介绍给普通大众，类比优选法在解释、传播新事物中起到了深入浅出、化繁为简的作用，受到了越来越多媒体人的追捧。比如，新冠疫情初期，人们总不自觉地拿“新冠病毒”与“SARS 病毒”作比较，为避免引起恐慌，引导人们科学、客观地看待此次新冠疫情，多位专家曾通过媒体对“新冠病毒”与“SARS 病毒”进行过全方位的类比，并通过翔实的数据和实例推演验证，得出了此次新冠抗疫与之前 SARS 抗疫相比优势何在，为广大群众消除恐慌、理性应对、科学防疫打下了良好基础。再比如 B 站、微博、抖音等平台通过动画、短视频等形式，直观形象地进行新闻传播，同样收到了良好的传播效果。

第三节　类比优选法经典案例或场景案例分析

人类对科技的探索是一个从古到今、从低级到高级不断类比优选的过程，人类通过不断地改善和优选自己的生存环境和认知空间来超越自己，从“纵目”到“天眼”便是一个最好的例证。类比“纵目”与“天眼”，它们的共同点就在于探索苍穹的不变志向。“纵目”代表着我们用肉眼了解太空最初级的阶段，而“天眼”则代表用最先进的技术手段了解太空的最新阶段，这两者间的联系恰恰是我们观测天文技术的发展历史。正如“天眼之父”南仁东先生所说：“在古代，我们国家的天文学应该是最先进的，这就是现代、未来和我们久远历史之间的关联。美丽的宇宙太空，以它的神秘和绚丽，召唤我们踏过平庸。”

类比优选法 3.mp4

人类的感知能力水平和科学技术的发展是息息相关的，科技的发展不断拓展了人类的感知范围。3200 年前，古蜀先民仅仅靠肉眼来观天，而随着天文望远镜、射电望远镜等高科技仪器的出现，通过“天眼”，人类可以观测到数亿光年以外的脉冲星。这些高科技仪器的发明和使用，成为我们感觉器官的有利延伸和补充，在广度和深度上极大地提高了人类的感知能力，有效排除了人类感知中的错觉，扩大了感知的范围，提高了感知的精度，克服了肉眼感知的局限。

人类除了拥有对物质的感知外，还存在很多精神或心理上的感知。2021 年正值中国共产党成立 100 周年，众多市民自发来到安徽省合肥市肥西县延乔路，祭奠缅怀陈延年、陈乔年两名烈士，这便是精神上的感知和赓续。“天眼之父”南仁东不为国外高薪所动，毅然回国投身“天眼”建设，在罹患重病之际仍坚持在“天眼”项目的第一线，终成就了国之利器“天眼”，人们永远不会忘记南老的功绩。2021 年 5 月 22 日，袁隆平、吴孟超两位院士先后辞世，国人无不为之哀伤。人们通过各种形式自发悼念；当越来越多的人尤其是青年以陈延年、陈乔年、南仁东、袁隆平、吴孟超等为榜样(见图 9.3)，增家国情怀、担社会责任、立鸿鹄之志时，我们必将实现中华民族的伟大复兴。

图 9.3　陈延年、陈乔年、南仁东、袁隆平、吴孟超五位先生的画像

从“纵目”到“天眼”，它不仅是中国科技发展史的一个缩影，也是几千年来勤劳的中国人民不断类比优选的结果。即使再难，人类也从未停止过科技探索的脚步，西汉天文学家落下闳制造了观测星象的浑天仪，意大利天文学家伽利略发明了第一台天文望远镜，美国康奈尔大学教授 William E.Gordon 提出建设阿雷西博射电望远镜，澳大利亚射电天文学家约翰·奥沙利文发明了 Wi-Fi，南仁东团队建成了世界第一的“天眼”……未来，唯有继续提高科技的类比优选与迭代创新，不断更新人类的知识与经验，同时抱有对创新迭代的耐心和容错心理，才能培养强大的科技力量。未来已来，年轻的你们，准备好迎接挑战了吗？

第四节　类比优选法的多场景应用

类比优选法 4.mp4

一、交通工具从“人工”到“智能”

正所谓“千里之行始于足下”，从古至今，交通运输的地位不可小觑。进入 21 世纪，伴随社会进步和科技发展，人们对于交通运输的记忆已不再是永久牌二八大杠、嘉陵牌摩托、拥挤缓慢的绿皮火车，它变成了日行几千里的和谐号，变成了每日早晚的地铁，变成了扫码可用的共享单车，出行和运输方式更加科学、绿色。

70 余年的交通运输迭代史充分见证了新中国的发展加速度。俗话说得好：“要想富先修路”，正是这句朴实却富含真理的话语指引着中国交通运输业不断砥砺前行、厚积薄发，走出国门的中国高铁就是一个最好的见证。从“跟跑”到“领跑”，在一次次的类比优选中，“中国速度”惊艳全世界。

【方法运用】

小细节，大时代。中国交通运输的变迁正是腾飞中国的一个缩影。接下来，让我们跟随记忆，去类比中华人民共和国成立后的不同阶段，一起去寻找交通运输从“人工”到“智能”的飞跃足迹。

中华人民共和国成立初期，中国农村仍以牛车、马车为主。到 20 世纪六七十年代，自行车开始走入寻常百姓家，风靡一时的“三转一响”凸显了自行车在当时的地位。凤凰、永久、飞鸽牌自行车成了一代人心中抹不掉的记忆，中国也因此被称为“自行车王国”，如图 9.4 所示。

20 世纪 80 年代，乘着改革开放的春风，老百姓的生活水平得到了大幅提升。出行方式也从自行车类比优选为了摩托车。那时，多少人梦寐以求能拥有一辆嘉陵摩托，如图 9.5 所示。路越修越宽，叮铃铃的自行车铃声开始慢慢减少，轰隆隆的摩托车声开始逐渐增多。

图 9.4　自行车王国

图 9.5　嘉陵摩托

绿皮火车同样也是那个时代交通运输的一个缩影和代名词。绿色的车身，闷热的环境，拥挤的车厢，无奈的站票，虽然绿皮火车已逐渐退出历史舞台，但那熟悉的“哐当哐当”声却成了很多人的青春记忆，如图 9.6 所示。

图 9.6　绿皮火车

在新旧世纪之交的 2000 年，得益于改革开放的红利，老百姓过上了富裕的生活，购买一辆汽车被很多人提上了议事日程。中国人对汽车的需求出现了爆发式增长，宣告了“中国家轿元年”的到来。今天，汽车已走进千家万户，普通老百姓也如愿开上了心仪的汽车。国产汽车生产技术更是日益精进，为国人出行保驾护航。近年来，绿色环保的理念深入人心，节能低碳的新能源车粉墨登场，如图 9.7 所示。

图 9.7 新能源车

接下来，让我们一起来看看有“国家形象名片”之称的中国高铁，如图 9.8 所示。从无到有，从中国制造到中国创造，中国高铁正昂首向前、华丽绽放。一条条高铁不仅担负着国家交通运输的重要职责，还为百姓的生产生活提供了极大便利。它连接了城市与乡村，打开了脱贫致富的新道路，也串起了游子的思乡情，通过不断提质增速大大缩短了时空距离，让回家的路不再漫长，人民的幸福指数直线飙升。

图 9.8 中国高铁

类比完高铁，我们来看看飞机和地铁。从 1949 年中国民航局成立至今的 70 余年来，中国民航从弱小无助的雏鹰一步步成长为搏击长空的雄鹰。连续 15 年旅客运输量位居全球第二的骄人成绩令人赞叹！无独有偶，中国地铁的发展也是芝麻开花节节高。从 20 世纪 90 年代以前只有北京、天津和香港拥有地铁，到现如今近 50 座城市拥有完备的地铁系统，中国地铁指数级的增长惊艳世界。同时，近年来伴随我国交通运输业的日益发展，实现枢纽机场与轨道交通的连接成为新的目标。截至 2020 年，已有包括北京、上海在内的 25 座城市成功实现了机场与地铁的无缝对接，中国真正成为交通强国。

最后，我们来谈一谈共享经济下的新一代交通运输方式。扫码、解锁、下单、约车，仅需动动手指，中国的交通运输迎来了它的“共享时代”。共享单车、共享电动车甚至共享汽车已成为共享经济下不可或缺的交通运输方式，有效缓解了城市拥堵和“最后一公里”的交通难题，使我们的交通运输更加智能。共享单车如图 9.9 所示。

图 9.9 共享单车

类比 70 余年来中国交通运输各阶段所取得的成绩，我们可以看到，正是在中国人一次次坚持不懈地对交通工具及交通运输方式的改革、实验、创新、优选中不断前进，才造就了举世瞩目的“中国速度”和“中国模式”。

【多维思考】

大胆畅想一下，未来的智慧交通到底有多智慧？无人驾驶？太阳能汽车？我想说你可以再大胆想象一下。

伴随 5G 通信、传感器、高精度定位导航以及 V2X 技术的日渐成熟和融合，未来将是数字赋能智慧交通的时代。未来的智慧交通不仅包括智慧的车，还包括智慧的路和智慧的云控平台。当我们让智慧的车开上智慧的路，车把自身的位置、行驶轨迹、行驶速度等信息反馈给路，智慧的路通过协同计算与多位感知，再把与车相关的预警信息及路况信息传递给车。如果智慧的车是由人类驾驶的，车载智能设备会通过语音或视频的方式“告诉”人类驾驶员。如果智慧的车是无人驾驶的，则会由车内的智能设备进行预测、规划和决策。当然光有智慧的车和智慧的路是不够的，我们还要有融入通信技术、云控技术、数据分析技术等智慧的云控平台，才能真正实现智慧交通。不久的将来，我们搭乘太空班车遨游星辰大海也说不定呢。未来已来，将至已至，以梦为马，不负韶华。让我们青年一代携起手来，向着智慧生活勇敢进发！

【人生启迪】

正所谓“纸上得来终觉浅，绝知此事要躬行”。取得举世瞩目成绩的“中国速度”和“中国模式”是一代代中国人敢于尝试、勇于创新的结果。作为青年一代的我们，是时候接过前辈手中的接力棒，接续传承、守正创新，在实现伟大中国梦的征途上绽放光芒！

二、大数据时代你还有秘密吗？

你在生活中遇到过各种巧合到堪称神奇的推送吗？比如你和朋友视频聊天，谈到夏天买副太阳镜，没过多久百度、淘宝、拼多多、京东甚至抖音、快手 App 就会向你推荐各种型号和样式的太阳镜。又比如你在朋友圈说想吃樱桃，抖音和快手直播就出现了相关视频，甚至购买链接……生活在大数据时代下，你看到或想到什么，甚至还没想到的事情，各类 App 就已经按照你的心意进行了精准推送，而且这些推送往往都十分契合你的喜好。这是因为你在数次使用某些 App 的过程中，数不清的搜索、购买记录，借助大数据助手，你的淘宝、抖音等可能比你自己更清楚你喜欢什么，这就是大数据时代所特有的精准推送。

那它们是如何利用大数据进行精准推送的呢？要想了解其中的奥秘，我们必须先了解"用户画像"这个词的内涵。用户画像，即用户信息标签化，它是我们应用大数据的基础。所谓"标签"是指高度凝练的用户特征标识，比如用户的年龄、性别、喜好、职业等，将用户的所有标签类比优选后，就能大体勾勒出用户画像了。

【方法运用】

我们煞费苦心得到了"用户画像"，但怎么更好地运用用户画像呢？这离不开类比优选法。通过类比优选和数据挖掘，我们可以分析用户的每个数据，从大量用户数据中寻找规律，并尽可能以用户可理解的方式(如可视化)将找出的规律表示出来。以网购用户分析为例，首先，我们可以先寻找类比源，将喜好网络购物的用户通过类比分析挑选出来。接着，寻找有效类比条件，确定网购用户群体后，通过进一步的关联、聚类、特异群组等类比优选分析，发现网购数据间的联系，得出网购用户在网购习惯、网购商品种类、网购消费水平等方面的属性特征。然后，我们就可以通过案例分析等方式推演验证获得的网购用户特征分析是否准确，在验证过程中不断修正我们的结论。最后，经过类比优选后，我们发现对网购用户特征分析的结论可能是方方面面的，我们可以对网购用户的网页浏览停留时间、兴趣的持续时间、商品的消费情况等再分别进行进一步的类比区分，从而较精准地实现对网购用户的分类分析，为精准推送助力。

大数据作为信息时代的必然产物，给我们的工作和生活带来了实实在在的红利。大数据在公共卫生管理、信息传播、物流配送等与人们生产生活息息相关的方方面面都凸显了它不可替代的优势。例如，大数据为新冠疫情防控配上了"最强大脑"。此次新冠疫情防控与非典疫情防控相比，最大的区别就在于大数据的有效应用上，它是一场典型的数字抗疫战。健康码、行程码便是大数据抗疫的一个缩影。善用、巧用大数据分析，可以有效掌控人员流动，提高医疗、卫生、交通、政法等部门协同效率，有力支撑疫情防控，早日取得抗疫胜利。

【多维思考】

大数据旨在通过对数据的精准分析更高效、更全面地为广大用户服务，这样的一份初心是好的。但任何事物都有其两面性，大数据也不例外。我们在享受大数据带来的红利之时，同样需要时刻警醒它带给我们的各种弊端。首先是个人数据隐私与安全。大数据收集到的大量用户隐私，如果缺乏有效监管，将被不法之徒肆意买卖，后果不堪设想。近年来电信诈骗发生率持续攀升就说明了这一点。其次是"信息茧房"的束缚与割裂。长期处于大数据给我们打造的"信息茧房"中，容易使我们作茧自缚，对全面客观信息的接触变得日趋狭隘，以致盲目自信，最终影响到个体意识的成长。最后是大数据杀熟。大数据杀熟指的是平台通过大数据分析向不同用户展示同样商品的不同价格，往往老用户看到的价格比新用户要贵，有时同一用户在不同手机上登录搜出的价格都不一样，如图 9.10 所示。淘宝、滴滴打车、美团等平台都曾被发现存在大数据杀熟的现象，严重侵害了消费者的合法权益，引发了消费者的极大不满。

图 9.10　大数据杀熟

【人生启迪】

正如屈原在《卜居》中所说：“尺有所短，寸有所长；物有所不足，智有所不明。”无疑大数据是社会进步的产物，它发挥的巨大作用值得肯定。但天平另一端它所带来的隐患和弊端同样不容小觑。如何辩证看待它，合理掌握和运用它值得我们每个人去思考。

三、人工智能“智”在哪儿？

2016 年 3 月 15 日是人工智能史上值得纪念的日子。谷歌人工智能 AlphaGo 以 4∶1 的战绩完胜世界围棋冠军李世石而一举成名，如图 9.11 所示。这款会自学成才的人机对弈围棋程序利用神经网络算法，自学人类围棋高手的走法，并通过自己 PK 自己的方式不断训练、升级，直至打败人类棋手。它的成功得益于蒙特卡洛树搜索算法和策略网络及价值网络这两个深度神经网络。策略网络和价值网络就像 AlphaGo 的两位军师，它们携手帮 AlphaGo 精选有前途的着法，丢弃差棋，在可控范围内使 AlphaGo 始终处于领先优势。相较人类棋手，AlphaGo 没有心理负担，没有脑力和体力的透支，没有情绪波动，加之前期的刻苦训练，还有两位军师的神助攻，轻松战胜人类棋手就不难理解了。2017 年，AlphaGo 摇身一变，升级成为更高级的 AlphaGo Zero，这次的 AlphaGo Zero 更加自信，它不用任何的人类围棋比赛数据做训练，就是没日没夜不知疲倦地自我博弈、自学围棋，经过 40 天 2900 万次的魔鬼式自学，AlphaGo Zero 以 89∶11 的完美战绩击败 AlphaGo，成为世界当之无愧的第一围棋手，如图 9.12 所示。

人工智能技术不断解锁新领域、新技能、新任务，那这是不是意味着人工智能比人的智能更聪明呢？人工智能和人的智能到底有什么差别呢？人工智能实质上是模拟人的智能运行的计算机系统。人工智能的长处是处理数据，短板则是抽象思考。人的智能虽在处理数据上略显逊色，但擅长抽象决策。人工智能虽在部分方面超越了人的智能，但却缺少人的智能所独有的社会性及创造性……不可否认，目前的人工智能功能越来越完备，逻辑也越来越复杂。但人工智能和人的智能各有各的强项和擅长领域，它们之间是共生关系，而非竞争关系。未来将是人的智能与人工智能相融合的“人机合一”大放异彩的时代，相信两者能相得益彰，实现人的智能+人工智能>人的智能、人的智能+人工智能>人工智能的目标，最终实现人的智能与人工智能的不断融合促进。

图 9.11　AlphaGo 对战李世石

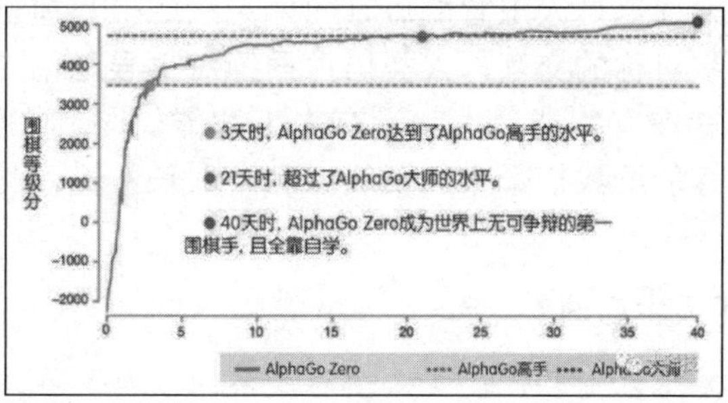

图 9.12　AlphaGo Zero 的成长

【方法运用】

为什么选择 AlphaGo 作为类比源，因为它是人工智能 PK 人的智能的典型代表。那咱们到底要类比什么呢？棋类运动如此之多，为何选择围棋呢？在此简单科普一下围棋的知识，围棋号称世界上最复杂的棋盘游戏，围棋棋盘横竖各 19 条线，19×19=361，即共有361 个落子点，双方对弈交替落子，就存在 10^{171} 种可能的变化，这比宇宙中的原子数还多得多，可想其难度之大。所以选择围棋作为人工智能 PK 人的智能的条件更具说服力。接下来，我们如何推演和验证两者间的优劣呢？最直观的办法就是来一场真正的围棋人机世纪之战。AlphaGo 大胜李世石后，又在 2017 年 5 月大胜中国天才围棋少年柯洁，一个个鲜活的事例足以印证类比的结果。AlphaGo 的胜利源于它的三大法宝，即蒙特卡洛树搜索、机器学习算法(即强化学习)以及深度神经网络。其中蒙特卡洛树搜索是大框架，强化学习是学习方法，深度学习是工具。AlphaGo 就是依托这三大技术不断进行迭代、类比及优选，使添加的局面越来越多，对于所有子节点的胜率越来越准，最后选择胜率最高的着法落子。

关于人的智能与人工智能的差别具体表现在哪些方面呢？首先，AlphaGo 非常擅长下围棋，但这是非常具体且具有明确指向性的任务，一旦涉及抽象思考，人工智能就只能乖乖为人的智能让路了。其次，人类可以基于本能及常识，在信息短缺的情况下作出正确的判断。比如，人类在幼儿期就可以准确抓取不同形状的物品，但对人工智能而言，要想获得同样效果需要经过成千上万次实验，耗费巨大的计算资源。再次，人工智能缺少人的智能所独有的能动性及创造性。人工智能虽有“超强大脑”，但它不会主动提问，对问题的解决也是机械的。而人类可以主动提问，并进行发明创造。在各类实践中，人的智能具有高度的主动性、灵活性和随机性，这是人工智能目前所无法超越的。最后，人工智能没有社会性。人工智能只是依据程序，执行指令，解决问题，它并不探究问题背后的社会意义。而人的智能却具有社会性，这也是目前人工智能无法与人的智能完全画等号的重要原因。

【多维思考】

自人工智能技术诞生以来，“人类会不会被人工智能所取代？”就成为一个争论不休的话题。人工智能时代我们该何去何从？诚然，人工智能在不断进步，人工智能的计算、运动等能力将会远远超过人类，不可否认这是人工智能的强项，但我们认为它不会从根本上冲击人类的岗位和职业。首先，人工智能虽有它的优势，但人类同样有自己的优势，而且这种优势是人工智能短时间内无法比拟与模仿的。其次，目前人类和人工智能还没有达到同步对称的交互，人类仍占据绝对主导地位，且对人工智能有不可逆优势。最后，没有人，就没有智能，也就没有人工智能。与其在这杞人忧天，不如着眼当下，充分利用好人工智能给我们带来的发展红利，取长补短，相得益彰，人机融合，共同迎接更加美好的明天。

【人生启迪】

要想无可替代，就必须与众不同。与其在这杞人忧天，何不化焦虑为行动，用实际行动去始终保持人机大战中的绝对优势。打铁还需自身硬，只要人类自身足够强大，又何惧人工智能的发展。未来将是人机融合智能大放异彩的时代，人与机器各司其职，相互促进。人的智能与人工智能将共生共长，而非此消彼长。

四、从传统电商到直播带货

伴随互联网及移动通信技术的迅猛发展，网购已走入寻常百姓家，成为时下最流行的购物方式。同时淘宝、京东、拼多多等一大批电商平台开始崛起，经过多年运营，取得了不菲成果。但伴随发展而来的，还有传统电商躲不掉的短板和痛点，比如，诚信缺失、销售假货、恶意差评、信用作假等，面对诸多问题，传统电商亟待转型升级。此时，一种全新的电商模式——直播带货应运而生。从传统电商到直播带货可以说是电商行业类比优选后进行的调整和应对。从政府官员到企业高管，从娱乐明星到网红大 V，从专业 MCN 机构到普通素人主播，直播带货在新冠疫情的大环境下，可谓如星火燎原。

【方法运用】

直播带货是传统电商的进阶版，类比传统电商和直播带货，两者的区别主要在哪里？接下来，我们将从信息、体验、信任、社交 4 个类比条件出发，进行逐一对比，如图 9.13 所示。首先是信息方面。传统电商多以图文形式进行商品展示，仅少部分商品有提前录制好的视频介绍，有关商品的信息量较少，且修图严重，造成了卖家秀与买家秀的偏差。而以直播形式带货，可以让买家看到真实的卖家秀是怎样的，以便买家更快地作出购买决策。其次是体验方面，传统电商所提供的商品信息不丰富不全面，商品展示维度单一。而以直播形式带货，主播或导购可以现场进行试穿、试用等展示，对买家关心的细节问题或疑惑可以当场答疑，以更具互动性和立体性的呈现方式系统、全面地推荐商品，提升和优化了买家的购物体验。再次是信任方面，传统电商一般仅通过品牌背书的方式建立与消费者的信任关联，而以直播形式带货，除可通过第三方权威平台对品牌、产品背书外，主播自身的形象和价值也是对品牌或商品信誉的一种加持，不论是知名企业家还是娱乐明星，他们作为主播去直播带货，无形中增强了买家的信任感。最后是社交方面，传统电商一般仅通过购物平台的沟通或聊天工具与买家进行联系，甚至有很多卖家使用的是机器人自动回复，问题实在解决不了了才转人工，买家与卖家之间几乎没有社交行为，导致沟通不畅。而以直播形式带货，卖家买家可以实时互动，卖家与买家之间不仅可以现场提问、弹幕交流，买家与买家之间也可通过公共聊天区或讨论区进行实时交流、经验分享、拼单团购等，买卖双方通过良好的社交增进了彼此的认识，促进了交易的达成。所以，经过上述的类比及推演验证后，我们可以看到直播带货是电商行业经过多次类比优选后推出的新型购物方式，给用户带来了全新的购物体验。

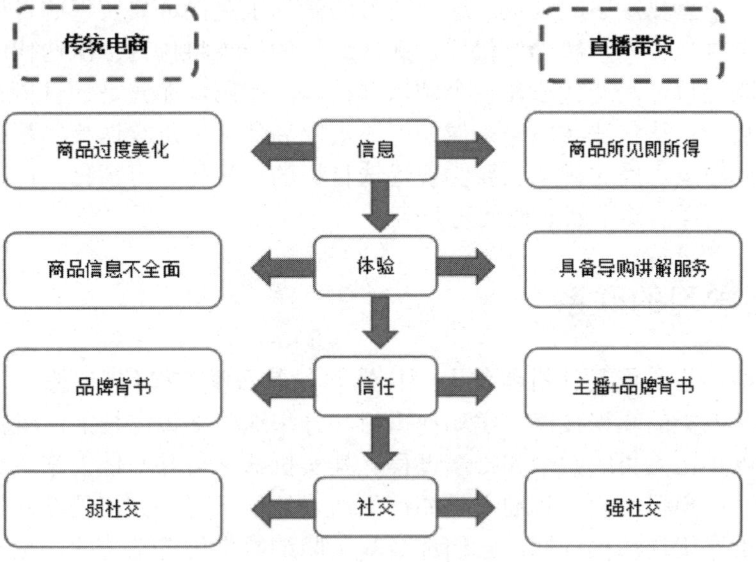

图 9.13　传统电商与直播带货

不论是传统电商还是直播带货，只有不断类比优选，通过精准的消费者需求调研和推演，在网络购物的产品、内容、方式、营销、质量以及技术设施层面，进行有针对性和差异化的创新与迭代，才能引导网络购物持续发展。

【多维思考】

类比传统电商，直播带货给消费者带来了全新的购物体验。尤其是新冠疫情期间，直播带货开拓的更具交互性的线上引流+实体消费新模式受到了大众的青睐，为疫情期间的精准扶贫、复工复产、文化输出等打开了新路子。但最近直播带货却频频“翻车”，这也警示我们名人效应不可盲目追逐。从“3·15”晚会的曝光及中国消费者协会的舆情检测数据来看，直播带货槽点满满，明星带货刷单造假、商品质量货不对板、公然兜售三无产品、售后保障不到位……雇用“水军”炒作、销售数据“注水”、打造主播“人设”已然成为直播带货行业的潜规则。直播带货本是电商行业不断迭代升级的优选产物，应积极发挥自身优势，引领电商行业砥砺前行，而不是唯流量、唯利益，任其混乱下去。

【人生启迪】

古人云：“靡不有初，鲜克有终。”面对纷繁的社会，有太多的人醉心名利，最终放弃了对初心的坚守，逾越了做人做事的底线，就像直播带货暴露出的种种问题一样，在名利追逐中逐渐偏离了原来的轨道……期望我们今后不论是做人还是做事，都能不忘初心、持之以恒、善始善终。

第五节 方 法 拓 展

类比优选法 5.mp4

一、与迭代法的联系

迭代法是一个重复反馈的过程。迭代的目的是为了更接近要实现的目标或要获得的结果。每一次的重复反馈为一次“迭代”，此次迭代的结果将作为下次迭代的初值，如此往复，无限接近既定目标。迭代法在各个领域都被广泛使用，尤其是计算机领域，有了计算机强大的运算功能，迭代法实施起来便如虎添翼。为什么要进行迭代？就是要尽可能得到最优选的目标或结果。类比优选法要实现优选目标的可视化、可控化，优化环节、优化系统，提升效率，同样需要不断地迭代与升级。

二、与机器学习的联系

机器学习顾名思义就是让机器像人一样学习。怎么学？模仿+训练。学什么？学人类的行为动作，学人类的知识技能，学如何重组和升华这些知识与技能。机器学习中的训练与预测过程可以类比人类的归纳和推演过程。其实机器学习并不像大家想象的那样深奥和复杂，它就是一种模拟，模拟我们人类如何生活、如何学习、如何处理问题等。机器学习的处理过程与类比优选法很近似，它们都是基于归纳得出优选结论的，也都是通过建立最优化模型来解决问题的。

三、与深度学习法的联系

深度学习有多层含义。教育教学中的深度学习指的是学生在教师的引导下，围绕课堂主题，积极互动参与，团结协作完成既定任务，在体验成功的同时收获成长和进步的有价值、有意义的学习过程。在这层含义上，它与类比优选的目的是一样的，就是得到一个最优的结果；而人工智能领域中的深度学习是一个模拟人类神经网络，不断学习、反馈、迭代、优化的计算过程。深度学习涉及的参数量非常大，又具有相当的不可控性，因此被学界称为“黑箱子”。要想计算出最优结论相当困难。而类比优选法却可以协助深度学习完成策略及模型结构的优选。

【学生研讨】

(1) 你能根据自己的认识，用自己的语言来说说到底什么是类比优选法吗？

(2) 你能举出生活中或学科学习中可以进行类比优选的两类事物吗？

(3) 你认为任何两种事物都能进行类比优选吗？

【资源链接】

[1]《国家宝藏》第三季 2021.1.31——广汉三星堆(青铜纵目面具——天眼)。

[2]《国家宝藏》 2017.12.17——河南博物院(云纹铜禁——失蜡法)。

[3]《大数据时代》：国内首部大数据产业题材纪录片，节目细致而生动地讲述了大数

据技术在政府治理、民生服务、数据安全、工业转型、未来生活等方面给我们带来的改变和影响。

[4]《中国经济大讲堂》2018.1.25——不容错过的大数据时代。

[5]纪录片《阿尔法围棋》：该部纪录片全方位展示了人机大战的过程，更尽可能多地揭示了人类思维的工作方式和人工智能未来的工作方式。

[6]CCTV《开讲啦》2018.9.22——中国科学院院士、清华大学人工智能研究院院长张钹：走进真正的人工智能。

夫运筹帷幄之中，决胜于千里之外。

——史记·高祖本纪

第十章　5W2H 结构分析法

三国时期，吴国的孙权麾下有一个叫周瑜的将军，他智勇双全，但他心胸狭窄，嫉妒诸葛亮的才能。因为两军作战需要大量的箭矢，周瑜要求诸葛亮在十天内造出十万支箭，但诸葛亮却只需要三天时间，他愿意立下军令状：如果他失败了，他将受到惩罚。周瑜派大臣鲁肃去探听诸葛亮的虚实。诸葛亮问鲁肃借了船和士兵，共计是 20 条船 600 名士兵。三天后的深夜三更时分，江面上大雾弥漫，诸葛亮来到曹营阵前，将所有船只用锁链连接在一起，命令士兵摇旗呐喊。曹操听到了击鼓呐喊的声音，由于大雾看不清敌情，不敢出兵迎战，只得命令数万名弓箭手向江面射箭。天亮时分，诸葛亮带来的船只上两边的稻草人全部插满了箭羽，终于借到了十万余支箭，胜利而归。

草船借箭是历史上著名的出奇制胜的谋略之一，它的成功取决于诸葛亮的神机妙算，本质上是诸葛亮对于整个计划涉及的目标(WHAT)、意义(WHY)、人物(WHO)、时间(WHEN)、地点(WHERE)的正确分析和逻辑安排(HOW TO 、HOW MUCH)，综合起来就是 5W2H。“草船借箭”是诸葛亮成功运用 5W2H 结构分析法的典范，在这一章，我们将一起学习 5W2H 结构分析法和它在各种领域中的应用，教会同学们运用 5W2H 结构分析法在各个场景中的问题确定、计划制订和项目管理等多方面的实践。

第一节　5W2H 结构分析法的内容、本质

一、基本概念界定

5W2H 结构分析法 1.mp4

5W2H 结构分析法是一种以目标为导向分析问题的方法，也就是说，通过结构分析来首先确定问题的目标 WHAT，在此基础上，分析事件的意义 WHY 和所涉及的人员 WHO、时间 WHEN、地点 WHERE 和方法 HOW TO 以及费用 HOW MUCH，形成逻辑清晰的任务安排，以确保目标的实现。

WHAT——目标(目标是什么？问题是什么？任务是什么？)

WHY——意义(意义是什么？原因是什么？作用是什么？)

WHO——人员(由谁来负责？由谁来执行？涉及谁？)

WHEN——时间(什么是恰当的时机？什么时间开始？什么时间结束？)

WHERE——地点(实施的地点在哪里？空间组织是什么？布局安排是怎样的？)

HOW TO——方法(实施的方法是什么？需要的手段有哪些？主要的战术有哪些？)

HOW MUCH——费用(需要的费用如何？产出的数量如何？质量水平如何？)

二、5W2H 结构分析法的内涵

5W2H 结构分析法是一种以目标为导向分析问题的方法。就是首先确定任务的目标，并在此基础上对任务进行结构分析。

目标是核心。任何任务都有一个明确的目标，所有的工作就是围绕着目标的实现来完成的。

意义是关键。这是一个探寻原因的过程，明确任务的重要性的重要环节。

WHO、WHEN 和 WHRER 是所拥有的资源，HOW TO 和 HOW MUCH 是目标实施的方式、方法和标准，如图 10.1 所示。

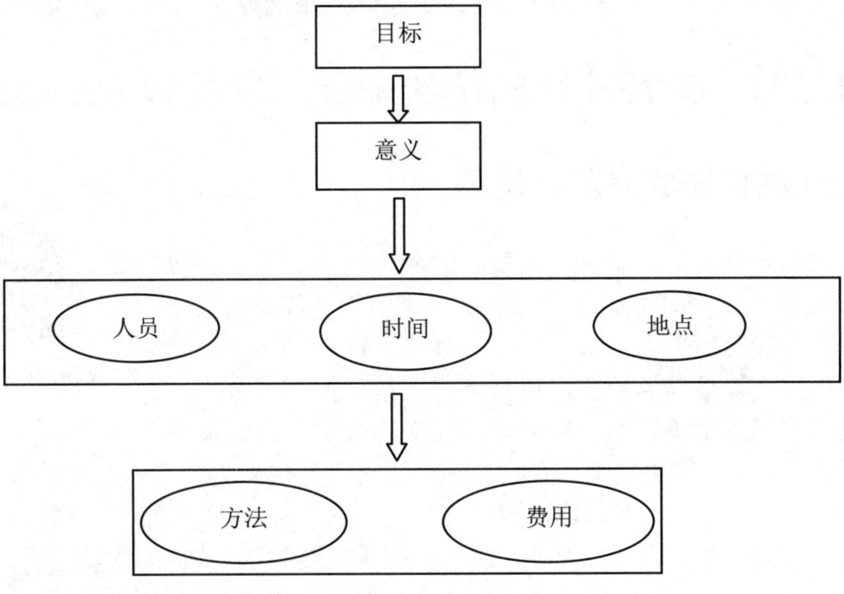

图 10.1 5W2H 7 要素的关系

三、5W2H 结构分析法的梳理

5W2H 结构分析法是一个非常复杂的过程。这个过程主要是根据实际业务场景来获取业务信息，然后抽象出一个以参与对象为节点的业务流程。我们可以借助鱼骨图的形式来展现，如图 10.2 所示。

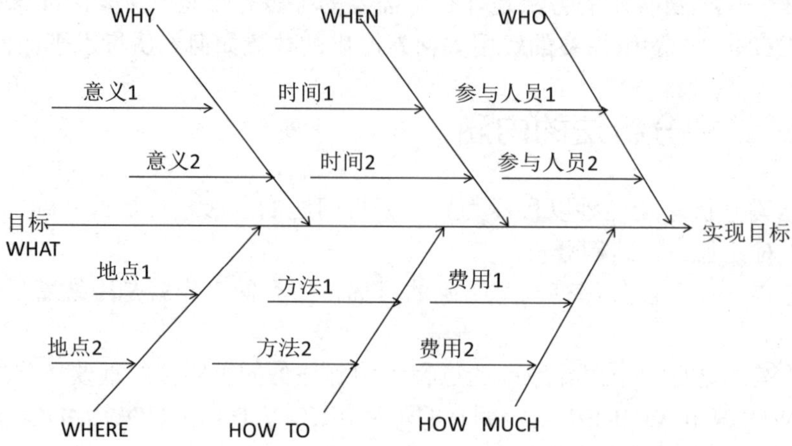

图 10.2　5W2H 结构分析法的梳理

第二节　5W2H 结构法的来源、发展和适用范围

一、5W2H 结构法的来源、发展

5W2H 结构分析法 2.mp4

5W2H 实际就是目标、意义、人员、时间、地点、方法、费用的英文单词第一个字母的缩写。利用这 7 大因素进行计划制订和战略分析，在我国历史上由来已久。《孙子兵法》又称《孙武兵法》，是中国现存最早的兵书，也是世界上最早的军事著作，早于克劳塞维茨《战争论》约 2300 年，被誉为兵学圣典。孙子曰：兵者，国之大事，死生之地，存亡之道，不可不察也。故经之以五事，校之以计，而索其情：一曰道，二曰天，三曰地，四曰将，五曰法。道者，令民与上同意也，故可以与之死，可以与之生，而不畏危。天者，阴阳、寒暑、时制也。地者，远近、险易、广狭、死生也。将者，智、信、仁、勇、严也。法者，曲制、官道、主用也。凡此五者，将莫不闻，知之者胜，不知者不胜。此文中的五事，也就是我们所说的目标、时间、地点、人物、方法五要素。

1932 年美国政治学家拉斯维尔最早提出 5W 模式，经过人们的不断应用和总结，其倡导者逐步用 5 个以 W 开头的英文单词和两个以 H 开头的英文单词来表达。从寻找解决问题的线索，到寻找创新的思路，发明新的项目，再进一步设计思路，从而得出新的发明项目，这就是所谓的 5W2H 方法。由于该方法应用简单方便，易于理解和使用，且富有启发性，因此被广泛用于企业管理的各项工作中。不仅如此，它对决策和执行活动及措施也很有帮助，还有助于弥补考虑问题时的遗漏。

二、5W2H 结构法的适用范围

5W2H 结构分析法是一种基本的调查和思维方法，适用于我们的工作、学习和生活的各个方面。运用 5W2H 结构分析法，熟练、系统的提问技巧，可以帮助我们发现问题的真正根源，创造性地改进方式；可以帮助我们清晰、有条理地分析思维；可以避免盲目工作从而提高工作效率，见表 10.1。

表 10.1　5W2H 结构分析法的使用范围

序　号	领　域	典型场景
1	教育学习	教学模式改革：利用 5W2H 结构分析法在学校教学改革实践中的运用，引发教学设计与实施人员的深度思考，并使其明确拓展改革工作的目标、意义并创新教学的方式，更加有效、有序地开展工作，从而达到提升工作效率和工作质量的目的。 提高学习效率：学生在备考时，利用 5W2H 结构分析法制订学习计划，明确学习目标，合理安排时间进度，使学习更加科学化，增加考试通过率
2	就业创业	创业项目规划：创业者进行创业团队分析、资源分析、政策分析、行业分析、竞争对手分析、客户分析还有财务分析等，熟悉所进入行业的行业竞争地位和业务经营流程，有助于提高创业成功率
3	企业管理	冲突问题的确定：企业在生产经营过程中，有时候关键不是应该怎么做，而是无法弄清问题是什么，通过 5W2H 结构分析法可以对所产生的问题的表象进行深层次的结构分析，从而形成确定问题—分析问题—解决问题的模式。 业务计划的制订：企业专业知识系统而庞杂，从 5W2H 的 7 个维度对业务流程进行系统分析，拓展业务流程创新思维，可为目标的实现提供一个现实可行的指导方案。 高效团队的构建：以团队的任务为导向，使每个团队成员明确本团队的目标、行动计划，树立阶段性里程碑，使团队成员对任务目标有自己实际真切的感受，创造出能激励成员积极性的目标

第三节　经典案例或场景分析

5W2H 结构分析法 3.mp4

“草船借箭”是中国古典名著《三国演义》中赤壁之战的一个故事。孙权、刘备联手对抗曹操。周瑜刻意为难诸葛亮，要求其 10 天制造 10 万支箭。智慧如诸葛亮一眼就看出这是个害人的计谋，但还是平静地说道“只要 3 天的时间”就可以完成。周瑜以为 3 天之内不可能完成制造 10 万支箭的任务，便可以趁着这个机会干掉诸葛亮。于是，他一方面请军工匠刻意拖延制作箭羽的材料，另一方面又请大臣鲁肃调查诸葛亮的实际情况。诸葛亮向鲁肃借调兵船，嘱咐鲁肃不要告诉周瑜，否则就无法成功了。

诸葛亮神机妙算，3 天后有大雾天来帮忙，诸葛亮再次利用曹操多疑谨慎的性格，命令士兵摇旗呐喊假意攻击，引诱曹军放箭防卫。天亮之前，终于借足 10 万支箭，立下奇功。

【方法解析】

诸葛亮作为项目经理，明确目标，利用天时地利人和，制订出了 3 天内制造 10 万支箭的计划。下面，我们用 5W2H 结构分析法的原理进行解析。

WHAT(目标)：合作老板周瑜，给诸葛亮出了一道难题，在 10 天之内制造 10 万支箭，诸葛亮立下军令状，3 天之内完成任务。

WHY(意义)：推动孙刘联盟的建立，解除合作老板周瑜设下的置诸葛亮于死地的圈套。

WHO(人员)：

合作老板——周瑜，三国时东吴名将，总督东吴兵马。

项目经理——诸葛亮，三国时杰出政治家、军事家，蜀汉军师。

项目组长——鲁肃，三国时东吴名将，周瑜的左膀右臂。

项目成员——20 条船，每条船 30 名士兵，共计 600 名士兵。

客户经理——曹操，三国汉献帝时为丞相，魏国首领。

WHEN(时间)：三天内完成任务。第二天时，要求项目组长准备好任务所需的资源。第三天的半夜三更开始行动。

WHERE(地点)：曹军大营前的水面上。

HOW TO(方法)：诸葛亮考虑到合作老板周瑜不会给予充足的物料，索性考虑本次任务借助客户曹操的力量。

第一，鲁肃按计划准备船只和兵卒。

第二，在第三天夜里四更时分，鲁肃在诸葛亮的秘密带领下取箭。

第三，引诱曹操射箭阻挡敌军。——“时至五更，大雾弥漫，船队接近曹操的水寨时，用长索将 20 只船连在一起，船只头西尾东一字摆开，横于曹军寨前。然后，士卒擂鼓呐喊，故意制造出击鼓进兵的声势。曹操闻报后，担心重雾迷江遭到埋伏，不肯轻易出战。他急调弓弩手共约 1 万多人，一齐向江中乱射。”

第四，“草船借箭”。——“一时间，箭如飞蝗，纷纷射在江心船上的草把和布幔之上。过些时间，诸葛亮又命令船队调转船头，头东尾西，并嘱加劲擂鼓呐喊。等到日出雾散，船上另一边的草把排满密密麻麻的箭支。”

第五，目标任务完成。每条船上有六七千支箭羽，共得大约 10 万支箭，诸葛亮下令船队返回。

HOW MUCH(费用)：原文说诸葛亮“不费一兵一卒”完成了任务。实际上这个计划还是有物资人员的消耗的——“二十只船，每船要军士三十人，船上皆用青布为幔，各束草千余个，分布两边。”

【延伸思考】

草船借箭的成功是诸葛亮利用天时、地利、人和，并善用心理学的结果。在这个过程中，某一个环节出了问题，计划就会失败。第一，诸葛亮对于天气的预测非常准确。第三天夜里三更时分会有大雾，要求鲁肃准备好草船立好草把。第二，诸葛亮对于人性的正确分析。周瑜妒忌心强，鲁肃忠厚守信、顾全大局，曹操谨慎多疑。曹操属于有实力和地位的大客户，因此，可以相信此人必定有 10 万支箭的库存。第三，计划保密。你不能让合作的老板周瑜知道诸葛亮的计划。如果周瑜知道了，他必定受到阻挠，那么诸葛亮的计划将很难实现。

【人生启迪】

《孙子》认为："知己知彼，百战不殆；不知彼而知己，一胜一负；不知彼，不知己，每战必殆。"在现代管理中，商场如战场。我们要保持团队的高效沟通，应对各种消极因素，善于利用各种条件，包括对手的性格、气象条件等巧妙地实现组织的目标。

第四节 5W2H 结构分析法的多场景应用

一、我的草莓我做主

5W2H 结构分析法 4.mp4

豆豆是一名中央财经大学大二的学生，她的爸爸段总和朋友崔总一起经营一个草莓生态园，主要项目是有机草莓的采摘。豆豆最佩服的人就是他的爸爸老段同志，爸爸是一位非常热爱工作的人，可以说他把 95%的精力都用在工作上，几乎一年 365 天，爸爸就有 360 天是在工作中。放假回家的豆豆却看到熟悉又陌生的老段同志，依旧每天早出晚归，但是他的嘴角已满是一个个火泡。豆豆和老段同志来到了草莓基地，看着满棚的一个个小灯笼般的草莓，兴奋地跑来跑去。老段看到大棚中又大又红的草莓痛并快乐着。第一茬草莓的旺季已经到了，满眼的诱人的红色，这是成熟的红色，但火红的草莓不易存放，如果在成熟后不能在两三天内及时采摘销售完，只能成熟过度倒掉了。

随手摘下一颗熟透的草莓放入嘴中，一股淡淡的香味伴随着丝丝的甜味充满了豆豆的口腔，没有一丝的空隙，这是最纯正的"红颜"草莓的味道，依旧是熟悉的"爸爸牌"的味道，豆豆相信，老爸培育的草莓的品质在整个市场上是最优的。豆豆在园区整整待了一天，和负责大棚种植的员工、负责技术的刘师傅还有负责销售的贺师傅聊了一整天……

第二天，段总看着眼前的"草莓基地的 5W2H 分析报告"，目不转睛地盯着制作人豆豆，陷入了沉思中……

【方法解析】

老板"痛并快乐着"：看着满园的草莓，这是辛勤劳动的成果；草莓过度成熟，员工流着泪将过熟的草莓采摘倒掉。

WHAT：如何在短期内销售已成熟草莓。

WHY：草莓集中成熟，草莓的特性是成熟后需要及时采摘，否则影响后续果品的成熟。采摘后需要及时销售，不易长期存放，最长两天就会影响口感。

WHERE：草莓采摘园基地、各销售代理商、水果批发市场。

WHEN：从当天开始进行，活动结束时间为本次草莓成熟旺季结束，大概一周时间。

WHO：活动人员职责安排如表 10.2 所示。

HOW TO：根据市场调查，对应策略可分为两个方面。

表 10.2　活动人员职责安排

职　位	责 任 人	职　责	奖惩措施
项目负责人	段　总	公司负责人，负责企业内外部关系的协调	
项目执行人	崔　总	具体负责本次活动的执行情况，制定活动规则和流程，进行内部活动各部门的沟通协调	公司年终分红
采摘部	张师傅	负责消费者的采摘顺序安排和员工采摘流程规范化培训	每采摘一斤给员工提成一元
销售部	贺师傅	负责团队采摘活动和市场销售活动	对于团队每一人提成一元，市场销售每斤提成一元
技术部	刘师傅	防治各种病虫害，保证产品的口感和品质	

第一，园内采摘。园内采摘是生态园的主要传统经营项目，消费者主要体验采摘的乐趣和亲人共享欢乐时光。

促销措施如下所述。

(1) 为了让消费者有更好的采摘体验，在采摘棚中增加垅间地毯，使采摘环境更加干净。

(2) 在采摘过程中有棚区员工进行草莓知识宣传，介绍生态园的产品特性，优良的苗木，各种微量元素的有机肥料，科学的种植技术和预防病虫害的措施等。

(3) 进行铺网式的广告宣传，号召亲戚朋友在微信圈进行转发，连续转发三天可以在采摘园领取一份赠品。

(4) 采摘价格为阶梯式价格。消费者采摘 3 斤之内为原价，3 斤到 6 斤之间为 8 折优惠，6 斤以上为 6 折优惠。

第二，市场批发。针对本次草莓集中大量上市情况，仅仅依靠园内采摘无法全部消化，需要拓宽销售渠道，将剩余产品进入批发模式。

(1) 在高档小区进行代售。与小区物业或者小区零售店进行合作，每斤给予一定的提成。

(2) 与水果连锁商店合作，进行定量批发。

(3) 进入本市大型批发市场，目的是将剩余产品全部推销。

HOW MUCH：本次活动需要费用明细如表 10.3 所示。

表 10.3　活动费用明细

项目明细	金额(元)
地毯	3000
广告费	2000
环境服务	1000
总计	6000

【延伸思考】

在企业管理中，明确组织目标和各部门的分目标是非常重要的，我们可以用目标管理法构建组织的目标网络体系。在此基础上，利用 5W2H 结构分析法辨析目标与方法手段、可以获得的内外部资源等要素之间的逻辑关系，从而形成切实可行的行动指导方案。

5W2H 结构分析法不仅可以用于解决明确的问题，当管理中出现矛盾和不平衡问题时，我们不知道是哪里出了问题，也可以使用此方法来确定问题是什么。

【人生启迪】

诺贝尔经济学奖的获得者赫伯特·西蒙认为，人的理性是介于完全理性和完全非理性之间的一种有限理性。作为一个企业的掌舵者，在制定一个经营决策的时候，一定要综合考虑各方面的因素，经济的和非经济的，长远的和眼前的，而不能被一时的利益蒙蔽了眼睛。

二、都是分数惹的“祸”

“老师，我想问一问，为什么我们的创业课成绩这么低呢？”

“哦，你是谁啊，成绩是多少？”

“我上的您的创业基础课，别的同学的成绩都比较高，我们组都是班里数一数二的同学，为什么我们只有 60 分呢？”

“哦，我知道你们是哪个组了，我带的六个班的同学中，只有一组的成绩是比较低的，我还是有印象的。我评分依据是你们的创业计划书，考核两个方面：第一是你们的学习态度，第二是你们对知识的掌握和应用的能力。你们的计划书只有寥寥数页，而且散乱无章，我认为你们对于这次作业态度不认真。最为主要的是，在你们的计划书中，我希望看到的内容都没有，比如关于你们所选项目重要的财务分析包括所需的投资，盈利预计都没有，是一份不完整的计划书……其实，如果按照我们的 5W2H 法，你就会有一个高分了。”

刚刚结束了“创业基础”这门通识课程的教学和考核，成绩已经按照学校的要求登记上网了。考核内容就是以小组为单位编写一份创业计划书，作业是在开学的第一课就布置下去的，分组是自由组合的。本以为可以轻松放假了，这两天却连接到几个学生的关于成绩的电话，顿时心情就不美妙了。这个组的同学多次打电话，希望我能够将他们的成绩修改提高，我是爱莫能助啊。

【方法解析】

其实，这件事情的根源和本质是如何写好一份创业计划书。

WHAT——选定目标，项目定位，要做什么？

人类活动的特点之一就是目的性，我们做任何事情都是有目标的。所以，目标是创业活动的基础和核心，项目的选择要考虑到创业者对这个行业的熟悉程度、行业的发展前景、可获得的行业资源等。

WHY——选择项目的原因、意义，说明项目的前景和优势。

在这一环节，实际上是一个说服阶段。一方面是创业者更加信服自己所选项目成功的可能性，另一方面是使合作伙伴或者投资商看好你的一个理由。

WHO——项目的负责人和人员的分工安排、奖惩措施、规章制度和薪酬标准等。

任何工作都离不开人，管理中存在两种关系，一种是人与物的关系，另一种是人与人的关系，归根到底，人与物的关系最终表现为人与人的关系。在这一环节，要考虑创业者和创业伙伴的专业技能、性格特征、人际关系等各方面的因素，合理安排负责的领域，做到性格互补、工作协作。

WHEN——项目的进度安排，预计开始运营时间，达到收支平衡时间等。

时间是一把标尺，用于衡量计划和实践之间的差距。任何一项任务都需要消耗一定的时间和金钱。我们要合理地安排计划的时间，从什么时间开始、预计什么时间结束、第一阶段的完成时间、总的工期是否可以按时完工、是否可以提前完工等，这些有利于我们合理安排资源，进行项目各分目标之间的衔接，高效地完成任务。如果在实际工作中，没有按计划时间完成任务，这时候，我们就要考虑出了什么问题，是计划目标不合时宜还是时间安排不合理。

WHERE——项目的选址问题，商业区、居民区、学校周边等。

项目的选址是成功的一只翅膀。“酒香不怕巷子深”这句话在现代商业活动中已经过时了。我们根据所选项目的战略目标、行业性质来选择适宜的地址。在这一环节，我们可以利用一些科学的决策方法，不要想当然、拍脑袋。比如，如果你要筹备一个大型的超市，那么你要考虑它的商业氛围、交通便利程度、停车是否方便、营业面积大小，还有基本的投资费用等，通过对这五个因素重要性排次和打分，确定最适合的商业位置。

HOW TO——项目的运营，如何实现你的销售目标，涉及方法、手段、业务流程等。

这是“怎么做”的环节。现代商业，是买方市场，用什么销售手段，什么销售方法来吸引更多的消费者，这是一个关键问题。企业的核心技术是构建企业核心竞争力的基石，包括标准的工作流程的制定和核心技术的掌握与创新等。

HOW MUCH——项目的财务分析，与金钱有关的所有因素。

财务职能最基本的两个作用是资金的筹集和利用。金融首先是一种本金投资活动。由于企业的生产和再生产过程是连续的，本金在再生产过程中不断投资和周转。企业的资本投资额由生产经营要素的规模大小和资本周转的速度快慢两个要素决定。创业所需要的本金如何筹集，筹集的经济成本和方式。企业的盈利模式，成本、售价、销量三者的关系。

【延伸思考】

创业是一种投资行为，对初创的企业来说，创业计划书的作用尤为重要。一个酝酿中的项目，往往比较模糊，通过制订创业计划书，把正反理由和各种资源要素都写下来，然后用科学的逻辑思维方法逐条推敲，这样创业者就能对这一项目有更清晰的认识。可以这样说，创业计划书首先是把计划中的项目推销给创业者自己，其次创业计划书还能吸引风险投资家，为企业创业筹集资金。

【人生启迪】

《麦肯锡传奇》其中有这么一段描述：“企业倒闭最常见的原因不是因为对正确的问题提出了错误的答案，而是因为对错误的问题提出了正确的答案。我见过太多的企业一次次作出看似最佳但却是建立在错误假设之上的决策，结果一点一点地把自己逼进了死路……麦肯锡要帮助客户免遭倒闭的厄运，就必须要找准问题……”可见，找到并且找对问题的关键点是避免决策错误的唯一真理。

三、小学生？大学生？研究生？

前一段时间在新浪教育看了一篇文章对我影响深刻——“大陆新移民眼中的美国教

育：九岁儿子写论文”。作者的孩子一年前随妈妈移民到美国，就读于所在社区的一所小学。不知不觉一年过去了，儿子的英语长进不少，放学后也不直接回家了，而是常去图书馆，不时就背回一大书包的书来。一天，妈妈问他一次借这么多书干什么，他一边看着借来的书一边打着计算机，头也不抬地说：“作业。”

妈妈看到孩子的作业是一篇相当于博士程度的论文——《中国的昨天和今天》，妈妈有些哭笑不得。

过了几天，儿子就完成了这篇作业。没想到，打印出来的是一本 20 多页的小册子。从九曲黄河到象形文字，从丝路到五星红旗……热热闹闹。妈妈没赞成，也没批评，因为妈妈自己有点发愣，一是因为她看见儿子把这篇文章分出了章与节，二是在文章最后列出了参考书目——这是妈妈读研究生之后才运用的写作方式，那时，妈妈三十岁……

我诧异，九岁的小学生在美国待了一年竟然具有如此高的论文写作水平？

作为一名近 20 年教龄的大学老师(虽然不太愿意承认自己已经人到中年)，不敢说自己桃李满天下，但在教学上还是有一些体会的。老师们每年都会指导一些本科毕业生的毕业论文，总结各位老师的经验，可以将学生分为三类：1/3 的学生，属于高成熟度的，学习能力强，学习态度端正，积极主动地交上了初稿，最基本的结构还是比较完整的，还能够有一两处闪亮的火花；1/3 的学生，属于中成熟度，学习态度非常端正，积极和老师沟通，但是文章改了三稿之后，老师指出的问题依然存在，恨不得老师亲自操刀；1/3 的学生，属于低成熟度，迟迟不见初稿交上来，临近答辩日期，匆忙交上一篇让指导老师彻夜不眠的天书，老师发出灵魂的拷问：我是谁？我在干什么？我要到哪里去？

【方法解析】

我既是一位大学老师也是一位普通的家长，一个孩子已经大学毕业正在读研，一个孩子即将小学毕业，我也有过辅导作业时的抓狂，同时也有反思：如何培养孩子的学习能力呢？作为一名大学生，你是否明白为什么学，掌握如何学习的能力呢？我们用 5W2H 结构分析法解析学习的基本环节，是否可以提高学习的效率？

WHAT

第一个环节学生要问第一个问题：是什么？这是培养学生的观察能力和表达的能力。观察事物的外部特征，并运用语言表达出来。什么颜色？什么形状？什么材质？什么作用？可不可以拆开？等等问题。这是一个开放性的问题，我们可以畅所欲言。

WHY

第二个环节学生要问第二个问题：为什么？这是“是什么”的逻辑延续。为什么它具备这样的功能，也就是事物的本质、本源。这是学习的重点环节，我们要大胆地问为什么。学习就是要问“10 万个为什么”，通过查阅资料、小组讨论、自我实验等方法去找、去想，甚至于去猜测。这一环节主要是培养学生的思考能力。

WHERE

第三个环节学生要问第三个问题：在哪里？这个环节的本质就是拓展我们的思维。从课本的理论扩展到作业现场，如身临其境，可以看、可以摸、可以品尝。这个环节实际上是一个理论与实践相结合的环节，可以培养学生的实操动手能力。在学习中，习惯性用“在哪里”可以快速帮助我们认知、熟悉新设备和新知识，更快更好地进入工作状态。

WHEN

第四个环节学生要问第四个问题：什么时候？实际上是学生要学会对时间节点的把握。在学习和工作过程中，我们往往缺乏统筹观念，没有时间意识。培养学生判断时间的轻重缓急，先后次序，是学生学会处理系列问题的习惯和能力的关键。学会管理时间、控制时间，在我们以后的与人合作、项目完成的过程中，会让我们终生受益。

WHO

第五个环节学生要问第五个问题：谁去做？学生要学会在项目完成及认知体验过程中理解角色的功能。在企业的组织结构、在项目中的团队分工、在小组里的精细合作中，将事和人联系起来，形成事事有人做，人人有事做的良好的协作氛围。从而提升每个人的责任意识、团队意识，并在项目的完成中锻炼和体现个人的价值。

HOW TO

第六个环节学生要问第六个问题：如何做？这一过程是学生学习能力质的飞跃的一个转折点。前几个环节的学习侧重点在于认知能力的培养，这一环节则是方法能力的实践，是学生在进行自我学习时最难突破的屏障。学习的方法、工作的方法、计划的方法、决策的方法、测算的方法等。在分析我们的内部环境和外部环境的基础上，在衡量自身的优势和劣势的基础上，选择适合自己的方法，提高学习的效率。

HOW　MUCH

第七个环节学生要问第七个问题：费用是多少？做任何事情都会是有成本和付出的，不仅仅涉及时间和金钱，还有我们所说的教育资历、工作经验、忠诚、承诺、努力、创造力以及工作绩效等。在我们的学习、工作、生活中，付出与回报永远都是成正比的，永远都遵循一条原则——你付出汗水收获粮食，付出才智收获肯定，付出努力收获智慧。

【延伸思考】

我们的 5W2H 结构分析法，不仅适用于学生如何构建学习能力，同时也适用于老师和家长，如何来培养孩子的自主学习和逻辑分析能力。我们可以从教学的目标、教学的依据、教学的模式、教学的效果、教学的主体、教学的时间、教学的空间 7 个方面来分析。

【人生启迪】

在人的创造能力的形成过程中有两个东西比死记硬背更重要：一是我们要知道到哪里去寻找所需要的比能够记忆的多得多的知识；另一个是我们要具有综合使用这些知识进行创造的能力。死记硬背，不会让一个人知识丰富，也不会让一个人变得聪明。

第五节　方法拓展

一、与 SWOT 分析法的联系和区别

5W2H 结构分析法 5.mp4

SWOT 分析方法具有明显的结构性和系统性特点。在结构形式上，SWOT 分析方法的表现形式是 SWOT 结构矩阵，然后对于矩阵的不同模块定义相应的分析含义。在内容上，

SWOT 分析方法的主要理论支持是着重结构分析，对企业自身具备的资源，以及企业外部的社会环境进行分析。一般来说，SWOT 被分为两个部分：第一部分是 SW 的优势和劣势分析，用于分析自身内部的条件；第二部分是 OT 的机会和风险分析，用于分析企业外部的条件。根据这种方法，可以找出对自己有益的要素并加以推广，也可以找出对自身不利的东西并加以避免，找出存在的问题并找出解决办法，从而明确今后发展的具体方向。根据这个分析的结论，我们将问题按轻重缓急进行分类，可以明确哪些问题是急需解决的，哪些问题可以稍微推迟一下，哪些是战略目标的障碍，哪些是战术问题，我们将这些对象一一列出，排列成矩阵，然后用系统分析的方法，将各种因素匹配在一起进行分析，可以从中得出一系列相应的措施。这些措施具有一定的决策性，有利于领导者和管理者作出更正确的决策和制订更完善的计划。

在使用 5W2H 机构分析法进行思维分析时，可以结合使用 SWOT 分析法对企业环境进行环境因素分析和矩阵构建，便可以制订出相应的行动计划。制订计划的基本思路是发挥优势要素，克服弱点因素，利用机会要素，化解威胁因素；立足当前，考虑过去，放眼未来。运用系统分析的综合分析方法，将排列与考虑的各种环境要素相互匹配起来加以整合，可以得出一系列有利于公司未来发展的可选择的策略。

在运用 5W2H 制度分析法进行思维分析时，可将 SWOT 分析法与企业环境因素分析和矩阵构建相结合，制订相应的行动计划。制订行动计划的基本逻辑是发挥有优势的要素，克服没有优势的要素，利用机会要素，并且化解有威胁的要素；立足现在，思考过去，展望未来。运用系统分析的综合分析方法，对各种环境要素的安排和考虑进行匹配和整合，可以得到一系列有利于公司未来发展的可选策略。

二、与“三段六问”创新法的联系和区别

“三段六问”创新法本质在于创造性问题的提出、创造性分析问题并创造性解决问题。在整个问题解决进程中，重在使用六问分析法厘清问题的症结：问题提出阶段重在突破思维定势，问题分析阶段重在找到最佳解决策略，问题解决阶段重在评估解决成效。三阶段之间是一个层次分明、动态交替的联系过程，是一个有机整体。每个阶段的主旨任务不同，经历了批判思维突破思维定势、头脑风暴分析问题、行动研究解决问题三个阶段，六问法横贯其中，使每个阶段的任务清晰明确，发挥着整体保驾护航的作用。

5W2H 结构分析法是一种基本的调查和思维方法，在“三段六问”创新法的三个阶段，利用 5W2H 结构分析法有系统的质问技巧，这样能有助于我们的思路清晰并有条理，以协助我们明确各阶段的主旨，发掘问题的真正根源、分析问题、解决问题，并可以杜绝盲目地做事从而提高工作效率。

三、与 ECRS 分析法的联系和区别

ECRS 分析法包括取消(Eliminate)、合并(Combine)、调整顺序(Rearrange)、简化(Simplify)四环节。取消——“完成了什么?是否必要?为什么?”；合并——“如果工作或动

作不能取消，则考虑能否与其他工作合并”；重排——“对工作的顺序进行重新排列”；简化——“指工作内容和步骤的简化，也指动作的简化，能量的节省”。

在进行 5W2H 结构分析的基础上，与 ECRS 分析法结合，可以寻找工序流程的改善方向，构思新的工作方法，以改善现行的工作方法。运用 ECRS 四原则，即取消、合并、重组和简化的原则，可以帮助人们找到更好的效能和更佳的工序方法。它们的关系可以用鱼骨图来表示，如图 10.3 所示。

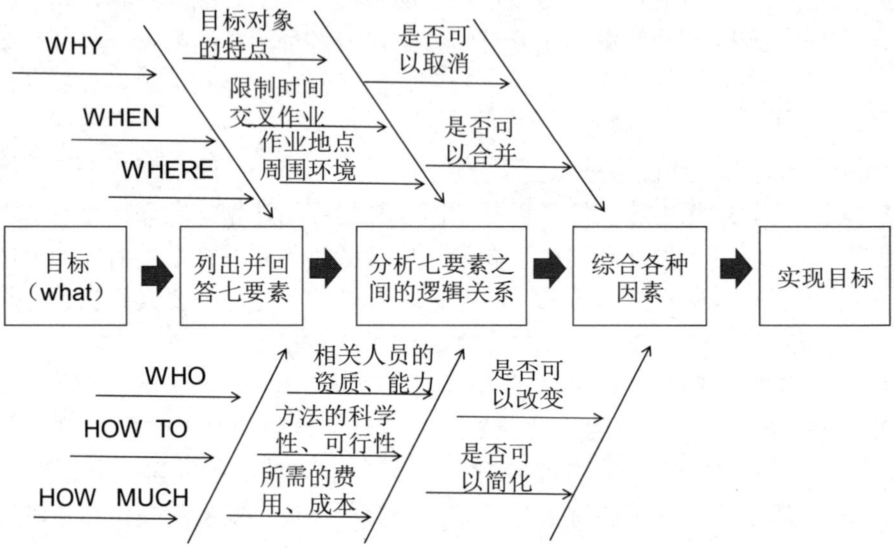

图 10.3　5W2H 结构分析法与 ECRS 分析法的关系

【学生研讨】

1. 情景模拟

假如时光可以穿越，你穿越到了 1999 年，这个时候你刚刚大学毕业，马云还没有正式辞去公职，马云还没有创办阿里巴巴网站，开拓电子商务应用，尤其是 B2B 业务。这个时候，你如何把握投资机遇，成为新时代的“马云”？

在掌握方法的内涵和原理的基础上，利用 5W2H 结构分析法，分析创办“阿里巴巴”的可行性，书写创业计划，组建创业团队，吸引“天使投资”，成为世界首富。

2. 拓展思考

(1) 你是否适合创业？你的性格，合作伙伴的性格，你所拥有的资源还有影响你创业成功的不利因素有哪些？

(2) 认真考察你所要进入的行业，选取某一公司进行调研和实践一定的时间，掌握企业业务流程和成本收益分析。

【资源链接】

[1] 课思课程中心. 效率倍增的 6 大方法[M]. 北京：中国电力出版社，2015.

[2] Palmer，Nathaniel. “What Is BPM”. bpm.com. Retrieved30 September 2017.

[3] Thom，William (2009)，People，Process，and Performance Management in Project ManagementSource：clause 0.2 of ISO 9001：2000

[4] Managing Performance Through Business Processes，Dominique Thiault，ISBN978-1-4680-2890-4

[5] User, Super. “What is BPM? - Workflow Management Coalition”. wfmc.org. Retrieved 20 January 2018.

[6] Palmer，Nathaniel. “What Is BPM”. bpm.com. Retrieved20 January 2018.

全则必缺，极则必反，盈则必亏。

——吕氏春秋·论·不苟论

第十一章　边际、微变量与最优效用分析法

假设有一架 200 个座位的飞机，飞行一次的成本是 10 万元，在这种情况下，每个座位的平均成本是 500 元。我们很容易得出结论：航空公司的票价不应该低于 500 元。而事实上，一个理性的航空公司往往会通过考虑边际量而设法增加利润。设想一架飞机即将起飞时仍有 10 个空位，而此时，在登机口有乘客愿意支付 300 元买一张机票。假如让你来决策，你应该把票卖给他吗？当然应该！如果飞机有空位，多增加一位乘客的成本是微不足道的。虽然每位乘客飞行的平均成本是 500 元，但边际成本仅仅是该乘客消费的不到 50 元的飞机餐而已。在不超载的前提下，只要临时买票的乘客所支付金额大于 50 元，卖给乘客机票就是有利可图的，是有正效用的。

在我们的生活、学习、工作中经常会遇到许多类似上述情景的决策问题，本章将与大家一起学习此类问题的通用方法：边际、微变量与最优效用分析法。

第一节　边际、微变量与最优效用分析法的内涵、本质及步骤

本质、内涵及步骤.mp4

一、什么是边际、微变量与最优效用分析法

边际、微变量与最优效用分析法是判定一件事要不要做，做到什么程度的一种决策方法。该方法主要利用微变量和一系列边际原理，对日常生活、工作、学习等场景中的投入产出数量关系进行动态考察，以找出微变量变动与边际效用的适合度关系，确保总效用最大化，进而判定一件事情的可行性。因此，边际、微变量与最优效用分析法是一种动态优化的决策分析方法，反映的是不断向效用极限迈进的决策思想。

二、什么是边际、微变量

边际就是一个整体(X)的边缘或界限。微变量就是在整体的基础上进行“额外一单位的追加”，也叫边际量。比如我们在日常用餐时，将已经吃掉的米饭作为既有整体，形成一

种边际，那么，再吃一口就是在整体的基础上进行“额外的追加”，追加的量就是“微变量”。从数学角度来看，微变量就是自变量发生的微量变化(ΔX)。从经济学角度看，微变量就是对现有经济行动计划的微小增量调整。

【知识链接】

经济学中微变量的常见概念有下述两种。

边际成本。是指在任何产量水平上，增加一个单位产量所需要增加的工人工资、原材料和燃料等变动成本。

边际收益。边际收益是指增加单位产品销售所增加的收益，即最后一单位产品的售出所取得的收益。

三、什么是最优效用

(一)效用

效用(U)就是需求、欲望等得到满足的度量单位，可分为正效用和负效用。正效用是指需求、欲望得到了满足或满足感增加；相应地，负效用就是需求和欲望没有得到满足或满足感减少。从数学角度看，效用就是自变量(X)对应的因变量(Y)。从经济学角度看，效用就是消费者消费某种物品或劳务时所感受到的满足感。

(二)边际效用

边际效用(MU)是指微变量变化(ΔX)带来的效用变化(ΔY)。用数学公式表示为MU=ΔX/ΔY。从经济学视角上看，边际效用是指消费者增加或减少一单位商品或劳务的消费量所带来的满足程度的变化。

理论上，边际效用的变化可以分为三种类型。第一种是边际效用递减，即每追加一个单位的微变量所带来的满足感逐渐降低，甚至带来负效用。第二种是边际效用不变，也就是满足感不会随着微变量的变化而变化。第三种是边际效用递增，指微变量增加会带来更大的满足感。日常生活中，多数情景符合边际效用递减规律，少数情景表现出边际效用递增的特征，比如在集邮的过程中，假如一套邮票有 10 张，那么每多收集 1 张邮票，手中邮票的价值就会成倍增加。

(三)最优效用

最优效用就是总效用(TU)达到最大的一种状态。总效用是指某一特定时间内消费一定数量的某种商品或服务所获得满足程度的总和，也就是所有边际效用的加总值，二者的数量关系可表示为 $TU=\sum MUx=MU_1+MU_2+MU_3+\cdots+MU_x$。可以看出，最优效用的大小取决于边际效用的表现。

(1) 当边际效用递增时，每增加一个微变量，会产生更大的满足感，此时总效用只有更大，没有最大，可以持续进行相关活动。

(2) 当边际效用不变时，如果不变的边际效用为正效用，每增加一个微变量都会产生固定的满足感，总效用不会达到最大，也可以持续进行相关活动；如果不变的边际效用为负值，则要停止相关活动，避免带来更大的负效用。

(3) 当边际效用递减时，会出现两种情况。第一种是虽然递减，但不会递减至 0 甚至负值，始终能给人带来满足感，总效用会一直在增加，在此前提下可以继续从事相关活动，不过其带来的满足感不是很强烈；第二种是持续递减，且会递减至 0，并出现负值。那么，在边际效用递减至 0 时，总效用就达到了最大，取得了最优效用，此后继续从事相关活动就会降低总效用。比如施肥过程中氮、磷、钾(微变量)比例达到最优后，再次追加任何一种元素，都会使边际效用为负，进而降低总效用。

四、实施步骤

边际、微变量与最优效用分析法的应用一般可分为下述四个步骤。

一是确定整体。根据行为主体现有的资源、商品、经验、感情等确定整体，即确定某件事情准备做之前的边界或者已经开始做形成的既有边界。

二是明确微变量。确定影响某件事情发展变化的主要微变量，即相对于整体的微变量变化。

三是衡量边际效用。即根据第二步微变量的变化确定其产生的边际效用。一般用微变量的变化值与微变量带来的效用值之比来衡量。

四是判定总效用。根据每个行为变化对应的边际效用求出总效用值，并根据总效用值的正负变化，对某件事情要不要做、做到什么程度作出决策。

第二节　边际、微变量与最优效用分析法的来源、形成、发展与适用范围

来源、形成、发展与适用范围.mp4

一、边际思想来源

边际分析意识自古以来就在人们日常生活中广泛体现，例如“锦上添花”“雪中送炭”“升米恩，斗米仇”等俗语，均蕴含了边际效用的思想。近代以来，边际分析思想逐渐被经济学家吸收和完善，并运用在生产决策、资源配置、消费理论之中，成为一种经典的经济学分析方法。

边际分析思想渊源以及先驱主要包括法国经济学家安东尼·奥古斯丁·古诺、法国工程师朱尔·杜普伊特、德国经济学家约翰·海因里希·冯·屠能、德国经济学家赫尔曼·海因里希·戈森。古诺首次将微积分应用到经济学分析中，并提出边际成本和边际收益概念，奠定了经济学求解最优化问题的基础。杜普伊特首次用画图表的方式揭示了价格和需求数量之间的反向关系，并提出了消费者剩余、垄断价格歧视理论，其中心思想是在“边际上”作出决策。冯·屠能在其《孤立国》提出的“要素最后生产力论”是“边际生产力论”的最初形式。该理论认为：工资等于在大规模经营中最后雇用的工人所增加的产品，资本的收益随着投入数量的增加而递减，利润(利息)决定于最后投入的资本的生产力。戈森认为效用可以用正常的数字单位来衡量，而且服从于与基数联系在一起的所有的

数学运算规律，并提出了“效用递减规律”和“边际效用相等规律”，被后人称为“戈森第一定律”和“戈森第二定律”。以上几位先驱的边际思想为后来边际分析法的形成和发展奠定了扎实基础。

二、方法的形成、发展

19 世纪 70 年代初，以 W.S.杰文斯、C.门格尔和 L.瓦尔拉斯为主的边际效用学派进一步发展了边际思想。1871 年，杰文斯在其《政治经济学理论》一书中提出了“最后效用程度”价值论，指出价值完全取决于效用，效用的变化取决于我们所拥有的数量。同年，门格尔在其《国民经济学原理》一书中提出，物品价值取决于该物品所提供各种欲望满足中最不重要的欲望满足对人的福利所具有的意义。1873 年，瓦尔拉斯在其《纯粹经济学要义》(1874—1877)一书中提出稀少性价值论。他们均是以不同的术语与不尽相同的方法论证同一个原理：商品价值是人对商品的效用评价，价值量取决于物品满足最后的也即最小欲望的那一单位的效用。1884 年，维塞尔在其《经济价值的起源及主要规律》一书中把这个效用称为“边际效用”。此后，边际效用概念即被沿用。

19 世纪八九十年代，边际效用价值论愈益完备和系统化，并逐渐形成两大支流，一支以奥地利学派的门格尔的继承人维塞尔和柏姆·巴维克以及美国的 J.B.克拉克为代表，着重以心理分析方法建立理论体系，另一支则以瑞士洛桑学派奠基人瓦尔拉斯及其直接继承者 V.帕累托为代表，强调运用数学方法进行表述和论证。

三、适用范围

边际、微变量与最优效用分析法适用于日常生活、教育学习、就业工作、心理健康、生产决策、团队管理等多个领域多种场景，表 11.1 为边际、微变量与最优效用分析法的适用范围。

表 11.1 边际、微变量与最优效用分析法的适用范围

序号	领域	典型场景
1	日常生活	购物、用餐等消费效用最大化问题：在一定收入约束和消费同种商品边际效用递减的条件下，判定哪种商品组合能够获得效用最大化
2	教育学习	教学授课效果最大化问题：在一定的授课时间约束和学生注意力逐渐下降的条件下，老师们如何安排授课内容以使学生听课效果最大化。 学习效率最高问题：在有限精力约束和单位时间内学习效率递减的条件下，学生如何分配学习与娱乐之间的关系，使学习效率最大化
3	就业工作	择业最优问题：在自身专业素养约束和从事本领域工作的边际成本递减条件下，大学生如何从众多职业选择中实现自身价值最大化
4	心理健康	科学化解压力问题：在一定外界压力约束和自身有限抗压能力的条件下，人们是选择提升自身抗压能力边际还是科学安排处理事项以化解压力。 恋爱幸福感最佳问题：在对方付出一定约束和自身被爱效用递减的条件下，恋爱双方如何正确看待彼此的付出以提升幸福感

续表

序号	领域	典型场景
5	生产决策	生产方案最佳问题：在有限生产资料、一定生产技术条件和利润最大化约束的条件下，企业如何根据边际成本和边际收益的关系确定最优生产方案
6	团队管理	激励方案最佳设计问题：在单一激励工具的激励效果递减条件下，管理者如何根据员工实际需要设计多元激励方案以使工作效率最大化。 组织架构效率最优问题：在精准决策目标约束和信息传递层级效率递减的条件下，企业如何根据业务范围和规模等因素确定最优组织架构

第三节　经典案例或场景分析

典型案例与场景分析.mp4

自助餐中的边际哲学

自助餐，有时又称冷餐会，起源于 8 世纪北欧斯堪的纳维亚半岛的海盗，它是目前国际上所通行的一种非正式的西式宴会。之所以称为自助餐，主要是因其可以在用餐时调动用餐者的主观能动性，并按照喜好、口感等在既定的范围之内安排选用菜肴。你是否研究自助攻略(如图 11.1 所示)？你是否也是“扶着墙进去扶着墙出来”？你是否明白吃自助的边际哲学？下面我们通过分析自助攻略来理解其中的边际原理。

Step1：餐前吃少量水果开开胃；
Step 2：直接奔向生海鲜；
Step 3：进食以肉为主的热菜；
Step 4：中场休息沙拉调理；
Step 5：主食 coming！
Step 6：让甜品的 sweet，完美收“肚”！
Step 7：享用点心冷饮，聊天回味。

图 11.1　自助餐“七步”攻略

【方法解析】

按照确定“整体”、明确微变量、衡量边际效用、作出最优决策的顺序，我们来分析此场景。

就餐前，顾客扶着墙进去是一种空腹状态，此时的“整体”(胃中食物)即边际几乎为零，当开始 Step1 时，相对于整体的微变量就是少量的水果。由于处于空腹状态，餐前吃少量水果开开胃带来的边际效用非常大，顾客能够获得的满足感较高。但由于边际效用递减规律的存在，如果在整个自助餐过程中一直吃水果，边际效用很快就会降到 0。因此，顾客需要品尝其他新的食材，用食材组合的形式以建立新的微变量，进而获得新的边际效用。所以，Step2～Step7 食材一直处于更换状态，以享受每一种新鲜食材带来的边际效用，从而使总效用尽可能最大。其中，Step4 中场休息沙拉调理是为了加速胃部蠕动促进消化，进而减轻饱腹感，缓解边际效用递减速度，使 Step5～Step7 新就餐的食物(微变量)还可以带来更大的边际效用。但是，如果顾客不顾饱腹感一直进食，达到“扶着墙出来”的境界，很明显，此时再进食会给身体带来不适，甚至会产生呕吐、腹泻等副作用，导致总效用瞬间下降到负值，与就餐前“吃好吃饱”的期望南辕北辙。

【延伸思考】

生活中有很多场景与自助餐场景类似，比如一定预算约束条件下，通过搭配多种衣物、化妆品等实现购物体验最佳。又如，求学期间学校的排课也体现了边际哲学：学校在同一天安排不同的课程，就是为了避免一直上某一门课程，使学生的听课效率出现边际递减现象，中间的课间休息、课间操、活动课等内容则起到了“沙拉调理”的作用。再如，在团队管理过程中，因单一的加薪激励手段存在边际效用递减的现象，对于高薪员工来说，继续加薪的边际激励效果显然微乎其微，这时就需要管理者采用升职、股权激励等其他激励手段，以提升激励效果。

【人生启迪】

一件事情是否可做、是否能做以及做到什么程度要考虑总效用而不是子效用。很多顾客因自助餐消费成本既定，然后通过“狂吃”“狂喝”使自己的消费成本收益最大化。然而，他们考虑的收益是支付一定金额可以换取的食物量(子效用 1)，并没有考虑到进食过量食物后的不良影响(子效用 2)。子效用 1 和子效用 2 之和是自助餐的总体效用。如果继续进食，总体效用下降且出现负值，则必须停止行动，否则得不偿失。在我们成人的过程中，要时刻谨记“适可而止，过犹不及”。

第四节 边际、微变量与最优效用分析法的多场景应用

一、为什么要常存感恩之心？

多场景应用.mp4

从前，有两户人家是邻居，其中一家比较富裕。有一年，天灾导致田中颗粒无收。穷的一家没了收成，只能等死。富的一家有很多粮食，就给穷人家送去了一升米，救了急。穷的一家非常感激救命恩人！熬过最艰苦的时刻后，穷人就前去感谢富人。说话间，谈起明年的种子还没有着落，富的一家慷慨地说：这样吧，我这里的粮食还有很多，你再拿去一斗吧。穷人千恩万谢地拿着一斗米回家了。回家后，家里人说，这斗米能做什么？根本就不够明年地里的种子，他们太过分了，既然这么有钱，就应该多送我们一些粮食！这话传到了富人耳朵里，他很生气，心想，我与人为善，白白送你这么多的粮食，你不仅不感谢我，还把我当仇人一样忌恨。因此，本来关系不错的两家人，从此成了仇人，老死不相往来。生活中还有很多类似场景，比如一个乞丐见惯了施舍大钱的人，开始嫌弃别人施舍的小钱，如图 11.2 所示。

图 11.2　乞丐嫌弃别人施舍的小钱

这就是“升米恩，斗米仇”的故事，它被用来刻画这样一种生活场景：如果别人在危难的时候你给他很小的帮助，他会感激你。可如果给人的帮助太多，让其形成了依赖心理，一旦停止帮助或降低帮扶标准，反而会让人忌恨。

那么，我们如何用边际、微变量与最优效用分析法来解释此种现象呢？

【方法解析】

按照确定“整体”、明确边际、衡量边际效用、作出决策的顺序，我们来分析此场景。

在这个场景中，穷人出现两次。第一次，穷人的“整体”(拥有的粮食)几乎为零，处于行将饿死之边缘。此时，富人送给了穷人一升米，虽然微变量只有一升米，但相对于几乎为零的“整体”，其产生的边际效用是巨大的，是能够挽救穷人生命的一升米。所以穷人对富人感激程度很高。第二次，穷人已经处于温饱状态。穷人在感恩富人一升米的同时，富人提出给予一斗米以资助穷人摆脱明年种地没有种子的困境。一斗米虽十倍于一升米，但对处于温饱状态的农户来说，其边际效用不是很明显。甚至，穷人觉得富人给他的米还不够来年做种子之用，是在随便“打发”他，产生了负面情绪，边际效用递减为负值，总效用开始降低。

反过来，这个场景中，富人也出现了两次。第一次，富人的“整体”是足够多的米，他只用一升米换来了“天大的感激”，边际成本小而边际收益大，边际效用很高。而第二次，富人的“整体”还是足够多的米，虽然这次边际成本提高到一斗米，但换来的边际收益却是很少的感激，甚至是忌恨，也就是说，边际效用递减为负值，总效用开始降低。

穷人和富人在此过程中的边际效用均从最优转向了负值，二者的关系也由恩人变成了仇人。

【逆向思考】

我们掌握方法，但不唯方法论，任何方法都有其适用范围。当你明白“升米恩，斗米仇”的道理，常施人以“升米”，而避免施人以“斗米”。但对于别人施于你的“斗米”，在边际效用开始下降的同时，是否依旧心存感恩？父母的无私付出、老师的教诲关照、爱人(恋人)的悉心照料，你是否习以为常，忘记感恩？小学作文中写到“父母在我生病之时背我去医院”之时的那份感动，至今是否依然不减？人们常说滴水之恩当涌泉相报，涌泉之恩又当如何回报？

【人生启迪】

明智之人济人一时，而非济人一世，济人之急，而非济人之盈。求人须求大丈夫，济人须济急时无。渴时一滴如甘露，醉后添杯不如无。

心怀感恩，方能行远，别让边际规律递减了感恩之心，边际效用下降不能成为我们忘记感恩的借口！

二、为什么要活到老学到老？

回想一下，你上幼儿园的时候有没有为从 1 数到 100 而苦恼？你上小学的时候有没有为求解一个多边形的面积而发愁？你上初中的时候有没有为几道题做到深夜也做不完？你上高中的时候有没有遇到“作者这句话想表达的意思是什么？”这样的问题，却完全不知作者所云的情景？为什么上大学以后教学模式就发生了转变，上研究生之后更是以探索自学为主？步入社会之后开启完全的自学模式？然后云“活到老，学到老”？

我们在此用边际、微变量与最优效用分析法来解释这个情景。

【方法解析】

我们还是按照确定“整体”、明确边际、衡量边际效用、作出决策的顺序来分析该问题。我们上幼儿园之初几乎处于“一无所知”状态，“整体”(掌握的知识)几乎为零。此时学会一单位知识对于解决生活中实际问题的边际效用是最大的，但同时学习一单位知识所付出的时间、精力等边际成本也是最大的。进入初高中，各学科基本知识体系逐步搭建，步入大学，专业性知识开始涉猎，硕博期间，研究领域更加聚焦，如图 11.3 所示。可以说，随着年龄的增长，“整体”(既有知识储备)的增加，我们认识社会、理解社会的能力也在不断提升，学习新知识的边际成本相应减少，这就是学习过程中的边际成本下降规律(此处的边际成本仅限于为学习一单位知识所投入的时间、精力，不涉及培训班等物质成本)。

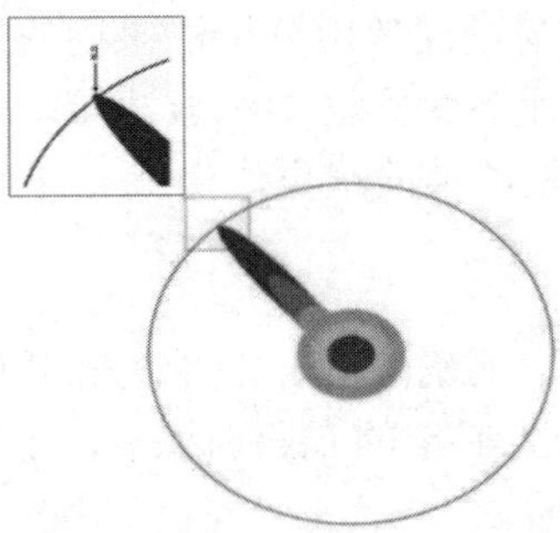

图 11.3　蓝色、绿色、粉色、深粉、红色分别代表小学、初中、高中、大学、研究生对知识体系的掌握程度

由于知识的特殊属性和人脑的存储水平特征(在人的有限寿命中，人脑对知识的存储可以视为无限大，知识对于大脑，不会像食物之于胃一样，有饱溢之感)，掌握一单位新知识带来的愉悦感或解决问题的能力(边际效用)一般不会为负。对于常规性的一般知识，虽然新学习一单位知识带来的边际效用是递减的，但始终保持正值，总效用一直会增加，所以要“活到老学到老”。对于能带来强烈冲击感和兴奋感的新知识，比如发现了一个新理

论、攻克了一个新难题等，学习该类知识的边际成本同样遵循边际成本下降规律，边际效用是上升的，总效用会陡然上升，更要“活到老学到老”。对于会带来负面情绪的“知识”，比如一些坏人、坏事、坏现象，更需要学习认知之法，纾解之道，去对冲负面知识带来的负面效用。从这个角度来说，也需要“活到老学到老”。

【延伸思考】

对于“活到老学到老”这个话题的认识是多个维度的，比如人生长期竞争力视角、人生价值视角、发现与兴趣视角、全面发展视角、与时俱进和适者生存视角等。本案例仅展示了边际、微变量与最优效用视角的分析范式，但该方法只是众多成人方略与生存艺术中的一种，仅可作为决策的参考而不可作为完全的依据，遇到问题还需多维思考。

【人生启迪】

吾生也有涯，而知也无涯(庄子)，故学不可以已(荀子)。

幼年阶段是学习基础知识和培养学习能力的阶段，青年和成年阶段的学习才是高效率、高效用的学习，但众人却在最具备学习能力的阶段放弃了学习，于是人生便少了诸多乐趣。切不可在奋斗的年华选择“躺平”。

三、择业要不要专业对口？压力大时要不要跨界跳槽？

智联招聘发布的《2020 年秋季大学生就业报告》发现：专业对口仍是市场供需匹配的主旋律。其中，开发、制造、机械相关技术类岗位人才主要来源于工科类专业，这类工作由于专业门槛较高，对人才的技能要求也有硬性标准；而经管类专业主要集中在财务、银行、投资等商业性质较强的岗位……①

这似乎与一些媒体宣传的兴趣导向或工资导向的择业观似乎有所不同。那么，我们在择业时要不要考虑专业对口的问题？进一步而言，如果入职之后发现这份工作压力大、有难度，要不要跳槽到另一个领域重新开始呢？

我们在此采用边际、微变量与最优效用分析法来回答这个问题。但请注意，择业与再就业决策是综合各方面因素、运用各种方法的综合决策，我们在此仅解释该方法在此类决策中的运用方式，但不能将本案例的推演结果作为就业择业的唯一依据。

【方法解析】

我们还是按照确定“整体”、明确边际、衡量边际效用、作出决策的顺序来分析该问题。作为某专业的大学生，在经过 4 年的专业训练后，他的“整体”就是既有的知识，即该专业领域的基础知识、基本素质。

短期来看，毕业后继续从事本专业相关工作的边际成本遵循递减规律，投入单位精力创造的价值会高于非专业职员，可以取得更大的边际效用，获得更多成就感，能够较快创造出更大的工作价值，从而更可能取得晋升机会。所以短期决策下，边际分析法的分析结

① 新浪网：2020 年秋季大学生就业报告发布 专业对口仍是市场供需匹配主旋律.[EB/OL]. 2020-09-15. http://k.sina.com.cn/article_1667821284_6368eee402000tvcu.html.

果支持专业对口。

长期来看，从事熟练工作以及基于熟练工作探索同领域未知问题所付出的边际成本，要比非专业职员小，也小于自己跨领域探索所付出的边际成本，投入同样精力更有可能在该领域取得重大突破。虽然日常工作中完成常规任务所带来的边际效用递减，但日积月累的成就感所带来的效用却在持续上升。特别是作为创新型人才，在深耕某一领域有重大发现时，所带来的边际效用会成倍上升。这也是“工匠精神”在边际分析法下的原理解释。所以长期决策下，边际分析法的分析结果不支持跨界跳槽，特别是科研型创新型人才，在没有知识体系基础、缺乏充分认知的情况下，跨界跳槽将面临较大的边际成本和较低的边际效用。

从均衡角度看，入职后发现工作并不适合自己，出现压抑、焦虑等负效用之时，表明新入职后的工作总效用开始下降。此时应当通过改变“微变量”来提升边际效用，最终提升总效用。低成本的“微变量”改变即在本岗位继续学习专业技能，调整工作心态。如果低成本的改变还不能扭转边际效用为负的事实，此时，应该考虑边际成本更高的辞职跳槽。

【辩证思考】

凡事都具有多面性，不能一种方法通吃天下。就业和跳槽的决策是多因素主导的。该情景在压力管理法、沉默成本分析法、SWOT 分析法等分析方法下，可能会有不同的结论。大学不仅仅是专业知识的学习，更是综合素质、综合能力的塑造，特别是自我学习能力的形成。基于专业基础的低边际成本、高边际效用的专业对口就业固然较好，但基于高学习能力和综合素质的跨专业就业，未必面临高的边际入职成本，也未必不能在新领域创造出更大的价值。

【人生启迪】

扎实的专业基础，可以换来入职后较低的岗位适应成本，所以大学期间切不可荒废，如果我们在本专业领域求职而得不到聘用，极有可能是我们不够专业。

综合素质和学习能力的形成，为我们就业提供了广泛的选择，所以大学期间一定要注重综合全面发展。

第五节　方 法 拓 展

方法拓展.mp4

边际、微变量与最优效用分析法是一种用于判定一件事情能不能做，做到什么程度的决策方法，投入产出法、SWOT 分析法也可用于类似的决策场景。下面将简单阐述本章方法与上述方法的区别和联系。

一、与投入产出分析法的联系和区别

投入产出分析法是指通过一定时期的投入量、产出量数据综合分析和确定国民经济各部门之间错综复杂的联系、重要的宏观经济比例关系及产业结构等基本问题。该方法与边际、微变量与最优效用分析法的联系和区别如下：

第一，两种方法均是为决策者找到最佳行动方案，但分析思想不同。投入产出分析法主要研究投入总量、产出总量的定量关系，是在总体水平、总体状态考察的基础上作出相应决策，而边际、微变量与最优效用分析法是以微变量(投入)的微小变化考察对总效用(产出)的影响，进而寻找最佳的微变量投入和最优效用比例关系。

第二，两种方法运用的分析工具不同。投入产出分析法需要编制投入产出表、建立相应的线性关系体系，进而综合分析经济体系的运行质量，而边际、微变量与最优效用分析法是运用边际规律、边际效用原理等研究总效用最大化的条件。

第三，两种方法的组成要素不同。投入产出分析法主要包括投入量、产出量两类要素。而边际、微变量与最优效用分析法主要包括边际、微变量、边际效用、总效用等要素。

二、与 SWOT 分析法的联系和区别

SWOT 分析法是管理学中的一种经典决策方法，主要应用于企业战略管理、竞争对手分析、市场定位分析、个人职业规划等场景。该方法主要是将与研究对象密切相关的各种主要内部优势、劣势和外部机会、威胁等，通过调查列举出来，并依照矩阵形式排列，然后用系统分析的方法，把各种因素匹配起来加以分析，从而确定某项活动是否具有可行性，进而根据研究结果制定相应的发展战略、计划以及对策等。该方法与边际、微变量与最优效用分析法的联系和区别如下所述。

第一，两种方法均将决策主体的自身情况作为决策起点，SWOT 分析法侧重于自身优势和劣势的分析，而边际、微变量与最优效用分析法更加侧重于自身资源的约束。

第二，两种方法都将外部冲击或环境变化作为决策考虑的重要因素。SWOT 分析法是将外部风险、机遇与内部优势、劣势进行综合交互分析作出决策，而边际、微变量与最优效用分析法则是将外部的变化作为“微变量”，研究微变量的变化对内部总效用的单向影响。

第三，边际、微变量与最优效用分析法突出“边际思维”和“极限思维”，是通过动态追加一系列微变量，以寻求总效用极大化，是在动态中寻找最优决策的方法，主要用于判定某件事情能不能做、做到什么程度。而 SWOT 分析法是基于内外部优劣势、机遇和挑战的静态分析判定某件事情能不能做，并不能判定应该做到什么程度。

【学生研讨】

(1) 试分析成语“雪中送炭”“锦上添花”的边际哲学。

(2) 试分析谚语“少吃多滋味，多吃坏肚皮”的边际哲学。

(3) “恋爱三年之痒”“婚姻七年之痒”的边际思想是什么？

(4) 为什么考试分数越高，边际效用越会递减？

(5) 试讨论很多公司为什么选择涨福利而非工资。

【资源链接】

[1] 范里安. 微观经济学：现代观点[M]. 6 版. 上海：上海三联书店/上海人民出版社，2006.

[2] 张定胜，[澳]杨小凯，张永生. 发展经济学：超边际与边际分析[M]. 北京：社会科学文献出版社，2019.

[3] 张维迎. 博弈论与信息经济学[M]. 上海：格致出版社，2019.

[4] R.D.C.布莱克，A.W.科茨，克劳弗德著. 经济学的边际革命[M]. 北京：商务印书馆，2020.

[5] 晏智杰. 经济学中的边际主义[M]. 北京：商务印书馆，2021.

你要变得聪明，需要不断地问：为什么？为什么？为什么？你必须将答案联结到更深刻的理论，虽然有难度，但是会变得很有乐趣。

——查理·芒格　美国著名投资家

第十二章　黄金思维圈

马斯克颠覆式创新的秘密

2020 年 5 月 31 日，马斯克的 SpaceX 公司把宇航员送入了太空，由此开启了全球商业载人航天时代。SpaceX 也成为首个掌握载人飞船制造和发射能力的私营公司。在这之前，这项任务都由国家队完成。

在 2001 年的时候，马斯克想往火星上放个实验室，看看火星上怎样种植植物，怎样让人类移民火星。在计划它的火星绿洲的时候，马斯克发现发射火箭太贵了，仅凭个人财力很难完成此任务。为什么发射火箭花费巨大呢？第一，购买运载火箭的成本高达 6500 万美元。而火箭是由什么制成的？航空级铝合金，再加上一些钛、铜和碳纤维。这些材料在市场上值多少钱？结果是，这些火箭原材料的成本大约是火箭价格的 2%。第二，之前完成一次太空发射之所以那么贵，就是因为所有的火箭零部件基本上都是一次性的，飞上去之后就坠毁了。马斯克采用可回收火箭技术则让大规模人类星际迁徙成为可能。因而 SpaceX 公司就此诞生了。几年时间内，SpaceX 公司将发射火箭的成本削减至原本的 1/10。

谈到发射火箭，大部分人从“做什么”层面看到的是发射火箭花费太高，凭个人很难做到。而马斯克从“为什么”出发，思考为什么发射火箭花费太高，找到原因。进而从“如何做”层面具体去解决问题，最后才是“做什么”。这就是典型的黄金思维圈的思维模式。

第一节　黄金思维圈的内涵及本质

黄金思维圈 1.mp4

一、黄金思维圈概念界定

我们思考和认识世界的方式可以分为三个层次。

- What 层面：做什么，也就是我们具体做的事情，它是事物的表象；
- How 层面：如何做，也就是如何实现我们想做的事，它是具体的方法；
- Why 层面：为什么做，是我们做事的缘由和目的，它是做事的动力所在。

所谓黄金思维圈，就是在这三个层次上由内而外认识世界的一种方式，也即 Why-

How-What。以“黄金”一词作为前缀，形容这个模型的贵重之处，像黄金一样有价值。使用“思维”，是因为成年人学习的目的是追求更好的思维模型而不是更多的知识。在一个落后的思维模型里，即使增加再多的信息量，也只是低水平的重复。

黄金思维圈与普通思维的主要差别是次序差别。如图 12.1 所示，普通人的思维方式是由外而内。遇到事情，首先想的是要做什么。这样的方式常常只停留在做的层面，也就是在行动的表面，很少探究所做的事情究竟是为什么而做，应该怎么去做。也有少部分人会更进一步，从如何做出发，研究怎么样才能做得更好。很少人会从为什么做出发，思考自己为什么而做，做的目的又是什么。黄金思维圈的思考方式则是由内而外，从目的出发，思考为什么做这件事，然后思考怎么做，最后才表现在行动上做什么。看似只是简单的次序之别，同样的事情，这两种思维方式会产生截然不同的结果[1]。

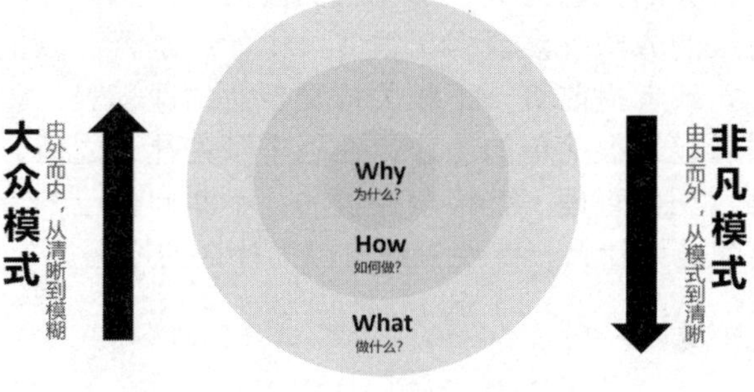

图 12.1　黄金思维圈思维模式

二、黄金思维圈的内涵

由黄金思维圈的概念可知，它就是 Why-How-What 的思维模式。它的特别之处体现在下述几方面。

(一)透过问题的表象看本质

黄金思维圈最大的价值是透过问题的表象看到问题的本质。它使得我们不会被问题呈现出的表象所迷惑，而是思考问题背后的本质。这就是所谓的“知其然，更要知其所以然”，知道现象或者结论是如何形成的，更容易客观地看待现象和结论本身，也更能真正地认同正确的结论，这样能够让自己不容易被现象迷惑，也更能坚定践行正确的理论。

查理・芒格曾经说过：询问自己一个又一个“为什么”，你就会更好地思考问题，通过问一个又一个的“为什么”，你就会获得普世的智慧，有更深刻的洞察力。如果你想要在众人中脱颖而出，那你一定要比别人更快、更准确地找到问题的关键因素。也就是多问一个“为什么”，它可以帮助你更好地看到问题的本质。当黄金思维圈成为你的思维习惯时，那么你的思维方式也会随之改变。将其运用于我们的工作和生活当中，你就不会被表象所迷惑。

任何一个领域中的顶尖人才思考问题都不会被问题展示出的表象所迷惑，而会思考问题背后的本质，这也是黄金思维圈最大的价值：透过问题的表象看到问题的本质。

(二)抓住 why 的本质，自然就会明白 how 的方法

如果你站在 What 的角度思考问题，那么你可能会陷入解决完一个问题又出现另外一个问题的窘境。因为你只是停留在问题的表象，所采取的方法就是我们常说的治标不治本的方法。假如你站在 Why 的角度思考问题，思考为什么会出现这样的问题，那么这样的思考很容易带领你去发现问题的本质。当你想清楚引起问题的根本原因，自然而然地就有了相应的解决策略。你在 how 层面也就会产生很多创新的想法。明确了我们的 why，也就是明确了我们的使命、目的或信仰，这是永远不变的。[1]

比如公司的实习生接到的任务是去学校张贴公司的招聘海报。如果按一般人的做法，就是拿着海报直接在学校找地方张贴，就算完事。可是他学习了黄金圈法则之后，知道做任何一件事之前都要问个“为什么”，所以他就问自己：我为什么要贴海报？答案是：想增加第二天参加公司宣讲会的报名人数。那他就又问自己：怎样能够提升宣传效果呢？这样一思考，他发现贴海报的方法突然就多了很多。比如：是否可以把海报送到各个学院的就业处，让他们通知呢？或者提前查一下相关招聘专业的课程表，看看能不能在教室旁贴海报？等等。一项原本看起来很简单的工作，在思考了为什么之后，居然会有这么多新想法，能学到这么多东西。正如查理·芒格曾经说的：不断问自己一个又一个为什么，你就能更好地思考问题。这就是为什么一定要先问自己为什么的原因。

(三)赢得信赖和忠诚

绝大多数营销人员给客户介绍产品时都会说我们是做什么的，我们的产品如何。也经常会用降价、促销、煽动性的言辞等来促使顾客消费。有的还运用从众心理、恐惧心理、权威效应等心理效应，甚至还运用统计学、大数据来研究如何操纵消费者。这一类方式都属于操纵的方式。然而，商界的操纵能提升销量，却无法创造忠诚。政界的操纵能够让某人当选，却无法创造出领导力的基础。管用未必就等于正确。

影响人类行为的方式除了操纵，还有激励。通过激励的方式影响人类的行为，则能产生忠诚。例如，如果营销人员从 why 出发，谈企业理念，更容易和他人建立信任和共识。这就是营销的最高境界——营销你的价值观。把那些认同这个理念的人吸引过来，和我们一起实现它。黄金圈法则是用感召的方式吸引和自己有相同内在动机的人，带来的是信任，是长久的经营。当一群有共同理念的人聚集在一起的时候，奇妙的事情就会发生。这也是现在很多新兴创业公司成功的法宝。

三、黄金思维圈之生物学模型

我们在家乡，并不会跟每一个同乡成为朋友，但是当我们独在异乡为异客时，马上就会觉得和我们的同乡很亲近，因为那样会让我们产生归属感。与此类似，当公司谈论“我们是做什么的”以及产品很先进的时候，或许会吸引我们，但这些因素未必能唤起我们的归属感。但当一家公司清楚地把“我为什么要这样做”传达出来，把他们的价值观说明白的时候，如果我们认同这些价值观，那么我们就会心甘情愿地把这种产品融入我们的生活。而这一切都和我们的大脑结构有关。黄金思维圈包含的道理不仅仅是进阶式沟通方式，而是和我们人类行为的进化过程有关。整个为什么的理念都建立在人类作出决策的生物学原理上。黄金思维圈的三个层次与大脑的三个皮层精确对应，如图 12.2 所示。

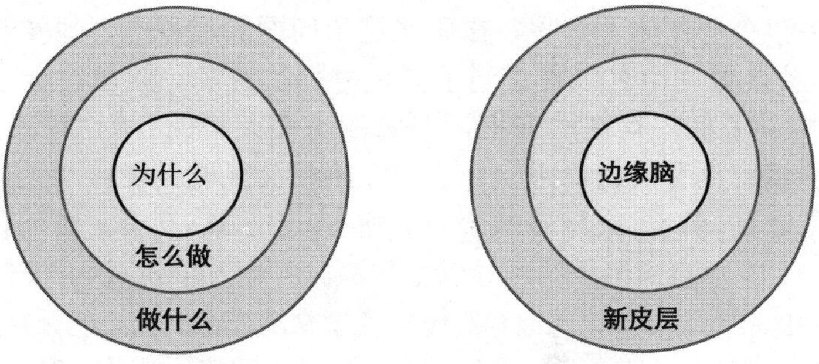

图 12.2　黄金圈与大脑的三个皮层

人类大脑最外部的新皮层就是我们的“智人”大脑，叫作新皮层。对应的是“做什么”，负责理性思维、分析和语言。中间的两层叫作边缘脑，负责我们的情感，比如信任和忠诚。也负责所有的人类行为和决策过程，但没有语言能力。当我们从外到内进行沟通的时候，也就是说“做什么”的时候，人们的确能够理解大量的复杂信息，比如事实和特性，但这并不会促使人采取行动。著名的神经科学家理查德·雷斯塔克在他的著作《赤裸的大脑》中谈到，当你强迫人只用大脑的理性部分来作决策时，他们几乎陷入“思考过度”的沼泽。作出这种“理性决策”需要的时间更长，质量然而往往不高。但是，当我们从内到外进行沟通的时候，我们是在直接对着控制决策过程的脑区说话，而负责语言的皮层允许我们为这些决定找出理由。控制情感的那部分大脑没有语言能力，这导致我们很难用语言来表达情感。边缘脑作出的决策，或者说直觉，往往会更快更好。

想一想你会因为什么喜欢上一个人。我们常常会为我们的喜欢找理由，“她很风趣，她很聪明”等，我们可以找到各种各样的词汇。但也有很多人都具有这样的特点，你为什么没喜欢上他呢？再比如，我们去买一件电器，销售员和你谈了很多，花费了一个小时谈它与其他电器的差别及优点。但是你依然没头绪，反而更加混乱了。还有可能因为你想得太多，大脑超负荷，让你疲惫不堪仍无法作出任何决定。而这个时候，你碰到了你的朋友，她向你推荐一个品牌的电器，你会立刻决定买那个品牌。

那些只传达“做什么”的公司，需要依赖我们靠经验来作判断。这样的决策更花时间、更困难，也让我们心里的不确定性更加强烈。因此，吸引人购买的不是“你是做什么的”，而是“你为什么这么做”。如果没有把“为什么”讲清楚，那你只会给人增添压力，引起怀疑。因此完美的决策应该是从“为什么”开始的由内向外的完美过程。也就是我们常说的“赢得某人的心理和思想”。心灵代表着边缘脑，主观情感的脑区，思想带着理智和语言中枢。真正重要的东西都是看不见的东西。

第二节　黄金思维圈的来源、形成、发展与适用范围

一、黄金思维圈的来源

最早提出黄金思维圈的是西蒙·斯涅克(Simon Sinek)。西蒙本来只是一个普通的营销人员。他在业余时间就琢磨为什么像苹果、哈雷摩托、西南航空这样的公司，能日复一日地吸引那么多忠实用户去支

黄金思维圈 2.mp4

持他们，而绝大多数公司却做不到呢？**在研究这个问题的过程中，他发明了一个概念叫作“黄金思维圈”。黄金圈这个名字是受到了黄金分割的启发。就像黄金分割一样，它为看似无序的大自然提供了秩序存在的证据，黄金圈也在人类的行为中找到了秩序和可预测性。**它能帮我们看清行为背后的原因，知道自己为什么采取某种行动。这个概念一经提出就引起了人们的广泛关注。越来越多的人邀请他去演讲，从五角大楼到联合国，再到好莱坞。2009 年他在 TED 做的《伟大的领导者如何激励行动》演讲成为 TED 历史上最受欢迎的 Top3。在演讲中，他用一个简单但是震撼的模型来阐释激励人心的领袖力，这个模型的核心就是一个“黄金”圆圈，意思是领袖素质的根本来源是回答“为什么？”。他列举了苹果公司、马丁·路德·金还有莱特兄弟成功的例子，同时以蒂沃(Tivo)数码录像机为失败的典型。

西蒙·斯涅克通过分析苹果公司、莱特兄弟及马丁·路德·金的例子，发现世界上所有伟大的令人振奋的领袖和组织，他们思考、行动、交流沟通的方式都完全一样，也就是黄金思维圈：为什么？怎么做？是什么？生活中，我们很多时候需要去激励或影响别人的决策。如你想在各种竞选中获得更多的支持或选票，你想让同学更努力地配合你的工作，你想让你们的创新创业项目得到支持，或者你想让你的父母答应你某一要求等。对于这类问题，其实我们通常会有很多方法来解决，如威逼利诱、鼓励表扬、罚款惩罚，或高级一点的我们还可以用很多心理效应来影响别人决策，如从众心理、恐惧心理、权威效应等。这些方法其实有一个共同特点就是“操纵”，也就是通过各种各样的方法引导、激励别人采取行动。很多企业也沉迷于这样的手段，甚至于采用大数据分析研究如何操纵消费者。事实上，操纵的方式要么是让人害怕，要么是让人开心，都是靠外部条件影响人们的行为。人们不会因为“操纵”而产生忠诚和信任。这样的操纵方式永远无法达到目的，它没法激励和鼓舞人心，而黄金思维圈则可以。

每个人、每个组织都明白自己是做什么的。其中一些知道该做什么，也就是你的差异价值，或独特工艺，或独特卖点等。但是非常少的人和组织明白为什么做。“为什么”指的是你的目的是什么？你这样做的原因是什么？你怀着什么样的理念？你的机构为什么而存在？你每天早上为什么而起床？为什么别人要在乎你？然而，我们常规的思考方式、行动方式及交流方式都是由外向内的。我们所采用的方式是从清晰开始，然后到模糊的过程。但是激励型领袖以及组织机构，无论他们的规模大小、所在领域，他们的思考、行动和交流方式都是从里向外的。

二、黄金思维圈的形成和发展

TED 演讲之后，西蒙·斯涅克为了更详尽地介绍黄金思维圈，出版了 *Start With Why* 一书，该书有两个中文版本，一本是深圳出版发行集团和海天出版社共同出版的《从“为什么”开始——乔布斯让 APPLE 红遍世界的黄金圈法则》，另一本是 2017 年文汇出版社出版的《超级激励者：秘诀就是统一目标、统一行动、统一价值观!》。文中详细论证了黄金思维圈及其影响力。随后，西蒙·斯涅克又出版了《如何启动黄金思维圈》一书，该书则详细介绍了如何找到“为什么”。

(一)黄金思维圈及其影响力

西蒙·斯涅克出版的第一本书 *Start With Why*(从为什么开始：黄金圈法则)从比演讲更

深入的角度阐释了为什么这一理念。无论是企业还是个人，知道自己为什么能让你获得更大、更持久的成功，让你从员工或客户那收获更多的信任和忠诚，并且让你比竞争对手更有远见、更具创新精神。文中，他主要谈的是领导力，一个成功的领导者会介绍自己是从“为什么”开始，而不是从“做什么”开始。例如，乔布斯介绍苹果是从“要挑战现状，和别人做得不一样”开始，而不是从他“想要生产一台功能强大、操作很方便的计算机或手机”开始。黄金圈法则是一种伟大的领导者都在用的关于如何思考、行动和沟通的思维方式，它把对这一问题的思考层次看成 3 个同心圆圈。最外层的圈是“做什么”，比如，公司卖什么产品，提供什么服务，自己在公司是做什么的。中间的圈是“怎么做”，像有些公司声称的他们有“差异化的价值主张”“专有流程”“独特的销售模式”等，通常说的是某样东西为什么跟别的不一样，或者为什么更好。最里面的圈是“为什么”，指的是我们行动的原因是什么，我们本质的目的是什么，我们的信念是什么，我们的公司为什么存在，我每天清晨为什么起床，别人为什么要重视我的想法等。大多数团队和个人的做事方法和沟通方式是从外而内的，也就是从“做什么”到“为什么”。而那些能够启发人、鼓舞人、唤起人们心中热忱的公司和领导者则是从“为什么”开始的。

为了促进生命繁衍不息，大自然在各个地方都需要均衡。根植于生物自然法则的黄金圈，也遵从着均衡的要求。“为什么”只是开始，每个环节都要均衡：

- “为什么”应当清晰明确：吸引人的从来不是“你在做什么”，而是“你为什么这么做”。因此必须把“为什么”想清楚。
- “怎么做”要有行事准则：“怎么做”指的是一套行事准则，它指引着你，把理念变成现实。行动要具体，并且要围绕“为什么”与其保持一致的价值观。
- “做什么”要有一致性：“做什么”是你所说所做的一切，是你行为的结果。要符合你的信念。为什么是信念，怎么做是落实信念的行为，做什么则是行为的结果，这三者要保持一致。

如果黄金圈失去了均衡，也就失去了真诚、人际关系和信任。黄金思维圈也就没法发挥作用了。

(二)如何启动黄金思维圈

《从“为什么”开始》论证了为什么的存在和它的强大影响力。尽管可以帮一些想要找到自己为什么的个人和公司，但尚无法影响更多的人。因此，西蒙团队又在原先流程的基础上进行了改进，以期可以帮助更多的人找到自己的为什么。因此，如果《从“为什么”开始》解释了为什么，《如何启动黄金思维圈》则告诉人们如何才能找到为什么。

每一个人都有一个为什么，它是深植内心的目标、理想或信念，是激情与灵感的源泉。而我们很多人不知道自己的为什么是什么，或如何用语言将它表达出来。我们相信，所有人都值得像史蒂夫那样活：一觉醒来能干劲满满地去工作，一天结束也能带着对工作的满足感回家。满足不同于快乐。工作或学习中能让我们快乐的事情不胜枚举，如考试取得好成绩、获得奖学金，或许仅仅完成一个项目，解出一道题也可以给你带来快乐。但这种快乐是短暂的，这种感觉并不持久。满足是更深层次的感情，它会持续。快乐与满足之间的差别就是喜欢和爱之间的差别。比如，我们并非会时时刻刻都喜欢我们的孩子，有时他们把我们的家弄得一团糟。但是我们会永远爱我们的孩子。再比如学习，我们并不是每天都能从学习中得到快乐，但是假如我们的学习是为了“为天地立心，为生民立命，为往圣继绝学，为万世开太平”。它就能让我们每天都感到满足。正因如此，才会有以薪酬、地位等世俗标准来看十分成功的人，却无法从工作中得到满足。只有与“为什么”直接相关的工作，才会给我们带来满足。

我们每个人都只有一个为什么。它不是用来宣告我们渴望成为什么样的人，它所表达的是在最自然状态下，我们是什么样的人。也可能你并未意识到，但你已经按照为什么而生活。如果把它找出来并清楚地说出来，就能变为你更强大的工具。那么，如何找到你的为什么呢？在《如何启动黄金思维圈》一书中花费大量篇幅讨论了这个问题。具体包含如下三步。

步骤 1：收集故事，分享它们。为什么是关于起源的故事，梳理你所积累的经验，影响过你的人，触及过的生活和曾经的起起伏伏，都可以从中发现模式。把它们找出来，分享出来。

步骤 2：发现主题。仔细梳理自己的故事，并分享它们时，重要的主题往往就会开始浮现。随着一步步地推进，其中的一两个主题将会散发出比其他主题更为耀眼的光芒。这些主题就是你为什么声明的基石。

步骤 3：草拟并完善为什么声明。让自己的声明简单清楚、可操作。重点关注你将对他人产生的影响。用让你自己有共鸣的且肯定的语言来表述。

因篇幅有限，本文只是简要提到了这三点。作者在书中列了很详细的步骤，不过并不是照搬书本即可，中国企业或个人需要找到一个功力深厚的引导师引导团队，从而找到这个为什么。

三、黄金思维圈的适用范围

黄金思维圈是一个多功能工具。我们可以用它来让自己在面试中大放异彩，也可以用它来激励自己的团队。企业家可以用它来指导一个新的风险项目，也可以用它来管理整个企业。公司可以用它来激发营销活动的灵感，也可以用它来彻底改变自己的企业文化。一个工具，万千用途。

动力管理方面：在《微习惯》里作者提到，动力与意志力是负相关的。动力越强的事情，需要的意志力越少；动力越弱，需要的意志力越多。而黄金思维圈是寻找动力的过程，是梳理方向的过程，也是让你作出选择或取舍的过程。同时，《影响力》的实验也已证明，当你求助他人时加上为什么做的原因，更容易达成愿望。在商业谈判中，如果从对方的角度用黄金思维圈去梳理为什么做，对对方的好处和意义，比你谈这件事应该怎么做，有效用得多。

认知管理方面：黄金思维圈的基本属性就是深入思考，看透问题本质。对问题进行黄金思维圈梳理，也是提升视野和格局的好方法。

路径管理方面：很多时候我们过于关注把事情做好，而忽略了是否做对的事情，导致做了很多无用功。而黄金思维圈在带着我们看到问题本质时，就可以透过现象看到正确的路径。

第三节　经典案例或场景分析

黄金思维圈 3.mp4

【案例】

北大徐凯文教授谈道：十多年前，当我进入一所精英荟萃的名校时，我依然认认真真地上课，阅读，自习。拿到国家奖学金的时候，竟有同学充满好奇地问我："都大学了，你还这么认真学习干嘛？是不是就为了奖学金啊？"我当时真的是惊呆了。诚然，奖学金对于经济状况不好的我来说是好事。但是学习就只能为了奖学金吗？什么叫作"都大学了"？难道大学不是用来学习的吗？慢慢地，我才听到有些同学跟我提及，他们高中的住宿生活和学习异常辛苦，老师最常用来鼓励他们的一句话就是："现在辛苦一点，到了大学就好了。"调查发现：北大一年级的新生，包括本科生和研究生，其中有 30.4%的学生厌恶学习，或者认为学习没有意义；还有 40.4%的学生认为活着人生没有意义，我现在活着只是按照别人的逻辑这样活下去而已，其中最极端的就是放弃自己。

（案例来自 2016 年 11 月 5 日第九届东方家庭教育高峰论坛主题演讲《时代是心病与焦虑经济学》）

【方法应用】

阶段一：发现你的"为什么"

十二年享受教育，四年创造教育。大学是每一个人的梦想起点。但很多大学生出现了厌学的心理。究其原因，很多大学生只规划到了高考，却没有规划生涯。他们在 18 岁之前只知道要提高成绩，上好大学，却根本没认真思考过自己"擅长做什么？适合做什么？喜欢做什么？"12 年辛辛苦苦学习，高考后却用三天时间匆忙填报志愿。很多学生甚至不知道那些专业是学什么的。因此，许多学生一进入大学，发现专业并非自己喜欢的，甚至是讨厌的，因而失去了学习的兴趣；而有些学生，虽然对学习的内容不讨厌，但由于没有长远的目标和职业定位，加上中学时期受了太多的苦，觉得大学好不容易可以放松一下，也容易得过且过，蒙混过关了事。也有部分学生过度强调外部理由，丧失了学习乐趣。心理学上有个"过度理由效应"，指附加的外在理由取代人们行为原有的内在理由而成为行为支持力量，行为从而由内部控制转向外部控制的现象。很多大学生习惯了长期的外部理由(家长与老师的激励或压力)，丧失了学习乐趣。一旦到了大学没有了外力，他们则丧失了学习乐趣。

通过以上原因分析发现，很多大学生不爱学的根本原因正是只考虑了"做什么"，有部分学生会考虑"如何学"，但从未探求为什么学，自然就有了缺失目标和动力的迷茫。

1967 年，宾夕法尼亚大学的两位研究生——塞利格曼(Martin E.P. Seligman)和迈尔(Steven F. Maier)，做了一个"习得性无助"的心理实验。

他们找来一群小狗，把它们分成三组关进同样的笼子里。他们对第一组小狗什么都不做，而对第二组和第三组小狗则进行强烈的电流刺激。但两组之间也有区别——第二组小狗的箱子里有一个按钮，只要按动按钮电击就会停止。而第三组小狗，虽然箱子里也有同样的按钮，但却完全不起作用。第三组小狗遭受的电击时间，被设置成和第二组小狗完全一样，第二组电击开始的时候它们也开始，第二组电击停止的时候它们也停止。训练结束后，塞利格曼和迈尔又拿这三组小狗做了另外一个实验。同样是进行电流刺激，但是小狗这回是可以逃跑的——只要跳过箱子中央一个矮矮的障碍物，就可以彻底逃脱电击，如图 12.3 所示。结果塞利格曼他们发现，第一组和第二组小狗都可以很快学会逃跑，而第三组小狗却彻底失去了逃跑的能力，电击一开始就主动躺倒挨锤，低声哀号，对近在咫尺的逃生机会一点都不感兴趣。

图 12.3　习得性无助实验

在大学之前，很多学生的学习都由外界定义，也即黄金思维圈的“What”，学什么。当没有外界约束后，就出现了很多厌学的现象。这个时候我们就可以用黄金思维圈反问，我们为什么学习，试着打破根植于你内心的“笼子”，去发现你真正感兴趣的事，确立你的目标。如果我们找到了为什么，那么就会为我们的学习注入热情。其实，要想取得好的学习成绩，方法很多。但是找到为什么会让我们的学习变得异常有动力，并且充满激情，整个过程也可能会变得很享受。知道为什么，也能帮助你选出可能更“适合”你、更可能成功并让你获得满足感的事。马克思、恩格斯曾说：“作为确定的人，现实的人，你就有规定，就有使命，就有任务。”大学生，作为推动社会进步的主力军，应该争做时代先锋与成才表率。大到历史使命感，时代责任感，小到自我价值实现和理想愿望的憧憬。作为大学生一定要有明确的理想和恒定不变的初衷，要有实现价值和成就成才的理念。

阶段二：如何学？

宋代大儒张载云：“为天地立心，为生民立命，为往圣继绝学，为万世开太平。”当我们找到为什么而学时(如为了达成我们的梦想，实现我们的个人价值等)，由“为什么学”驱动下的“如何学”和“学什么”则变得更有针对性。只有做到 Why 和 How 保持一致，才能发挥黄金思维圈的效能。

回想一下你们在高中的学习方法，那些方法更多是围绕“考大学”而定。当我们重新定义“为什么学”之后，学习方法也会跟着发生变化。

如果学习的难度大大低于你的能力，你会觉得这种学习很无聊。如果学习难度大大超出你的能力，你会感到焦虑。而如果难度和能力正好匹配，你一开始并不知道该怎么做，但是调动自己最高水平的技能，再稍微突破一点，你正好能解决这个问题。你就会沉浸在学习之中忘记时间的流动，甚至可能忘记自身的存在，这种奇妙的感觉就是心流。

我们也发现，有的人记性很好，老师讲一遍就可以记住，而有的人讲很多遍还是记不住。或者有的内容我们一遍就可以记住，而有的内容背很多遍还是记不住。《考试脑科学》中谈到了，最核心的地方就在于感兴趣的内容你会记得更牢。如果你的童心泛滥，就像达·芬奇那样。《列奥纳多·达·芬奇传》中讲到，达·芬奇到六七十岁的时候，还在研究啄木鸟的舌头到底是什么形状，还一天到晚沉浸在对自然的探索当中，这种人的记性就会特别好。原因是什么？他不是被逼的，不是痛苦的，他是非常好奇地在了解这个世界。我们在孩子三岁以前，教他认知这个世界时，基本上都是一遍过。根本不需要跟一个孩子重复说，记住这叫什么，那叫什么，他记得那个东西，过两天突然就冒出来。为什么？因为在孩子的大脑当中，这个世界对他来说是完全新鲜的。达·芬奇讲过一句话，他说：正如明明没有食欲却去吃东西，会对健康不利，如果没有兴趣还去学习，则有损记忆。这是达·芬奇的名言。卢梭讲过一句话：人受到的教育越多，好奇心就越强。好奇心和记忆是相辅相成的，一方面好奇心增加，记忆会变得更多；另一方面，脑海当中记忆的知识越多，所产生的好奇心也会越多。

上边谈到的“心流”与“效率”其实都和我们的“为什么”保持一致，因为那是我们真正感兴趣的事，是内在驱动想去做的事。《学习的格局》一书中谈到具体学习方法，可做参考。

阶段三：学什么？

基于“为什么”，我们的学习不再局限于课本或考试，而是侧重于提升我们的能力。中国过去 30 年的发展，认知优势大概有三个阶段。第一阶段是知识数量构建认知优势。20 世纪 90 年代到 2000 年的大学生是非常吃香的，这一阶段知识在商业竞争中的重要性非常突出。第二阶段是知识获取速度构建认知优势。从 2000 年到现在，互联网的发展打破了知识获取范围的边界。以前在少数圈子里传播的专业知识，我们普通人都可以非常方便地获取。知识数量的优势被瓦解，相反的，知识获取速度成为新的优势。第三阶段，知识深度构建认知优势。这一阶段在慢慢到来，在这一阶段，我们可以通过各类 APP 以极低成本第一时间获取最新资讯，使获取速度的优势也被极大瓦解。那么对同一问题理解的深度不同决定了结果的不同。

相比于计算机，在知识数量和速度上，我们与它都没有可比性。而我们最大的优势就是思维力，也即对问题的理解深度。而这也正是与我们的为什么而学保持一致，我的学习不再是为了知识的存储，而是解决问题，也就是我们知识的深度。关于如何提升我们的认知深度呢？请参考《好好学习》一书。

第四节　黄金思维圈的多场景应用

黄金思维圈 4.mp4

一、人际沟通的黄金秘籍

我们普通人的沟通模式是：①接收到对方信息，对方需要什么；②我该做什么，如何应对对方需求，给对方提供相应信息；③我该如何做，具体行动方案(How)。下面我们通过一个例子来分析一下我们普通人的沟通存在的问题。

“亲爱的，我最近烦死了，你说我要不要和他分手？”某一天，你的闺蜜向你吐槽说。

你已经接收到了闺蜜的信息，似乎她在纠结该不该分手这个问题。按照普通人的沟通模式，接下来，你就会去思考你该说什么以及怎么说的问题了。

第一种解答。

“亲爱的，你的心情我非常理解，但是这毕竟是你们两个人的事情，我实在不好插手。”

回答完毕，你不禁为自己的冷静与理智暗暗叫好。

“啊喂，你还是人吗你？你是不是我闺蜜啊？我现在遇到了这种困境，你居然还打官腔？快说，我到底要不要和这个人分手！”闺蜜似乎更生气了。你很尴尬，是不是？

第二种解答。

“我早和你说过的，这个男人一点也不靠谱，论家境论实力都完全配不上你，真佩服你还能和他拍拖这么久，依我看啊，你们早该分了！”你直言不讳地说出了自己的观点。

你的闺蜜眼含泪水：“没想到全世界的人不理解我就算了，连你也和他们一样！”你再想解释下去，却发现对方已经把你拉黑了。你很蒙圈，对不对？

你会发现，一般人习以为常的沟通模式恰恰是存在很大问题的，在现实中，这种沟通模式往往也被证明是无效的。那么我们采用黄金思维圈的沟通则会得到下述几种答案。

第一步，从“why”的角度帮挖掘，她的想法是如何产生的？

“哦？听起来你确实很苦恼。是不是最近出了什么事情啊？能具体说说吗？”

如果闺蜜不愿意说，这个话题就此打住；如果闺蜜愿意倾诉，她就会一股脑把事情的来龙去脉全盘托出。

第二步，从“how”的角度帮她分析，有没有到分手的关键时刻？

整个过程中，你不需要给予任何建议，只需要做两件事：一是确认她的情绪，二是重复她的大概内容。“是的，听起来这件事确实让你很恼火。也是哦，当着那么多人的面说那些话，确实挺让人生气的。”接下来，你的闺蜜自己就会一二三对男友进行一番分析，以确认自己是否到了非分手不可的地步。

第三步，从“what”的角度给她赋能，让她感受到友谊的温暖。

前面的分析完成之后，此时的闺蜜应该有了自己的主意。这个时候，你只需要说：“看来你已经有了自己的主意了，恭喜你。不论你作任何决定，我都会站在你这一边，给你提供无条件的支持，记得，要美美哒。”

二、备考开学的黄金秘籍

很多大一新生，刚入学时已经确定了要考研。当他们大四你再问时，又有很多人会说准备不充分而放弃考研。首先，我们采用普通人惯用的由外到内的思考方式。

What

大四毕业前要成功考取自己心仪大学的研究生。

How

01 每一门课都认真学，尤其是英语和相关专业课。

02 在大学阶段顺利通过英语四六级考试。

03 了解所报学校具体情况，并有针对性地做题训练。

04 参加实战项目或一些比赛，锻炼实践能力。

Why

01 拥有更好学历，以便毕业找个好工作

02 多赚点钱，能让自己的生活过得更好一点

03 通过好的工作凸显自身的价值

04 作为一个缓冲，思考自己是更适合做科研还是工作。

这种由外而内的思考方式，看似设定很合理，目标清晰，行动计划制订合理，做就完了，达成目标完全没有问题。《意志力红利》中谈到“动机才是真正的动力所在”。很多时候我们制订了一个目标，但在实践的过程中总是半途而废，到了年底回头看自己的目标，发现目标依然是目标，没有任何变化，究其原因是动力不足。采用黄金思维圈，我们重新关注 Why 的部分，多问自己为什么要考研？不断地问，让自己找到内心深层次的动机再停下来，这样我们的动力才足够。把“我要做”变成了“我想做”。

Why

01 满足社交、尊重的需求：成为名校研究生，增强自信心、自身的吸引力，获得外界的认可。由内到外地去提升自己，强大内心。

02 满足亲情、尊重的需求：成为名校研究生，回家过年给家人买更好的礼物，父母出门在外可更加得意一些。

03 满足社交、安全、尊重的需求：考上研究生，可以进入新的学习环境，遇到新的同学，持续得到成长，开展一段新的旅程，无形中延展了生命的体验。

04 满足尊重的需求：考上研究生，找一份好工作的概率更大，让我对未来的发展更有期盼、有动力。

05 满足内在需求，实现人生价值： 通过学习扩大眼界的同时发现自己的兴趣，并有能力去做自己喜欢的事。

至于 How、What 部分，与由外到内的思考方式大致一样。这样的目标驱动，会让我们每天都充满动力。

三、求职面试的黄金秘籍

在大学毕业前的几个月里，小艾应聘了一家公司的工作岗位。小艾是成绩全优的学霸，拿全额奖学金上的大学，因此轻而易举地通过了第一轮筛选，现在是小组面试，她坐在这一边，桌子另一边是人力资源总监和另外三个高管。小艾的简历足以告诉他们她有多聪明，但她缺乏真正的社会经验，这一点令他们担心。更重要的是，他们想确定小艾是否适合他们的企业文化，以及会如何应对压力。

人力资源总监用他惯常的口吻问道：“那么，你可以为我们公司带来什么？这个岗位有很多杰出的应聘者。跟我们讲讲你有什么他们没有的优势？”

小艾是个认真细心的人，面试前，她竭尽所能了解了这家公司的各种信息。但这些信息其他候选人也都能查得到。因此，艾米莉选择更进一步，展露自己的为什么。

“在谈论我可以为贵公司带来些什么之前，”她镇定地说道，“我想先谈谈每天激励

我起床的动力是什么。”

“我努力帮助他人做最好的自己，这就是激励我的动力。根据贵公司网站的信息，我觉得这也正是你们所秉持的信念。那么，我有什么理由不来申请成为贵公司的一员呢？”

这句话激发了人力资源总监和高管们的兴趣。

他们不再翻看手里的简历，纷纷抬头正视她。接着小艾才开始了更常见的自我推销套路——谈论自己的技能和优势，但此时，她已然赢下了这场面试。第一轮的“交锋”持续了不到 30 秒，但已经说服面试官，让他们决定聘用小艾了。从自身为什么说起的做法，让她得以与面试官的大脑边缘脑，也就是决策脑区直接对话。她没有一味展示自己具备何种能力，而是选择将真正的自己展示出来，这样的做法立刻帮她在自己与面试官之间建立了真诚的联系。她只需要做到这些就够了。直觉告诉他们，他们希望小艾加入自己的团队。

小艾也比较坦率。在准备面试的过程中，她没有花时间针对一大堆假设问题思考机智地对答，她将重点放在了如何能更自在地说出自己的为什么。她必须做的就是“听从自己的内心”(也就是她的边缘脑)来谈论激励她想在这家公司工作的原因。后续的面试流程更像是沟通而非盘问，她的所有回答都证明了面试官们的直觉是对的。面试结束后，她甚至还没到家就接到了公司的录用电话。

第五节　方 法 拓 展

黄金思维圈 5.mp4

一、“Why—What—How”解决问题三部曲

这是大家常用的解决问题三部曲，也即“问题/现状—原因—对策”。先分析问题现状，再分析导致问题的原因，最后再针对原因提出对策。其实，使用“What—Why—How”框架时，可以根据需要自由调整顺序。例如，“Why—What—How”的顺序就经常用于思考组织战略/个人行动的实施：先分析为什么(组织战略/个人目标的愿景或动机)，再说明做什么(组织/个人应该或准备做什么)，最后再说明怎么做(实施路线图或行动步骤)。而黄金思维圈则是“Why—How—What”的顺序，分别代表“目的/理念—具体措施—成果”，常用于创业公司商业模式或产品的思考和说明。

二、5Why 提问法

5Why 分析法，又称“五问法”。5Why 首创自丰田公司的前社长大野耐一，源于一次新闻发布会，有人问：“丰田公司的汽车质量怎么会这么好？”他回答说：“我碰到问题至少要问 5 个为什么。”这是探究问题本质最常用的方法。虽为 5 个为什么，但使用时不限定只做 5 次为什么的探讨，有时可能只要 3 次，有时也许要 10 次，以达到你所在的层次能解决的根本原因为止。这个方法其实和黄金思维圈有个共同的地方就是以“为什么”开始，而黄金思维圈又对为什么之后的下一步做了指导。

三、第一性原理

平常我们往往用比较思维去指导自己的生活。当运用比较思维时，我们之所以做一件

事，往往是因为之前或其他人就是这样做事的(围绕同一主题做微小的迭代)。在某种意义上，第一性原理是使用物理学的视界看待世界的一种方式。你会一层层剥开事物的表象，找到其底层的真理。马斯克在创办 SpaceX 时，美国航天界的主流观点是造火箭发卫星的费用是异常昂贵的，而且要花不少时间。马斯克试图低成本、快速地发射小型卫星。他发现造火箭所用的传统电池组市场平均价格是 600 美元/千瓦时。其实电池就是由钴、镍、铝、碳、一些聚合物以及密封装置组成的。如果从伦敦金属交易所购买锂电池组的原材料组合在一起，只需要 80 美元/千瓦时。第一性原理也是发现事物本质的方法，和黄金思维圈的“为什么”有异曲同工之妙。

【学生研讨】

作为一名大学生，我们想做的事情很多，经常会在同一时间段处理好多事务，除了学校课业任务，还同时有学校社团活动和自我规划的考研或就业的相关考试任务，常常把自己搞得很忙还感觉一事无成，因为这些事情都“有价值”。试着用黄金思维圈的方式分析如何解决这样的困境。

【资源链接】

[1] 成甲. 好好学习[M]. 北京：中信出版社，2017.

[2] Management P O , Sinek S . Simon Sinek. How Great Leaders Inspire Action[J]. Sinek Simon, 2010.

[3] [英]西蒙・斯涅克. 超级激励者：秘诀就是统一目标、统一行动、统一价值观![M]. 上海：文汇出版社，2017.

[4] [英]西蒙・斯涅克，[英]戴维・米德，[英]彼得・多克尔. 如何启动黄金思维圈[M]. 杭州：浙江人民出版社，2019.

[5] 王世民. 思维力：高效的系统思维[M]. 北京：电子工业出版社，2017.

没有正确的假设，就没有正确的方向；没有正确的方向，就没有正确的思想；没有正确的思想，就没有正确的理论；没有正确的理论，就不会有正确的战略。

——任正非·华为技术有限公司创始人

第十三章　多维降熵法

华为技术有限公司成立于 1987 年，创始人任正非。目前华为是全球领先的信息与通信技术解决方案供应商，是中国民族企业的骄傲。华为创始人任正非守拙婉拒荣誉光环、远离媒体盛事，专注企业经营。其永葆企业持续创新、开放合作的经营理念更是受到国人的敬仰。华为的成功之路值得任何从业者甚至企盼成功的任何人反思，其企业内涵是什么？企业文化是什么？

2017 年 11 月华为总裁办发布电子邮件“熵减——我们的活力之源”(电邮其他【2018】051 号 签发人：任正非)。

这封邮件立刻激发了人们的求知欲：熵是什么？减熵(或降熵)为何被任总认为是活力之源？多维降熵法对我们的生活有多大影响？本节将从内涵及本质，来源、发展与适用范围等方面介绍多维降熵法。

第一节　多维降熵法的内涵及本质

华为是中国典范企业，有着值得人们从哲学高度深思的管理科学，任正非把它称为熵理论，用他的话来讲就是“公司自成立以来，文化和制度一直就是符合熵理论的”[1]。可知华为用熵理论指导其发展战略、人才管理等，使得公司的分配制度、激励机制和人才流动符合降熵原则，能够打破工作稳态，保证机构精简、流程便利、协同高效，让企业持续兴旺而不现臃肿病。

多维降熵法 1.mp4

华为的发展理念总结起来就是厚积薄发、开放合作。即通过消除企业冗余能量，破除企业超稳态使其不再平衡静止，从而获得新的发展势能；基于开放合作为企业打造出开放发展、与时俱进的技术平台和业务平台。用熵理论解释就是使企业开放起来，让企业持续与外部环境交换能量或物质，从而利用耗散过程获得负熵因子，即从多个维度降低企业熵值，保持企业有序状态。

这里把从多个维度降低研究对象熵值的方法称为多维降熵法。

一、熵的概念

熵最初被运用于热力学理论，表示一个系统可以达到的状态数的一个度量，状态数越多对应熵越大。早期的熵仅仅是一个可以通过热量改变来测定的物理量，其本质没有得到很好的解释，统计物理和信息论及其系列科学理论的发展，使得熵的本质逐渐清晰，即熵的本质表示一个系统的“内在混乱程度”。

熵理论在数学、天体物理、控制理论、生命科学等领域都有重要应用，在不同的学科中引申出更为具体的定义，如被社会科学用以借喻人类社会某些状态的程度。

二、多维降熵法的内涵及本质

热力学第二定律告诉我们：一切自发过程都向着熵增加的方向发展。那么，如何降熵？或者说减熵的方法是什么？降熵的内涵及本质是什么呢？

多维降熵法就是在分析各类导致研究对象“内在混乱程度”的原因后，从多个维度采取对内做功(如锻炼、补充营养、强化自我管理都属于对内做功，换取降熵因子)、开放系统(建立研究对象与外界的联系，使研究对象保持开放性)、引入非线性建立耗散结构，获得最终降低系统熵值，增加系统生命活力的方法。

以生命系统为例，其功能减弱，组织懈怠，人体衰老等都对应熵的增加，即生命系统的熵增对应其功能的衰退或丧失。反之降熵则会增强其功能，比如人们通过饮食摄入营养，组织建立秩序等都可以增强功能，实现降熵目标。因此，多维降熵过程就是通过外界干预或主动作为从多个维度汲取能够降熵的活性因子(比如能量、物质、信息都属于人类的负熵因子)的过程。对于企业而言人才引进、技术创新、强化管理的过程都对应多维降熵过程，比如华为公司倡导的日落法，就是一种典型的降熵法。而对人体而言，多维度降熵法就是要构建熵减的条件，开展熵减的活动，形成负熵活性因子，建立秩序、增进活力、强化自我管理，助力成长成才的方法。

第二节　多维降熵法的来源、形成、发展与适用范围

了解起源、形成和发展及适用范围是学习和掌握，并运用一种方法的基础和必要条件，下面我们就从这几个方面对多维降熵法进行分析。

多维降熵法 2.mp4

一、多维降熵法的来源

熵(英文 entropy)最先由德国科学家克劳修斯(Rudolf Julius Emanuel Clausius)于 1865 年提出，用来表示热力学过程不可逆的程度。Entropy 的字根-tropy 源于希腊文，有“转变”的意思，前面加上 en 就与 energy(能量)具有相似的形式，因而熵在热力学的本意上有“能量转变”的含义，是热能量转化程度的量度。再后来奥地利物理学家 Ludwig Edward Boltzmann(玻尔兹曼)对熵进行了深层次阐述，即熵在统计意义上度量物质内部或系统内部的无序程度。这些关于熵的概念都仅限于热力学范畴。

直到 1948 年，信息论创始人、美国科学家 C.E.Shannon 在信息论中引入熵概念，用以度量随机事件的不确定性。从此熵概念内涵迅速外延，并超越热力学范畴被广泛应用于许多领域。

在经历了 100 多年的发展变化后，熵概念已经逐步泛化。据不完全统计，仅在统计物理和量子物理中就有电子熵、克分子熵、移动熵、转动熵、振动熵、自旋熵、热量熵等。超越热力学范畴的外延熵概念也很多，如在农业、经济、社会、天文、气象、地理、生命系统等方面都出现对应的熵概念。

量子力学奠基人之一、奥地利理论物理学家、诺贝尔物理学奖得主 Erwin Schrödinger(1887—1961 年)提出负熵的概念，他于 1944 年在《生命是什么》这本著作中，提出“生命以负熵为生，人活着的意义，就是不断对抗熵增的过程”之论点，让人生迷茫的人大彻大悟。Schrödinger 的论点可以扩展为“自然万物都从有序趋向无序，即熵值增加。生命需要通过不断抵消其生活中产生的正熵，使自己维持在一个稳定而低的熵水平上，即生命以负熵为生”。法国物理学家和数学家路易•马赛尔•布里渊 (Marcel Brillouin，1854—1948 年)提出负熵有序说，比利时物理化学家和理论物理学家普利高津(I.llyaPrigogine，1917—2003 年)提出熵流等，为多维降熵法的形成奠定了基础。华裔物理学家，中国科学院外籍院士，斯坦福大学终身教授张首晟也说过**“人生就是一场反熵增，但死亡是永恒的！”**也即，万事万物从诞生的那一刻起便走在通向死亡的路上！我们努力能做的就是延缓死亡的过程！方法是打破生命和生活这个大系统的平衡和稳定，**努力从多个维度降熵、保持生命活力！**

二、多维降熵法的形成和发展

任正非在 2011 年的公司会议上提出：“公司长期推行的管理结构就是一个耗散结构，我们有能量一定要把它耗散掉，通过耗散，使我们自己获得一个新生。什么是耗散结构？你每天去锻炼身体跑步，就是耗散结构。为什么呢？你身体的能量多了，把它耗散了，就变成肌肉了，就变成了坚强的血液循环了。能量消耗掉了，糖尿病也不会有了，肥胖病也不会有了，身体也苗条了，漂亮了，这就是最简单的耗散结构。那我们为什么要耗散结构呢？大家说，我们非常忠诚这个公司，其实就是公司付的钱太多了，不一定能持续。因此，我们把这种对企业的热爱耗散掉，用奋斗者，用流程优化来巩固。奋斗者是先付出后得到，与先得到再忠诚，有一定的区别，这样就进步了一点。我们要通过把我们潜在的能量耗散掉，从而形成新的势能。”

2012 年以来任正非陆续在 7 篇文章和讲话中提到了熵这个概念。在任总领导下华为以热力学理论引导公司治理，创造了华为公司运作和管理的独特理论。任正非认为失去开放交流的自主创新会把华为变成一个封闭系统，而封闭系统会导致熵死，即封闭的企业会失去活力最终将走向灭亡。换言之，企业需要利用耗散实现对内激发自身活力、对外开放交流，即对内做功、与外部进行能量或物质交换来降低熵值，从而提高自身发展的势能。如图 13.1 所示华为的活力引擎模型(或称耗散结构)，就是基于开发合作为企业打造出的开放发展、与时俱进的技术平台和业务平台，其通过消耗企业冗余能量，破除企业稳态因素，获取发展新势能，达到企业降熵的目的。

综上，耗散结构一定程度上就是一个开放系统，其远离平衡、持续与外界交换能量或物质，利用耗散过程激发负熵因子，使系统发生由无序向有序的逆向转变。开放性、远离平衡、非线性是耗散结构的三个特征。可以说华为厚积薄发、开放合作的发展理念是笔者提出多维降熵法的依据。

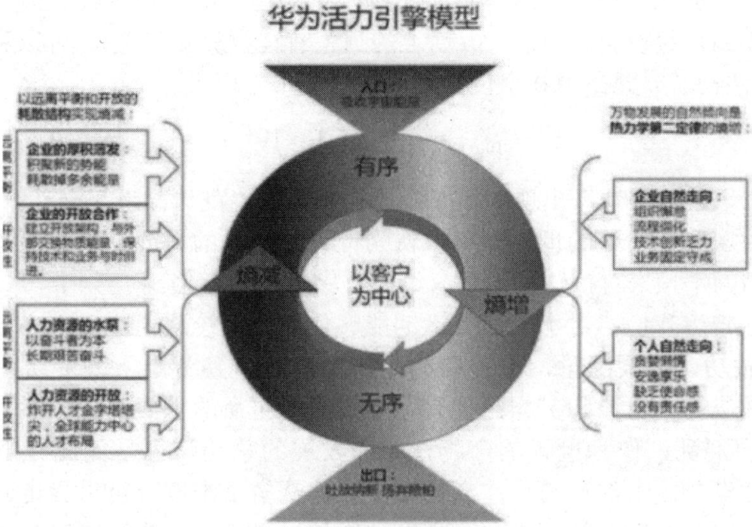

图 13.1　华为的活力引擎模型(耗散结构)①

多维降熵法顾名思义就是从多个维度降低研究对象熵值的方法，也可以扩展到针对特定研究对象的某个维度定点利用熵的内涵进行问题求解。例如利用负熵法 ICA 快速算法，分析海底管道缺陷漏磁检测的试验数据能很好地分离出缺陷信号和电磁干扰信号[2]；基于局域波近似熵法的特征对中医脉诊、超声医学诊断的信号进行降噪[3]；用信息熵法求取指标权重，依据置信度识别准则对道路安全状况进行识别，得到了一定交通环境下的道路交通安全等级[4]；用对数变换改进的最大熵法建立变频器不确定区域的故障概率模型以及电网暂降幅值和持续时间的概率分布模型，计算不确定区域中的兼容概率和总兼容次数[5]等。

三、基于熵定律的多维降熵法应用范围

当代大学生有活力、有激情，是有志青年主力军，是新时代中国特色社会主义事业的生力军，大学生只有努力学习才能肩负起建设社会主义的重任。但我们也要清醒地认识到“学如逆水行舟，不进则退”，即学习要不断进取，不断努力，就像逆水行驶的小船，不努力向前，就只能向后退；“心似平原走马，易放难收”告诫我们休闲娱乐需要节制，否则很容易让人丧失斗志。中国梦的实现需要依赖于当代大学生，基于熵定律的多维降熵法或许能够为大学生如何担当建设社会主义责任提供参考，为实现中国梦的宏伟目标提供理论支持。

(一)宏观认识生命系统、树立正确世界观和价值观

熵定律告诉我们，任何一个系统，如果没有外部干扰，都将从有序到无序，直至消亡。举个简单例子可以让我们认识到无序的状态有许多种，而有序，只有一种。想象一间

① 出自王文利创新创业频道。

屋子有 20 件可以移动的物品，如果都放在了合适的位置，可以称之为“整洁”或“有序”；反之，物品放在其他位置或摆放不正确则认为是“乱”的一种。假如把这种“乱”的情况对应的物品位置设定为 100 个(墙上的画歪着挂也算新位置)，可以利用数学上组合的算法得出 20 件物品放置在 100 个位置上的方法非常之巨大。

$$C_{100}^{20}=\frac{100!}{20!80!}\approx 5.36\times 10^{20}$$

从概率上来讲，“整洁”出现的概率几乎为零，而“乱”却近乎必然。

上述现象对应我们所处的世界，可以认为世界是随机的、混乱的，而有序生命的意义在于通过有意识的干预来对抗这种混乱，维持有序生命的存在。

多维降熵法告诉我们：对个人而言运动能够使生命系统从无序到有序，或者维持有序的状态，需要做功，需要能量，更重要的是需要坚持。勤劳难、懒惰易，上进难、堕落易，自律难、放纵易。自律和努力是拥有一个高质量生命的重要基础。对世界而言其自然法则趋势是走向混乱，作为世界的产物，生命发展的总趋势也是如此。生命如果放任自流，最终只会逐渐颓废，加速消亡；人们如果能够从多个维度分析世界走向混乱的原因，并付出劳作使之回归有序，就可以最大程度地维护世界稳定。我们国家凝心聚力对抗新冠疫情保证人民生产生活稳定和某些国家放任自流使新冠疫情无法控制而严重影响国民正常生活就是鲜明对比。

(二)感受历史使命的光荣，自觉肩负明志、自强、自立的责任

中国梦的核心是实现中华民族的伟大复兴，它为当代大学生的人生和事业发展提供了指引。时代变迁使当代大学生承担的使命与责任较之以往有了很大不同，他们虽不曾经历以往艰苦、没有战场磨炼，但报效祖国、为中国梦社会主义事业奋斗是时代赋予的责任，同样需要艰苦奋斗、持之以恒，才能满足守土有方、守土有责的社会主义建设中坚力量之要求。

明志、自强、自立对大学生而言就是基于多维降熵法，对内做功、保持开放、使自身有序，维护社会有序。明志要求大学生树立远大志向，明确自身发展和进步的方向。自强要求大学生拥有奋勇拼搏、不畏艰难的奋斗品格。自立要求大学生坚持独立奋斗、自我发展的原则，能够独立思考和解决实际问题，具备创新素养和独立就业或创业的能力，能够承担强国重任。

主动投入能量、多维度降熵，对世界而言就是保持有序获得发展势能，对个体而言则是摄入能量，获得活性因子，更好掌控生活。多维降熵法同时在自然界和社会中的多个方面都有重要作用，具体而言熵定律在化学、环境、人类生活、制造业、知识领域，甚至解释宇宙的“过热死”等方面都有重要应用，限于篇幅，这里不再一一讨论。

第三节　经典案例或场景分析

多维降熵法 3.mp4

随着熵理论应用范围的不断扩大，其他学科领域引申出各种寓意熵，并成为各自领域的重要参量，如信息熵、社会熵、管理熵等。熵含义在各学科系统中的拓展，不但体现了其具体内涵的多样性，也折射出多维

降熵法的实践意义。

一、心理熵的内涵分析

心理可以看作是一个复杂且开放的系统，其内部各要素相互关联、相互制约，既呈现多样性，也体现统一性，而统一性又隐藏于多样性之中。因此，从心理维度降熵需要从系统思维的角度协调把握。

国内外学者对心理熵概念的理解或界定大多是从功能的角度进行的。瑞士心理学家、精神分析心理学的代表人物荣格(Carl Gustav Jung，1875—1961 年)在著述中多次论及心理熵，在《心理结构与心理动力学》中说明“心理系统越封闭，心理熵的现象就越明显”这一观点时，他从人的精神症状的角度描述了心理熵的特性，他说：“精神错乱的特点是与周围环境严重隔绝。早发性痴呆症或精神分裂症中的‘情感呆滞’完全可以被认作熵现象。”同时他又表示“这同样可以应用于所有退化现象。”这些其实表明了封闭系统、退化和心理熵之间的关联。克莱蒙研究大学教师米哈里·契克森米哈(Mihaly Csikszentmihalyi)用情绪来区分熵与负熵：“情绪源自人的内在意识状态。忧伤、恐惧、焦虑或无聊等负面情绪，会在内心产生‘精神熵’……快乐、力量或机敏等正面情绪则是‘精神负熵’”。因此，不良情绪是熵增的主要原因，而心流(英语：Mental flow，在心理学中是指一种人们在专注进行某行为时所表现的心理状态)是一种混乱程度最低、秩序最高的最优体验。

总之，与物理熵一样，心理熵在其发挥作用的时候，才真正显现出积极与消极的分别。可以用中性词“影响”来界定心理熵，把心理熵与物理熵在含义上对应起来，还可以量化到熵值来表征积极或消极作用的大小。即心理熵的概念只表达“影响”，而其“影响”作用的大小对应心理正熵或心理负熵。“心理正熵代表消极的精神污染物，如负面知识信息、情绪情感、思想观念、知识体系等；心理负熵则代表积极的活性精神能量”。消极作用越大，心理熵值越大；积极作用越大，心理熵值越小。即从心里维度降熵就是要排除精神污染物，树立积极人生观、价值观，削弱心理正熵的消极作用、增强心理负熵的积极作用。

二、社会熵的内涵分析

社会是以一定的物质生产活动为基础而相互联系的人类生活共同体，是由生物与环境形成的关系总和。熵是系统无序性的量度，人类和环境要获得长久和谐发展就必须减少环境熵增，减少人类对环境负熵流的攫取。

按照热力学第二定律，环境会自发地向熵增的方向变化，因为环境就本质而言不是孤立系统，环境于外界而言不仅存在能量的交换(气体流动和阳光照射都属于能量交换)，人类的活动也会对环境产生影响。如果外界对环境的作用属于负熵影响，那么环境按自然发展规律产生的熵增将在一定程度上被外界影响所抵消，这种外界影响对环境就是友好的。从多维降熵法分析可见，这种友好的内涵其实就是外界向系统输入负熵流，使系统有序化程度增强。对比可知环境越来越坏的本质则是人类社会活动占用了太多的负熵流，导致环境系统的熵值增大，混乱程度增加。所以我们在投入精力治理环境、对环境系统注入负熵流的同时，也要对自身社会活动加以约束，这样才能双管齐下，避免环境向着恶化的方向发展。反之，如果社会活动不断向有利于人类的方向发展，在外界输入负熵流总体不变的前提下减少负熵流的消耗，环境就有机会获得更多负熵流，环境系统混乱度降低(熵减)就可以为人类物质生活提供更加优越的条件。因此社会活动必须坚持防患于未然，减少对环境负熵的攫取，尽可能降低包含人类社会和自然环境的地球大系统的熵，做到可持续发展。这就需要：①提高对现有能源的利用度。如最近媒体组织提倡垃圾分类，政府加大清洁能源和可再生资源的研发和使用力度等，这些都属于增加负熵流(降熵)行为，必将对环境有序产生积极影响。②唤醒低碳生活意识。如鼓励选择公共交通出行、无车日活动、提高夏季空调设定温度等都是减少人类对能源的消费，践行碳达峰和碳中和的国家战略，都属于降熵实施行为。

三、管理熵的内涵分析

德国科学家克劳修斯(Rudolf Julius Emanuel Clausius)1865 年提出的熵思想和比利时科学家 Prigogine(普里高津)大约在一个世纪后提出的耗散结构理论，被认为是管理熵的起源。国内学者所创管理熵的理论相对具体，即将企业设定在一个相对封闭的环境中，其运作机制比较复杂，受诸多内部因素(如管理制度、资金运转、人才管理等)影响，各层级和部门之间相互影响并紧密联系；外部因素如经济、文化、政策也会影响企业的组织运行。企业管理因此存在不确定性因素，长期稳定发展则会趋于平衡态而使有效管理的能量减少，不可逆地造成管理熵增加，企业无序程度增加，甚至可能会出现衰亡。反之，如果企业能够充分利用耗散的方法，多维度增加有效管理能量、去除冗余能量，则管理熵减少，企业会持续获得上升动能。

哈佛大学教授迈克尔·波特(Michael E.Porter，1947—)指出："在生物有机体中，生命能量的消耗始终是为了治疗和维护一种精巧的次序，一个企业组织是由人所形成的网络来构成的，它具有绝对的陷入更大混乱状态的倾向。假如对这个组织不采取任何措施，它便会处于混乱状态之中，这一基本原理有力地说明了管理的重要性。"党领导下的组织系统不断走向强大正是波特观点正确性的实例体现，比如山西塌方式腐败并没有使山西沦陷，由乱转治的山西却在积极寻求转型发展中焕发生机，这就是管理重要性的事实体现。这可以利用多维降熵法进行解释，即管理就是利用耗散的办法使复杂组织远离平衡，让组织系统对外界开放并进行能量、物质或信息交换，辅以对内做功使系统熵值降低，促使组织系统整体表现为有序增量大于无序增量。

总之，熵增对应无序增加，指向系统衰退的方向；而熵减对应有序化，指向系统进化的方向。基于此的管理熵理论正是通过耗散促进系统有序发展的理论，从根本上来看与多维降熵法异曲同工。

第四节　多场景应用

多维降熵法 4.mp4

华东师范大学校长、中国工程院院士钱旭红说过的一段话涵盖了多维降熵法在人成长中的运用及意义：人生的成长是一个不断抵抗熵增的过程。

我们每个人都需要反抗自我熵增，就是要和自己的舒适、懒散、平庸、颓废甚至堕落过不去。我们适度自律，克制过多欲望，勤奋刻苦学习都是为了对抗熵增。积极的人生以负熵为生。正像有人说：当你保持微笑，也能从大自然接收隐性负熵，从而身体运行有序而身心健康。

一、强化自我管理有序度增长

你的大学生活是如何度过的？有学生，甚至包括一部分老师说，大学是谈恋爱的天堂。曾几何时大学生只要拿够学分就肆无忌惮地玩，因为他们的想法是能顺利毕业就行。更有甚者，把上大学生活看成是混时间，换个地方打游戏、睡懒觉而已。笔者要问：真正的大学生活会是这么轻松吗？应该这样吗？社会上找不到工作的大学生一抓一大把的原因是什么？

我们先来了解描述生活现象的墨菲定律，它指出了一种应该让人忧虑的生活趋势——没人打理的事情总会朝着最坏的方向发展。也就是说生活从来不会自然随人如意，反之问题却总是接踵而来。本质分析可见生活需要打理，没有规划的生活必将变得一团乱麻，会出现不知怎么办的尴尬。

墨菲定律描述的生活现象与一个科学概念对应，可用一个科学理论来解释。这个概念就是熵，这个理论就是熵理论。熵理论对人类的发展至关重要，该理论几乎涵盖了人类活动的一切。熵理论的意义在于让人们清晰面临困难和问题是自然规律，不加干涉的事情总是趋于混乱。

看一个例子：想象如果你随手将一整盒拼图洒落，结果是可想而知的。理论上，洒落结果是大量的，也一定存在正好拼成完整图案的可能，只不过洒落多少次才能完成拼图是未知的，可能你重复洒落到怀疑人生也不会出现你期待的结果。从数学上分析，我们就很容易知道，随手洒落拼图正好完整拼对的概率极低，甚至可以忽略不计，所以我们期待的“奇迹”很难出现。同样的，如果你在沙滩用沙子堆砌了一座城堡，过几天再去看的结果是什么？即使没人有意破坏，也基本上很难看到原貌，因为风吹沙流、最后城堡消失是最可能发生的。从理论上逆向分析可见，是不是也有可能风会把沙子吹成城堡的样子？现实告诉我们：不可能！因为现象背后的科学告诉我们：沙子随机散落的组合非常之多，沙子散落成城堡样子的概率是数不清繁星中的一颗，你有那么好的运气能碰到吗？前述两种现象在物理学上对应混乱和无序，其度量值便是熵。无序对应的概率远大于有序出现的概率正好印证了事物在不受干扰的情况下趋于无序化的自然规律，比如没人打理的房子很容易坍塌、废弃的农田会杂草丛生、没有规划的人生必将失败等。

多维降熵法可用来应对上述令人“绝望”的热力学第二定律。通过做功，强化自我管理，打破系统封闭性，汲取负熵因子，使系统里的熵值降低。就像英国物理学家 A.S.爱丁顿所言：“我认为，熵永远增加的定律在自然定律中占有至高无上的地位。如果发现你的理论与热力学第二定律相互对立，那我不能给你任何希望，它只有彻底垮台，别无出路。”

综上，如果我们不主动投入能量做熵减，生活就会脱离我们的掌控。那该怎么办呢？解决办法有下述几种。

(一)主动做功

凡事预则立不预则废，不能等到生活脱离了我们的掌控，才后知后觉地介入。我们需要每天都保持清晰的思路，主动投入时间和精力，去厘清我们的情绪，厘清我们每天所做之事，厘清我们真正想要的是什么。

蘭陵王[①]提供的一种方法叫作清空干扰。即把当下所有情绪和事件都清空，然后把它们都记在一个备忘录里，可以称之为追踪系统，脑子里永远只装三件事。比如，锻炼、看书、完成作业。其他诸如洗衣服、取快递、清理微信收藏等各种事情，就都先全部放到追踪系统里。如果还有一些突发的情绪，比如突然想起某件尴尬的事，也都统统丢进去。或者突发的事，比如某人发来的微信消息，你感觉不是一两分钟就能解决的，也丢进备忘录。这样做的好处首先是你的大脑里永远只会有三件最重要的事，不会出现东搞搞西搞搞的问题。再者是这种清空感还会让你放心，因为你已经把事情记下来了，你可以做完那三件事之后找时间来处理备忘录里的事情。

再如学习这件事，很多学生反映在毕业论文创作时大脑一片浆糊，怎么办呢？画思维导图，思维导图的第一性原理就是降低信息的混乱程度，即降低信息熵。这个过程虽然痛苦，需要不断地对信息进行分类归纳，有的地方还要反复改，但痛苦经历会让灵感在不经意间进入你的脑海。这种让知识变得有序的过程不正是降熵的过程吗？所以痛苦是必然的，但主动去做功降熵是必须的。

(二)开放系统

就是将系统开放，这里用耗散结构来分析。

个人保持开放性首先需要一直保持与外界交流的状态，把过去的熵(比如回不去的事件、乱了的思绪、腐旧的认知)埋葬，用激情拥抱明天，例如结交新的人(社交)，获取新的认知(读书)，去新的环境(旅行)都属于开放个人系统。

其次是远离平衡态，人很容易陷入平衡态，比如我们尝试新的事情，结交朋友，常常会因为熟悉而转变为一种在认知里面叫“舒适圈”的状态。直观而言，如果你发现自己的生活很久没有波澜了，那就意味着自己可能已经进入平衡态了。作家发现自己在几年内没有提高写作水平其实就对应自己进入了平衡态。文学作品的灵感来自作家的生活经历这句话诠释了作家打破平衡求熵降对提升作品层次的重要意义。

再有是建立非线性。比如你此刻付出很多努力，看起来杯水车薪，学习、生活都没有改变多少。但只要不灰心，持续做熵减，直到某一天你的一丁点努力就会成为引起质变的最后一点量变，你开挂的人生便会从此开启。

(三)智能化

智能化是多维降熵法中最强大、最有力的一点。它不仅适合任何组织的进化，也契合我们个人的进化。可以说整个生命的降熵史，就是生命不断变得更智能的历史。这种智能化的过程对应一定的必然性，因为我们的生存环境正变得越来越艰难，为了生存，生命系

① 超越一切定律的“熵增理论”. 作者：蘭陵王，来源：思维有了模型。

统就必须变得更强大、更智能、更具生命力。

这种更强的减熵能力从何而来呢？以生命系统为例，光靠光合作用和呼吸作用，以及开放系统是远远达不到更强大、更智能、更具生命力要求的。否则一个 RNA 聚合体就不需要进化成单细胞，再进化成多细胞，进化成有限生殖，进化成猿人，进化成智人，也不会出现今天的我们。

另一方面，我们今天的竞争力会越来越大、人们越来越焦虑的原因，也可以解释为环境熵增所致，解决办法就是付出更多努力降低更多维度的熵。

降熵的终极方向是智能化，那么如何智能化呢？答案是降低信息熵，即获取更多信息用以降低不确定度。智能化过程就是获取更多信息，消除不确定性，使熵减少的过程。比如做同一套试卷，学霸跟学渣做题所需的时间和能量肯定是不同的，学霸一个小时就做出来了，学渣可能做了三四个小时还做不完。比如炼钢厂，小炼钢厂要花很多时间和能量，而且材料利用率低，而大企业因为掌握更多信息，不仅耗能更少，效率也更高。这也是为什么历来伟大的企业家通常都有博览群书背景的规律所在。借用查理·芒格的一句话："我这辈子遇到的聪明人，没有不每天阅读的，没有，一个都没有。沃伦读书之多，我读书之多，可能会让你感到吃惊。"

综上，智能就是从无序中发现有序，减少无用功。如果你想在此生有所建树的话，那就好好努力提升自己的眼界和认知，让自己变得更智能吧！

二、促进学生管理系统组织有序增长

系统是由相互联系、相互作用的若干部分构成的有机整体，这个整体具有 1+1>2 的特点，即包含各组成部分之外的新性质和功能，并和一定的环境发生交互作用。学生管理系统是管理对象系统性的反映，是管理系统与管理对象的组合。学生管理系统是一个复杂的系统，而且开放、多变，该系统在运行过程中存在着大量具有无效性、无序性和不确定性、复杂性特征的因素。

采用多维降熵法促进学生管理系统组织有序增长就是增加用来表征学生管理结构中不同点在同类结构位置上排布的有序程度。为此需要厘清系统熵与有序度运行机制，分析管理熵的内部要素，提出基于多维降熵法的提升学生管理组织有序度的对策建议。

首先应明确系统熵与有序度运行机制：按照前述熵理论可推断学生管理组织系统如果封闭运行，有效能量会逐渐减少，无效能量会不断增加，这是一个不可逆的过程，系统熵必然增加。学生管理组织系统由学生要素、学校要素和诸如社会环境要素等外部要素组成。学生组织系统管理熵值主要对应系统内部要素，但学生管理系统又是一个开放系统，与外界既有能量交换又有物质交换，这种能量交换和物质交换视为外部影响因素。因此学生管理系统组织有序度同时受内部主要矛盾和外部影响因素制约。

其次对管理熵的内部要素分析：学生管理组织有序分析是对系统、环境、学生管理组织内外部要素，要素之间、要素与系统之间，系统与环境之间探讨分析的过程。

前面讲了学生组织系统管理熵值主要对应系统内部要素，但由于内、外部要素都会随时间变化，管理熵一定变化。换言之，学生管理组织系统有序度的影响因素包括系统的规模和系统的复杂性，以及系统的稳定程度。系统的构成元素越多，不稳定性越大；构成系统的元素种类越多、元素间关系越复杂，系统熵值也越大；而系统拥有的信息增多，系统的熵值会减少，因为信息是负熵[6]。

再来看学生管理控制系统，其有序度由系统内部各项要素和要素内各项指标的有序度所决定，分别取决于系统内部要素不稳定性的概率和指标不稳定的相对集中分布。如此就可以把学生管理控制系统通过管理熵的形式表现出来。也就是说，如果把学生、管理人员、行政事务、校方管理的方式方法等要素控制于某个理想状态，对应学生管理活动有序开展，可认为学生管理熵为零。反之，如果管理人员消极怠工、效率低下，校方与学生关系僵化、加之外部环境干扰，管理控制系统存在偏差，甚至控制系统失效，系统即处于无序状态，系统熵值就会增高。

最后根据多维降熵法给出提升学生管理组织有序度的对策建议：

长期以来，教师主导(教师为中心)的观念导致学校管理依旧按照如何“管”住学生、如何让学生听话的原则行事，这种稳态造成管理熵的持续增加。殊不知，当代学生早已习惯于批判地看待老师，不再认为老师是绝对权威，不再将老师订立的规则当作绝对戒律。这种管理不对称已然影响了师生关系，影响了管理效率。管理科学的发展证实，系统内部与系统之间具有开放性。学生管理系统或组织系统也有类似共同特征，所以管理者首先要学会自我管理，要学会角色管理，要让更多的学生参与管理。为此需要做到下述几点。

(一)提高学生自我管理能力

首先，学生自我管理体现主体性，因此班级管理要给学生留有独立思考和自我想象的余地，如此才能让学生主动进步、独立发展。比如在学生管理中注重提供学生实践舞台，充分发挥其个性特长，让学生善于独立思考、乐于开拓创新，持续提高自身创造能力。其次，组织的自主管理必须辅以相对完善的管理机制，让管理有法可依、有章可循。最后，必须建立一整套监督机制，用以督促检查学生的自主管理，从制度上保证工作落实。

(二)培养高素质管理者

首先，一个好的校长可以成就一所好的学校，一个好的校长可以慧眼识珠地选拔一批高素质、复合型的管理者为学生管理提供人才支撑。其次，一批高素质管理者会倡导创新的校园文化氛围，更易引发大学管理工作的涨落，如对百家争鸣的鼓励、对追求真理的支持、对敢于试错的包容、对奉献精神的提倡、对改革创新的褒奖，等等。

(三)激发内部要素有效涨落

顺应高等教育改革发展潮流、注重实践、勇于革新、把握时机、及时调整能够激发管理系统内部要素的有效涨落，有利于提高学生管理。比如通过改善环境可以激发学生情感积极性，间接促进学生适应行为，改善学生的校园适应状况，进而助推学生学业提升。适度拓展可知：主动安排计划，科学选择方法，革新思想观念，推动与外界的能量交换和信息交换，强化学生集体意识，提高班级凝心聚力，就是多维降熵法保持系统内容要素有效涨落的有力举措。

第五节　方法拓展

多维降熵法 5.mp4

多维降熵法的本质是自我管理、自我经营，主要手段就是打破平衡、主动做功，目的是降低信息熵使自己的知识系统有序，建立耗散结构使自己保持开发性、远离平衡态、追求非线性，努力使自己更加智能化并开启开挂人生。

一、多维降熵法中主动做功、降低信息熵与 SWOT 分析法异曲同工

SWOT 分析法是帮助人们分析把握全局，抓住遇到的机会，明确自己的优势与不足，防范潜在风险的一种科学方法。这种方法的精髓与多维降熵法中主动做功降低信息熵，寻求事物主要矛盾是一致的。

二、多维降熵法追求智能化、坚持非线性与 PDCA 循环规则一致

PDCA 循环规则把所有工作和任务都归结为一次循环，需要经历规划、实施、结果核查、改进计划的过程，完成部分任务后进入下一循环。如此往复、不断提升改进和完善才能获得量变到质变的飞跃，才能获得成功、完善人生。多维降熵法强调在智能化过程中，获取更多信息，消除不确定性；强调在非线性过程中，持续努力将会在前期看似杯水车薪的努力基础上产生质变。

三、与 6W2H 法有贴切之处

6W2H 思考模式有助于我们思路的条理化，杜绝盲目性。这又与多维降熵法主动做功降低信息熵，使思路条理化完全吻合。

多维降熵法某种程度上包含了自我管理和成功的多种科学方法，与任务分解法[WBS]、二八原则等也是关联的。

【学生研讨】

请你结合上述内容列举多维降熵法在处理自我成长管理和已知学校管理中的运用。

【资源链接】

[1] 华为大学. 熵减：华为活力之源[M]. 北京：中信出版社，2019.

[2] 金涛，阙沛文. 独立分量分析理论在海底管道漏磁检测中的应用[J]. 无损检测，2003，4(06)：317～319.

[3] 许超. 桡动脉超声多普勒血流信号的特征提取及分类研究[D]. 哈尔滨：哈尔滨工业大学，2008.

[4] 司春棣，胡晓鹏，冯洋，李皓玉. 交通环境对道路安全影响的未确知测度评价[J]. 公路工程，2014，39(05)：59～62.

[5] 徐永海，李晨懿，汪坤，卢文清. 低压变频器对电网电压暂降耐受特性及兼容性研究[J]. 电工技术学报，2019，34(10)：2216～2229.

[6] 荀灵生，王春萍. 基于熵理论的学生管理组织有序度增长机理研究[J]. 北京理工大学学报(社会科学版)，2011，13(04)：61～65.

良好的方法能使我们更好地发挥运用天赋的才能，而拙劣的方法则可能阻拦才能的发挥。因此，良好的方法才会增长、促进这种才华。

——贝尔纳·法国著名生理学家

第十四章　PDCA 循环法

他们的名字叫“英雄”

江山如画，一时多少豪杰。

英雄是民族的脊梁，是时代的先锋。

古往今来，沧海横流，方显英雄本色。在历史的转折处，英雄常常横刀立马，力挽狂澜。在命运的转折点，英雄常常视死如归，勇赴国难。天地英雄气，千秋尚凛然。

一说起英雄，可能很多人马上会联想到帝王、将相、豪侠。其实在今天，英雄的称号，并非仅仅是古代王侯将相的专属，它也属于我们身边每一位实干兴邦的普通人。“英雄”，可以是十年磨一剑的工匠，可以是汗滴禾下土的农民，可以是视死如归的战士，可以是辛勤育人、无私奉献的教师，更可以是数以万计勇于抗疫的医护人员和举国上下鼎力配合的优秀中国人民。他可以是来自各行各业的普通人：“护海模范”王书茂、“群众心中活雷锋”王兰花、“治沙英雄”石光银、“生命保护神”吴天一、“全国脱贫攻坚楷模”黄文秀、“校长妈妈”张桂梅等(如图 14.1)。无数先锋模范在自己平凡的岗位上勤恳努力，勇于面对和克服重重困难、作出杰出贡献、创造宝贵精神财富。

图 14.1　2021 年七一表彰先进人物(部分)

纵观古往今来“英雄”们的事迹，有一个共同的特征。他们总是能够秉持“执念”和“理想”，勇于直面困难，找出问题，合理分析问题，在关键的时刻作出正确的选择和及时的决定。毛泽东说：要解决问题，还须作系统的周密的调查工作和研究工作，这就是分析的过程。提出问题即矛盾的所在。“计划——执行——检查——行动”环环相扣。

“作为青年的我们，是祖国的未来，是民族的希望”——习近平。

我们生逢盛世，拥有着便捷、快速、优异的社会资源和时代资源。宣父犹能畏后生，丈夫未可轻年少。新时代中国青年，要勇于砥砺奋斗，掌握科学高效的方式方法，刻苦努力、勤勉好学，用臂膀扛起如山的责任，实现个人理想，服务社会。

(案例来自《中国诗词大会》，29位“七一勋章”获得者)

第一节　PDCA 循环法的内涵及本质

一、PDCA 循环法概念界定

PDCA 循环方法 1.mp4

PDCA 是 Plan、Do、Check、Act 四个英文单词首字母的缩写，分别代表“计划”“执行”“检查”和“修正”。PDCA 循环就是按照“想—做—检查—改善”这样的顺序，对任何事件、项目进行全过程的质量监管，并能够持续循环推进的科学程序，被广泛称为“万能质量保障工具”，如图 14.2 所示。它由美国质量管理专家戴明首次提出、采纳、宣传和普及，故也称“戴明环”。这一工作方法最初是作为全面质量管理的基本方法之一，也是管理学中的一个通用模型。

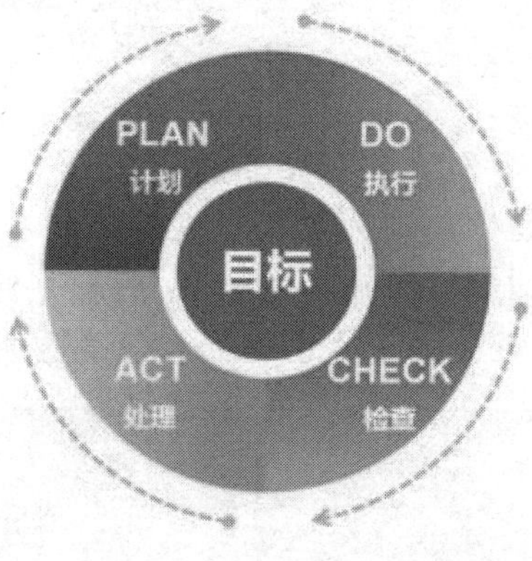

图 14.2　PDCA 四阶段

PDCA 循环具体的含义如下所述。

(1)　P(Plan)——计划。即在开始一件事情前要预先确定方针和目标，较为科学地制订相应的短期计划或长期计划。

(2)　D(Do)——执行。即根据前期制订的计划实地去做，实现其目标。

(3)　C(Check)——检查。即对按计划实施的过程和结果进行检验和分析，找出优势、劣势。

(4)　A(Action)——行动。即对上述 C 阶段检验和分析的结果进行有针对性的处理、优化或解决。

(5)　循环。对待每一项工作或者任务，我们往往会先做计划(P)，制订计划之后开始执行计划(D)，实施的过程中进行检查(C)，检查后进行总结、改进、实施、改善(A)。这是一个完整序列的 P-D-C-A。之后，成功的经验加以肯定，并适当推广、标准化；失败的教训加以总结，以免重现；未解决的问题放到下一个 PDCA 循环，进行改善。这样就形成了一个一个连续不断的 PDCA 循环。大环套小环，就像我们为自身制定的短期目标、中期目标和长期目标，在“升级打怪”的过程中实时总结经验、改进不足、持续推进，依次往复，不断完善(如图 14.3 所示)。

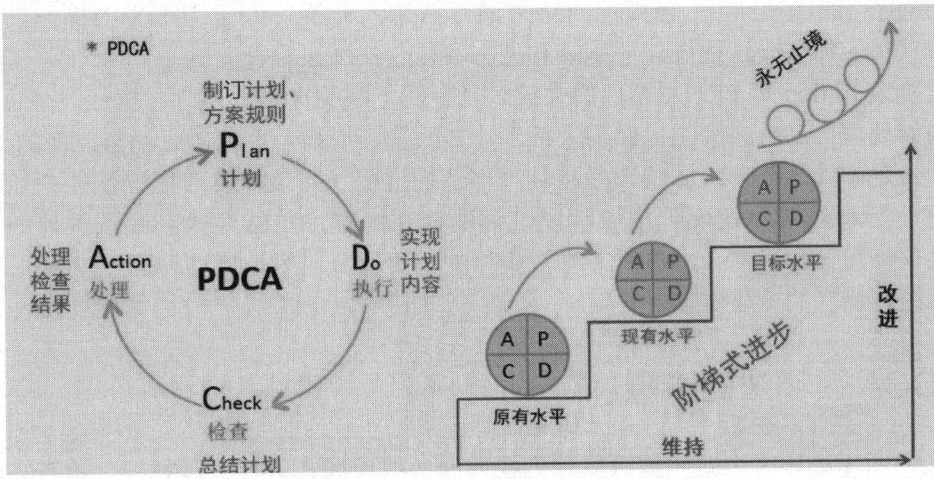

图 14.3 PDCA 循环(图片来源于网络)

PDCA 循环是我们在认识世界、合理改造世界时能够由始至终全过程科学、高效地观察事物、处理问题的方法，能够在同等的人力、物力、财力等条件下，缩短工期、提高效率，准确找出问题所在，快速产出成果。它强调和注重计划的重要性、过程的重要性、检查的重要性和总结的重要性，使用非常广泛，是为我们解决当下问题、实现目标和理想奠定合理的良好基础。

二、PDCA 循环法的内涵

PDCA 循环法虽为戴明提出，但其理念在我国传统智慧中早就有体现。《论语·为政》中有言：学而不思则罔，思而不学则殆。其就强调了学习、思考、总结和钻研相辅相成的重要性和必要性。

PDCA 循环法的第一步 Plan，计划，百度百科对其释义“计划、打算、方案”。可指从尝试性的意图或打算到详细而精确的书面方案，引申可作“目标”或“办法”。在处理事情解决问题时起着至关重要的作用。王受之教授在解释“设计”一词时，曾讲过一个有趣的见解，即设计也可以理解为设下一个计谋，并找寻途径解决，似与此处的 PLAN 不谋而合。凡事预则立，不预则废(《礼记·中庸》)、工欲善其事，必先利其器(《论语·魏灵公》)等，都强调了要做好一件事情，计划的重要性。爱因斯坦注重思考的重要性，在知识的学习中强调要善于思考，思考，再思考。

Do，做、执行。实现第一步计划中的内容。它是检验真知、实现计划的首要一步，更是做事情、处理问题的过程。陆游《冬夜读书示子聿》中曰：“纸上得来终觉浅，绝知此事要躬行。”启示要通过身体力行来实践，去探索、发现和认识事物的根本或道理的本质。耳闻之不如目见之，目见之不如足践之，都在强调实际去做的重要意义。

Check，检查计划是否有效、目标是否完成，进行效果检查得出结论，检查是否实现了预定的目标。保障在再次遇到相同或类似事情的时候少走弯路，顺利通过。在这一过程中，可以尝试从 Check(检查)、Communicate(沟通)、Clean (清理)、Control(控制)4 个方面和环节进行查漏补缺，将计划执行的结果进行总结和分析，便于下一步的操作。勤学善思，善思就体现在这一过程中。即确认实施方案是否实现了目标。

处理阶段 Action 是 PDCA 循环的关键。具有两方面的含义。ACT：执行，对总结检查的结果进行处理；AIM：按照目标要求行事，如改善、提高。此处的行动与此前的 D 阶段的执行、做是不同的范畴。D 阶段是指处理事情的过程，而该阶段则是指要对 C 阶段的检查结果进行分别对待和处理。这一阶段是解决存在问题，总结经验和吸取教训的重要阶段，是“长一智”和避免今后再次“吃一堑”的重要环节，更是推动和保障 PDCA 方法不断循环、改良择优的重要保障。

三、PDCA 循环法的步骤

PDCA 循环法具体实施大致可以分为找问题、找原因、订计划、执行、检查、经验总结、提出新问题、进入下一循环八个步骤。

(一)找寻问题

该阶段要进行的是对事物或事件进行较为全面的把握，对要做的事情有一个较为全面的认知，并且要具有发现问题的意识和能力。解决问题的第一步不是立马去做，而是学会积极地去发现问题(重要的节点)，这是分析问题的条件。可以尝试着尽可能用数据进行分析，这样会更加趋于准确。

(二)分析原因

在对事件有大致的把握之后，找准问题后分析产生问题的原因至关重要，它使我们处理事情时可以高效地“对症下药”。建议可以运用线上线下调研、头脑风暴等多种集思广益的科学方法，把导致问题产生的所有原因尽可能都找出来。

(三)制订计划

制订合适的计划，对事情的顺利开展和便捷地获得预期结果是十分重要的。制订计划的过程，其实也是综合性分析和评判各项影响质量因素的过程。这些影响因素往往是多方面的，比如人的因素、方法是否使用得当、仪器是否便利使用、设备是否完善、材料是否准确、环境是否合适等。每项大的影响因素中又包含小的因素。在制订计划的过程中，对各影响因素的分析越具体、越精准，计划制订就会越明确和翔实，达成目标的程度也会越高。

(四)执行去做

目标制定之后，就要开始付诸实践(去做)，具体去实施的环节。做的过程也要注意用心和用对方法，事半功倍地达到预定的目的。执行过程中没有特殊情况最好不要随便改变计划，在有特殊情况时可考虑及时修改计划。在这一阶段除了按计划和方案实施外，还必须要对过程进行实时监管，确保工作能够按计划进度合理开展。

(五)检查

检查的环节其实很像查漏补缺的过程，但有不仅仅是在查“漏”，也是在发现良好的执行方式和方法，因此，是对于“优点”和“不足”的双重检验。

(六)经验总结

根据措施计划的要求，检查、验证实际执行的结果，看是否获得了预期的效果。检查效果要对照措施计划中规定的目标，检验是否达到了预期。如果没有，找出或分析出存在问题的环节，如果达到了预期，那可以考虑制定下一个目标的方案。

(七)提出新问题

不断发现问题、解决问题，就是不断积累和进步的过程。在一个循环完成之际，要针对全过程进行再次审视和检验。发现新问题，解决新问题，对整个循环过程中已被经验证明的有效的、良好的措施，要进行标准化，并在今后的工作中积极执行和推广。在涉及更改标准、程序、制度时应慎重，必要时还需要进行多次 PDCA 循环加以验证。

(八)进入下一循环

对于方案效果不显著的或者实施过程中出现的问题，进行总结，为开展新一轮的 PDCA 循环提供依据和“前车之鉴”。

第二节　PDCA 循环法的来源、形成、发展与适用范围

一、PDCA 循环法的来源、形成与发展

PDCA 循环方法 2.mp4

PDCA 循环也被称为“戴明环”，它起源于美国质量统计控制之父休哈特(Shewhat)提出的产品生产三大步骤 PDS 循环，即 Plan—Do—See，也被称为“休哈特环”。戴明博士则是在 1950 年左右为日本提供生产质量支持时，调整了休哈特环的名称，并改为设计 Design、生产 Produce、销售 Sell、再设计 Redesign 四个步骤。

日本的工程师们在当时非常乐于接受戴明博士的思想，并在实践中将其演变为：計画、实施等。直到 20 世纪中后期日本制造大获成功后，这个“环”被翻译回英语，也就是我们现今所熟知的 PDCA 环，因此，介于戴明博士在其中的推动作用巨大、影响范围广，受众人群多。因此，人们耳熟能详地将其称为“戴明环”，也即：计划 Plan、执行 Do、检查 Check、行动 Act。它的起源经历了上述发展过程。

在战后的日本，为了使多数未接受过高等教育的工人们理解，曾经将 PDCA 循环简化

为 Plan、Do、See，即只有三步，并且第 3 步仅仅是“看”。在过程的操作中大大地简化了该环。而当时，在更为成熟的企业，PDCA 的另一个变种是 SDCA 环——标准化 Standardize，执行，检查，行动。即所有的操作都要遵循标准，如果发现了偏差再进行调整。

戴明博士本人在提出戴明环之后，推崇的改进版本并不是 PDCA，而是 PDSA 环。其中第三步强调学习 Study，而不是检查 Check。戴明博士的重点是预测改进工作的结果，研究实际结果，并对其进行比较，以修正理论。最重要的是能够强调要从不断的学习中去获得新知识，主张始终以正确的理论为指导。但由于 PDCA 在用于生产制造过程获得了巨大的成功，这样成功的经验不仅回流到美国，更是风靡全球作为学习案例。

二、PDCA 循环法的适用范围

PDCA 循环方法论应用范围广泛，是科学合理、高效地对待、处理事物和事情的方法，适用于各项生产、生活、实践活动，适用于各行各业，适用于各项目标达成和人生理想的实现。下面从几个典型的生活案例中，为大家阐述 PDCA 循环方法的应用。

(一)葡萄牙“NRP”项目

国民阅读计划(National Reading Plan，NRP)项目，最早是由葡萄牙政府以提高葡萄牙国民的识字水平和阅读习惯为宗旨，在 2006 年发起的一项公共政策倡议。

读书的益处不言而喻。读书是人和社会进步的阶梯，伏尔泰有言“读书使人心明眼亮”。饱读诗书气自华。葡萄牙政府希望通过该项全民阅读计划普及和提升全民文化水平，以此提高国家在当今世界文化领域的地位；另一方面，数字网络时代的迅速发展，严重冲击着传统的阅读方式、阅读技巧和阅读活动，社会从之前的纸本阅读被网络阅读广泛取代，面对面线下一起读书和分享活动越来越弥足珍贵。缺乏了彼此交流，尤其是知识的交流，会引发一系列如诚信缺失、全民认知低下、人口骤减、犯罪率激增等一系列严重的社会问题，这些问题亟待解决。如此反观，这并不仅仅是葡萄牙一国的问题，这是全世界社会发展面临的普遍问题。

那么我们就来看看该项目是如何运用 PDCA 循环方法全程实施和监管 NRP 项目的，具体表现在以下几个方面。

第一，该项目的实施过程分为国家——机构——民众三个层面的维度。在项目开展前期，葡萄牙从国家层面上制定全民阅读相关法律法规及工作条例，并直接规范了全民阅读的推广方式，为项目良好的开始和推广打下良好的基础，这是从国家层面 P(Plan)计划的实施；葡萄牙为顺利有效推行此次读书计划，将国家政府部分—图书馆—学校—其他社会机构组织共同组织起来，形成共同合作，整合为环环互通的有限局面，为项目的开展提供了强有力的各种支持，这是机构层面的 P(plan)计划；在民众层面，通过上述两层面的大力宣传、推行和维护，最大化、最广泛地形成人人读书的大理念。

第二，之前我们讲述过，PDCA 循环是个大环套小环的方法，其实从这点看，从民众、到机构、到国家，就是一个层层向上的循环链，也是不断加强的资源链。任何一个层面、任何一个阶段，在计划实施、螺旋上升的过程中，任何问题都可以及时地得到处理和解决。形成了一个上通下达的良性监管和循环系统，有效地做到不断优化、进步，以致实现全民阅读的计划目标。

第三，D(Do)阶段。当计划制订后，葡萄牙“NRP”项目就由政府主导、面向全国公众大规模开展。

第四，C(check)阶段，定期时间内，全民阅读计划会通过 PDCA 循环针对其进行全过程的质量管理，针对具体项目任一环节上的缺陷，及时采取并实施有效措施，同时加之评价系统的监测与评估，使全民阅读推广效益不断提高，效果日益显著，受到公众的广泛支持和社会舆论的优良评价。

第五，A(Action)阶段。定期根据 C 阶段总结的活动实施经验，取其精华，去其糟粕，使项目推荐不断趋于完善。

第六，PDCA 循环除了在葡萄牙“NRP”项目推进中监管各个环节问题的出现，也能够监管并保障全民阅读计划开展的质量，以及其推广活动的有效持续进行。

目前，全民读书已经成为现代文明生活发展的趋势，我国近年来在北京、上海、天津等城市，陆续开展地铁图书馆、全民读书日、读书分享会等多样化的线上线下读书活动。在这些活动的策划、开展、运行、后期维护等过程中，PDCA 循环法都能起到重要的监管和监护作用。

(二)关于设计

设计，Design。是指把一种设想通过合理的规划、周密的计划，通过各种方式表达出来的过程，是一种“有目的的创作行为”。说它模式化，它却出现在我们生活的每一个角落。大至城市规划、建筑设施、自动化工厂、机械设备、交通工具，小至家具、服装、文具以及盆、杯、碗筷之类各种生产与生活所创造的“物”，都是设计的产品，它涵盖规划、视觉、环境、服务、产品等众多门类。设计的过程及步骤，处处体现着 PDCA 循环的方法。

第一步，确定业务目标，制订计划——Plan。

制订计划是从事设计的第一步，需要针对甲方需求进行全面、准确的设计分析及调研，包括产品定位、受众人群、产品理念、行业对比、市场营销等，理解显在用户、潜在用户的期望、需要、动机，并理解业务、技术和行业上的需求和限制，合理地为产品的定制打下科学、严谨的基础。

第二步，开展并实施具体设计——Do。

在掌握大量可行性分析、目标确定后，设计要针对产品的内容、形式、功能、色彩等进行具体的构思和创意设计，并转化为具体的设计形式或具象的产品，在经济层面和技术层面可行的基础上，使其形式、内容和行为变得有用、能用、好用。这也是设计的意义和基本要求所在。

第三步，对于设计过程及设计效果的检验——Check。

PDCA 的第三步骤 Check 在设计过程中的体现表现在两方面，一方面是设计的过程，另一方面是设计的结果。

设计的过程是层层推进、反复检验(Check)的过程。不仅仅是设计者自身、设计团队自身对于设计的逐层研究和商讨，更要在每一个关键的节点与甲方进行洽谈和商议，以便高效和更加趋近完美地满足客户的需求，这是过程中的自我检验。在设计产品投放市场后，设计方也要协助甲方对产品的实际销售情况、使用效果进行收集和反馈，对有代表性的消费群体进行意见的回访等，这是多方的检验(Check)。

第四步，总结经验，持续调整——Act。

设计产品的多数属性具有时代性与时间性，考虑到商业运转的需要，多数产品的设计往往在一定时间或周期内会进行适当的调整。这一点细心的同学可以从每款产品定期更换包装、定期更换广告宣传中发现。因此在每项设计回访检验的结果中，有力的反馈将融入下次的设计内容中，不利的因素将会被合理调整或规避，以获得更好的效果。这也是该方法“循环”的体现。

(三)我们居住的“房子”

满足人们居住功能的空间，我们称为房子，统称为建筑。它是为人类提供居住、工作、学习、生产、经营、娱乐、储藏物品以及进行其他社会活动的空间形式。建筑经历了悠久且缓慢的发展过程。原始社会，我们的祖先为避寒暑、防风雨、抵野兽，借洞穴居住，而洞穴就是天然的，也是最初始的建筑形态，此时，建筑仅仅具备安全功能的属性。随着认知的提升、文明的进步，人类逐步开始利用土、石、草、木、竹等作为建筑材料。这一时期建筑开始在功能的基础上，注重形式，即美观性。西方国家自 18 世纪的工艺美术运动、新艺术运动到装饰艺术运动，一直再探讨建筑功能与形式的关系，直至 20 世纪初的现代主义运动(“二战”后时期)，人们才明白建筑物不是高高在上的产物，而是为大众服务的产品，建筑的属性应该如马斯洛需求论中体现的，先满足基本的居住需求。因此在那一时期，便大量出现了我们熟悉的以钢筋混凝土与玻璃为主要材质的六面体“盒子”房屋。

经济基础决定上层建筑。随着“二战”后全球经济的复苏及快速发展，仅仅具备使用功能的建筑已不能满足人们日益发展的精神需求。大量的社会剩余财富，使建筑越来越关注其形式的发展，因此出现了商业化的国际主义、视觉化的后现代主义和夸张的当代风格建筑(如图 14.4 所示)。我们居住的“房子”，在不同时期满足着不同时代、不同场所的需求(P)，不断地发展建设(D)，不断更迭着形式(C、A)，更便利地服务着我们的物质与精神生活。

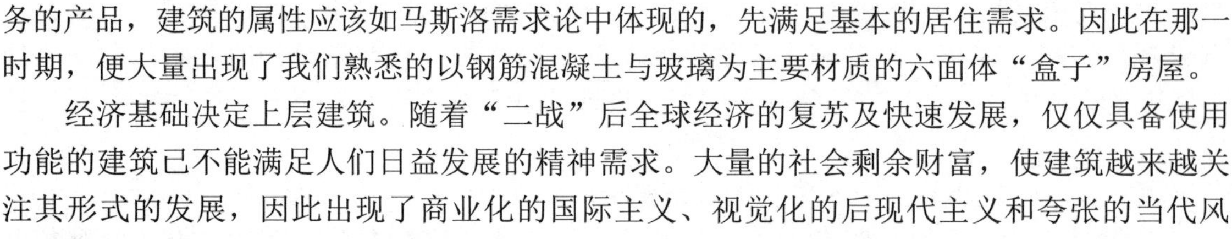

现代主义建筑　　国际主义建筑　　后现代主义建筑　　当代主义建筑

图 14.4　建筑形式的演变(自现代主义风格以来)

第三节　经典案例或场景分析

PDCA 循环方法 3.mp4

一、日本丰田与 PDCA 循环

丰田企业的企业管理方式是典型的 PDCA 循环法的案例。丰田自 1951 年启用 PDCA 循环方法，制订 TQC 活动计划(Total、Quality、Control)，并将其视为工作的基本方法，用以高效提高团队工作效率、实现精细化企业管理(如表 14.1 所示)。

表 14.1　丰田 PDCA 管理应用

<table>
<tr><th>基本意识</th><th>+</th><th colspan="7">PDCA 循环</th><th>+</th><th>其他技能</th></tr>
<tr><td>客户至上</td><td rowspan="6">+</td><td>P</td><td rowspan="6">+</td><td>D</td><td rowspan="6">+</td><td>C</td><td rowspan="6">+</td><td>A</td><td rowspan="6">+</td><td rowspan="6">沟通与表达</td></tr>
<tr><td>自省自检</td><td>明确问题</td><td rowspan="5">贯彻实施对策</td><td rowspan="5">评价结果
总结过程</td><td rowspan="5">巩固成果</td></tr>
<tr><td>思考执行</td><td>分析问题</td></tr>
<tr><td>品质保障</td><td>确定目标</td></tr>
<tr><td>态度诚实</td><td>把握根本原因</td></tr>
<tr><td>全员参加等</td><td>制定对策</td></tr>
</table>

自此方法投入使用后，丰田从上到下，不仅在管理、生产线、商品规划、产品设计、过程开发、制造到销售、服务的每一个阶段都能对后续工作保证工作质量，制定明确的工作目标，开展有效逐级递进监管和信息收集与反馈。还在经营管理组织中，注重每位员工的思考力、创造力、执行力。PDCA 就是最大限度地发挥员工的思考力、创造力、执行力，使公司组织成果达到最大化的基本思维方法，从而夯实了丰田推进工作的基础和产品的品质，也是丰田在汽车行业一直稳居领军地位的主要原因。

二、有效抗疫与 PDCA 循环

2019 年的新型冠状病毒肺炎(Corona Virus Disease 2019，COVID-19)肆虐全球，使全世界的人们重新认识了健康和健康环境的重要性。我们也可以用 PDCA 循环法来分析中国科学高效的抗疫全过程。

P 制订计划。在武汉疫情暴发当即，我国第一时间正视疫情，及时制订和实施封锁武汉计划，有效遏制住病毒的肆意传播。

D 具体实施。在抗击疫情过程中，在国家正确领导下，全国优秀医护人员相继奔赴武汉、快速找到病因传播方式与病情控制方法，对应不断增长的病患，火速高效地建设火神山、雷神山医院。在这场抗击疫情的过程中，各设计界、学界等上下团结一心帮扶武汉及其他受灾地区，积极配合国家居家隔离不聚集的政策，体现了众志成城的爱国情怀，保障了疫情的有效控制、缓解和治疗。

C 过程反思和总结。在控制、治疗和防疫疫情的每一步过程中，都针对疫情的防控发展进行认真的过程监察和经验总结，从西医到中医、从整个国家到每位公民个人，制定了合理的政策和相关规定，有效地保障了人们的生命健康安全。

A 持续调整，中国作为有效抗击疫情的优秀典型，在病情得到有效控制和治愈的情况下，及时将成果、经验与各受灾国分享。在国内，民众也由此积累了有效防疫重大疫情的措施和经验，各行各业有效开展促进全民健康的各项举措，为更加安全、健康的社会建设提供保障。

现今，面对新冠病毒变异毒株“奥密克戎”(Omicron)的侵袭，中国人民总结之前抗疫积累的经验，在国家的正确指示和带领下，能够更加理性、科学、有效地防疫、控疫、抗疫和治疫。这是 PDCA 循环的经验总结应用到下一序列中的方法的体现。

第四节　PDCA 循环法的多场景应用

一、PDCA 循环法在学习中的应用

PDCA 循环方法 4.mp4

作为一名大学生，学习是第一要务。非学无以广才。大学的学习不再像高中、初中那样有各科老师的监管和要求。突如其来的“自由”往往使大一新生不知所措。学习是一项长期的系统工程，需要用科学的方法进行指导。工欲善其事，必先利其器。PDCA 循环法就可以在学习中辅助我们合理地制订计划，实施监管，持续提高。

学习中 P 计划阶段，可根据自身学习情况，制定合理的短期目标和长期目标，也可根据课程制定一门课的预习、学习、复习、备考、查漏补缺等规划，也就是我们常说的学习计划表。D 阶段，严格按照计划实施，可以包括学习时间、学习地点、学习进度等。C 阶段检查，通过考试或自检的方式，检验自身学习效果，好的经验继续保持和优化，没有弄懂的问题，要认真总结，分析原因，并找到主要因素，提出解决办法。这是 A 改善阶段。在全面分析优缺点后，在下一次的计划中可以更有规律、更有效率地学习。特别重要的一点是保障 PDCA 循环顺利执行和进行的秘诀是，要“贵以专”，更要“持之以恒”。

除了刚步入大学对各方面“自由”的不适外，还可能让众学子“瑟瑟发抖”，充分激发“学习潜能”的著名时期就是“考试周”了。那我们现在就以考试周的备考为例，一起看看 PDCA 循环如何应用。

P：复习周的 Plan 计划阶段。根据自己的复习内容、掌握情况和复习时间制订详细的学习和复习计划、备战计划。应整体上对需要复习的科目进行整理，明确备考复习的时间和内容，如两天的时间复习英语、两天的时间复习历史、三天的时间复习专业理论课等。也可以根据个人学习的效率，划分时间来合理分配复习内容。如早上时间适合记忆英语单词，可在 1～2 小时内强化 100 字的英文记忆；上午时间适合复习理论知识，可选择一定时长的内容复习；下午适合专业课的学习和记忆，可选择具体的学习内容。

D：计划制订好完成后的具体实施阶段。一定要坚持实施落实。这是关键，也是坚持和心态的考验，也是能够按照计划获得复习效果的基础保障。

C：检查确认阶段。一个周期或一天复习结束，就要针对复习情况做自我总结，发现自己复习过程中的优缺点和对知识内容掌握的扎实程度。

A：改善阶段。一个小周期内的复习情况总结，也可以是考试结果出来后对自身学习能力、情况和复习成效的检验和自省。哪里学得好，哪里学得不好。好的继续发扬，不足之处找出原因，努力改正和追赶进度。

二、PDCA 循环法在生活中的应用

PDCA 适用的范围很广泛，几乎生活中的各个方面和领域都可以涉及。简单理解，它是我们做事情从始至终不断检查、改正、完善的过程。三五好友一起出游，PDCA 循环就是良好的监管方法，在出游前，可广泛查阅资料、攻略，进行游玩计划的制订(P)——根据合理的计划，享受便捷、丰富的游玩过程(D)——出游结束，我们往往希望整理出游的照片，写一写旅途中的趣闻，发一发朋友圈，和朋友们分享出游的经验和心路体验(C)——经验用于今后出游计划中(A)——再次出游(循环)。人与人之间的“感情”虽说不能一板一眼地按照 PDCA 循环如此理性的模式去客套，但是从任何一段感情，包括友情、爱情，它们的“遇见——开始——经营”到“天长地久的幸福”，也需要我们不断总结生活中的经验，积累经验，认真维系。

再拿大学生普遍会利用假期时间考驾照为例，我们一起看看 PDCA 循环法的应用。

(1) 制订计划(P)。

① 明确目标：利用假期两个月的时间，完成驾照的考试，拿到驾照；

② 制订计划：目标明确了，开始为实现目标制订计划：

a. 提前报好理想的驾校，准备好科目一的学习资料，一周内学习科目一的内容，并定时进行模拟题的自我测试。

b. 申请并进行科目一的考试。

c. 利用半个月的时间进行科目二的学习与练习，掌握科目二的要领。

d. 申请并进行科目二的考试。

e. 一个月内进行科目三的学习与练习，勤学多练，以便熟能生巧。

f. 申请并进行科目三的考试。

g. 一周时间进行科目四的知识点学习与记忆，按时申请参加考试。

h. 顺利考取驾照。

(2) 具体实施(D)：根据详细的计划，按照对应的目标和要求高标准进行学习。

(3) 检查并总结(C)：①每学习一天，检查一天的学习成果，总结一天的经验和不足；②每学习一门，可通过模拟自测，进行一科目的学习成果检验；③每通过一门，进行经验的总结和积累。

(4) 处理(A)：①成功的、高效率的学习方法或经验，将其方法标准化；效率低的方法将其改进；②失败的、效率低下的学习方法或经验，进行查漏补缺，重点关注和练习，转入到下一 PDCA 循环中进行完善和改进，指导成功取得驾照。

三、PDCA 循环法在工作中的应用

走入职场，是大学生迈出校园，走入社会第一次身份和角色的转换。在具备踏实勤奋工作态度的基础上，能否高效、准确、高效益地完成工作，是判定一位职员能力高低的关键因素之一。初入职场的毕业生，在工作中掌握好的方法，可以事半功倍。利用 PDCA 循环进行工作的全程质量监管和能力提升，可使工作有始有终有结果，快速形成闭环思维，

是最佳的方法选择。

Plan，计划阶段往往会分为 4 步，即根据工作的任务找出问题、根据问题找出原因、确定主要原因、根据主要原因提出计划。

Do，实施阶段，该阶段的执行过程一定要清楚和执行项目中的 who、what、when，即谁做、为谁做、做什么和什么时候完成。

Check 检查，凡事都要有结果，而且职场中的结果只有两种状态，即完成和未完成。

Action 改进，总结学习到的经验和新产生的问题、转入下一个 PDCA 循环继续使用或解决。这里通过实践总结出的好的、不好的经验，都将成为职场中丰硕的个人成长经验。

以上的分析仅仅从大的框架和逻辑思维上，为大家简单阐明 PDCA 循环法在工作中的应用。不论是小项目还是大项目，个人工作或是团队工作，该方法都可以明确地进行过程和质量的有效监管。

第五节　方 法 拓 展

一、PDCA 循环与 OBE 的联系

OBE 是英文 Outcomes-Based Education 的缩写，意思是以教育为基础，以目标成果产出为导向的教育模式，也被称为“目标导向法”。OBE 最早在美国、澳大利亚的基础教育改革中被推行，并得到广泛的应用。在《基于产出的教育模式：争议与答案》一书中，其作者斯派帝对 OBE 模式进行了深入研究，并把其定义为“清晰地聚焦和组织教育系统，使之围绕确保学生获得在未来生活中获得实质性成功的经验。”斯派帝认为，学生在学习中，最重要的是他们学到了什么、达成了什么样的学习目标、产出了什么样的学习成果，是一种以目标导向为中心。这一点，远比重视学生如何去学习和为其规划何时何地去学习要更重要，与中国传统教育思想“有教无类”似有异曲同工之妙。换句通俗的话来讲，OBE 多用于教育和学习范畴，注重结果，忽视过程。而 PDCA 起源于管理学领域，对任何领域、任何方面都可进行质量监管，注重过程。两种方法起源不同、追求的侧重点不同。这是二者的区别。

之所以在此探讨二者的关系，是因为通过大量实践发现，OBE 目标导向和 PDCA 过程监管结合，可以保证事情完整地进行和有良好的结果或成果。这是二者的联系。

二、PDCA 循环与 PDSA 的联系

PDSA 与 PDCA 在字面上看有些相似，确实，二者的意义也是相似的，但是略有区别。

PDSA 是英文 Plan、Do、Study、Action 的缩写，PDCA 是英文 Plan、Do、Check 和 Action 的缩写，前者是计划、实施、学习和完善执行，后者是计划、实施、检查和完善执行。前者是对问题进行“学习”，后者是对过程进行“检查”。Check 和 Study 只是叫法不同。那 PDCA、PDSA 到底有什么本质的差异？

二者之间真正的差异，在于 PDCA 是单环学习。而 PDSA 是双环甚至是多环学习。PDCA 有一个初步的假设就是计划、标准没有问题，员工应当先执行。如果执行发现了问

题，需要检查 Check。即查看计划、标准是如何描述的，员工是否遵循计划和标准。如果证明计划和标准是错误或缺失的，再调整计划、修改标准。简单来说，PDCA 循环更倾向于不断监管按计划执行、从事工作的 worker；而 PDSA 主张的是“学习型组织”，并不仅仅是管理者要求团队成员去积极学习知识，打磨技能。当系统未能如期望运行时，包括管理者在内的团队所有人都需要走出自己的位置，站在本系统边界之上学习系统外的关键事实，并能够以大系统的视角回看本系统，然后回到内部以相互尊重的方式再次进行团队学习，并通过达成共识确定团队的下一步行动，类似于共同发现问题、共同学习进步、共同取得更好的成果，这么看来，更加人性化的是 PDSA。

戴明环原先称为 PDCA 循环，戴明博士在 1990 年将其改变，他认为“学习”比“检查”更恰当。戴明环既重视短期的持续改进，也重视长期的组织学习。因此，这两种方法倾向于同宗同源的关系，但因“PDCA 循环”适应范围更广，相对 PDSA 过程更简洁，也能够在全过程中起到相当好的质量监管作用，所以其在国际上被应用得更为广泛，因此被更多人熟知和应用。

【学生研讨】

(1) 请结合自身近期的学习情况，制定合理的短期目标、中期目标和长远目标，试阐述如何运用 PDCA 循环方法去达成目标。

(2) 请假设个人未来所从事的职业，谈谈如何在未来的职场中运用 PDCA 循环的方法实现个人理想，服务社会。

【资源链接】

[1] [日]冈村拓朗. PDCA 循环工作法[M]. 北京：北京时代华文书局，2021.

[2] [日]木下雅幸. 复盘成长 每天进步 1%的 PDCA 工作术[M]. 王星星译. 南京：江苏凤凰科学技术出版社，2021 年.

[3] [美]拉里・维德尔(Larry Weidel). 普通人的成事方法论[M]. 秦程程，后浪译. 南昌：江西人民出版社，2020.

[4] [日]桑原晃弥. 丰田 PDCA+F 管理法[M]. 张璇译. 北京：人民邮电出版社，2019.

[5] [法]笛卡尔. 方法论[M]. 沈阳：辽宁人民出版社，2015.

辩证法是一种学说。它研究对立面怎样才能够同一，是怎样同一的——在什么条件下它们是相互转化而同一的，——为什么人的头脑不应该把这些对立面看作僵死的、凝固的东西，而应该看作活生生的、有条件的、活动的、相互转化的东西。

——列宁·苏俄与苏联的主要缔造者

第十五章 辩证均衡分析法

“二战”前的博弈

“二战”前夕，英国首相张伯伦、法国总理达拉第、纳粹德国元首希特勒和意大利首相墨索里尼在德国慕尼黑召开会议。会议从1938年9月29日12时45分开始至次日凌晨1时30分，四国正式签署了将苏台德地区割让给德国的《慕尼黑协定》，即《关于捷克斯洛伐克割让苏台德领土给德国的协定》，捷克斯洛伐克政府被迫接受了这个协定。苏联在1939年8月23日与德国也签订《苏德互不侵犯条约》。至此，新老资本主义德、英、法和苏联各取所需，暂时达成了平衡。《慕尼黑协定》以牺牲捷克斯洛伐克的利益换取了英法两国期待的“和平”，《苏德互不侵犯条约》以牺牲波兰的利益换取了苏德两国表面上的友好关系。

这种博弈各方根据己方诉求相互进行信息交流、策略调整等辩证，以达到各方均衡的做法就是辩证均衡分析法。这种方法可以广泛应用于经济社会生活的各个领域。这一章我们将一起探讨这种方法及其在各类场景中的应用。希望通过本章学习，大家能够掌握辩证均衡分析法的内涵、特征与运用，并在今后的学习、生活和工作中能够灵活运用，为你的成长成才助一臂之力。

第一节 辩证均衡分析法的内涵及其本质特征

一、相关概念界定

(一)什么是辩证？什么是辩证法？

1. 什么是辩证？

内涵与本质特征、适用过程.mp4

关于“辩证”的词语内涵，可以分两种情形来阐释：第一种情形，“辩证”是名词，通“辩证法”。一般意义上，辩证法是指一种通过言谈、争辩、分析与综合等形式辩明事理的技巧或方法，也可以说是一种以揭露对方论断中的矛盾并通过克服这些矛盾来求得真理的艺术。哲学上，辩证法是特指与形而上学相对应的一种哲学学说，是关于事物矛盾运动变化发展规律的哲学学说。第二种情形，“辩证”是动词，通“辨证”，中文取“辨析考证”之义，对应希腊文中的 dialego，指“有目的谈论” 和“一般性的辩证、讨论、论战”。综合以上，此处的“辩证”综合其动词、名词内涵，特指采用研讨、辩论、归纳与演绎、分析与综合等“合乎辩证法”的形式辩明事理的过程和方法。辩证的目的在于探明事理，“事理”贯穿于事物变化发展全过程、贯穿于事物发展的各个方面。

2. 什么是辩证法？

关于“辩证法”，是指按照辩证法的基本原理进行辩证思维、辩证分析研究的过程或方法，包括一般意义上的辩证方法艺术和哲学层面的辩证法学说。从哲学与具体科学的关系来看，哲学层面的辩证法学说也可以认为是对一般方法论层面的辩证方法艺术的抽象和概括。历史上，辩证法曾经历了朴素的、唯心的、唯物的三个发展阶段。在现实生活中，辩证法也经常特指“唯物辩证法”。作为与形而上学相对立的一种世界观和方法论，辩证法是研究矛盾对立统一法则的一种学说。列宁对此作了如下阐释：“辩证法是这样的一种学说：它研究对立怎样能够是同一的，又怎样成为同一的(怎样变成同一的)，——在怎样的条件之下它们互相转变，成为同一的，——为什么人的头脑不应当把这些对立看作死的、凝固的东西，而应当看作生动的、有条件的、可变动的、互相转化的东西”。在这里，辩证法是具有特定含义的哲学用语。由此可见，“辩证法”与“辩证”虽然不同，但二者关系密切。就其方法论意义来讲，辩证法要求我们要辩证地认识事物发展的规律，要求我们通过辩证发现矛盾、并辩证地分析矛盾、提出解决矛盾的方法。正如毛泽东所言：“辩证法的宇宙观，主要地就是教导人们要善于去观察和分析各种事物的矛盾的运动，并根据这种分析，指出解决矛盾的方法。”①由此可见，掌握辩证法是我们科学辩证的基础和前提。

(二)什么是均衡与均衡分析？什么是非均衡与非均衡分析？

1. 什么是均衡与均衡分析？

关于“均衡”，本意是指相反力量平衡时事物呈现的一种特殊状态。这种特殊状态在不同学科各有其特定的内涵。物理学上是指当一物体同时受到不同方向外力作用而合力为零时该物体所处的相对静止或匀速运动状态。在经济学中，均衡的一般意义是指特定的经济单位或经济变量在一系列经济力量的相互制约下达到的一种相对静止并保持不变的状态，这在本质上体现为一种经济利益的均衡状态。比如，微观经济学无论是局部均衡分析还是一般均衡分析，都主要是以一定范围内的市场供求与价格之间的均衡状态为研究对象进行的分析。生物学上的均衡内涵非常丰富，既包含宏观视野下的生物圈生态系统平衡，也可指微观视野下内环境(细胞外液，包括血浆、组织液和淋巴)理化性质的相对稳定状态。在化学中，均衡一般是指化学平衡。化学平衡是指在宏观条件一定的可逆反应中，正逆化学反应速率相等，反应物和生成物浓度不再改变的状态。通常所说的四大化学平衡分

① 毛泽东选集(第 1 卷)[M]. 北京：人民出版社，1991：304.

别是指氧化还原平衡、沉淀溶解平衡、配位平衡、酸碱平衡。在美学上，均衡是指布局上的等量不等形的平衡，主要包括对称平衡与不对称平衡。美学上的对称均衡是指美学作品如建筑、地貌、植物等两方面在布局上同轴对应相等。这些作品因对称其内在因素产生的美感就是因均衡而产生的稳定感。不对称均衡则是指通过通盘设计和几何体的组合，使视觉效果截然不同的水体形状或景致达到平衡。比如书法。相信大家都非常熟悉中国书法的规则——“上下对称、左右对齐”。但事实上，在实际的书写中，要想写出的汉字具有美感，就得努力做到“上左下右、左高右低”。比如“思”，正确的写法应该是思。这是有几何学原理依据的。这种设计通过物理上的“合力”实现了真正的“平衡”。这种平衡是动态的，字因此也就有了灵性。这是审美层面上的平正，而不是几何上的对称均衡。

关于均衡分析，最初是作为经济理论研究的一种重要方法和必要抽象出现的，是在假定各经济变量及其关系已知的前提下，考察达到某种经济均衡状态的条件和状况的分析方法。这种分析所追求的均衡状态是指任何一个经济决策者都不能通过改变自己的决策以增加利益时的状态。这里的“均衡分析”仅从一般意义上取其“通过分析达到均衡状态”的意思。

2. 什么是非均衡与非均衡分析？

关于“非均衡”，同样源于物理学，本意是指“非平衡状态”，即除平衡状态以外的定常状态，主要包括振荡态、遍历态和混沌态三种。在经济学中，非均衡态是指经济持续低于充分就业所呈现的劳动产出量和就业量波动的动态非均衡状态。在化学中，非均衡是指“非稳态”，即系统受到外界干扰，在干扰清除后，不可能恢复到原状态的状态。我们也就只能在“直接碰到的、既定的、从过去继承下来的条件下”[1]继续推动事物由“不均衡”向“均衡”发展。同“均衡分析”一样，经济学中的“非均衡分析”是宏观经济学派研究经济问题的一种基本分析范式；与均衡分析法不同，它强调市场预期的不确定性，以不完全竞争和不完全信息为理论前提，通过设立数学模型来研究变量之间的关系。这种分析的重点在于考察现实，强调现实经济活动的“不均衡性”；这种分析所追求的目标也是理想的均衡状态。与均衡分析相比，非均衡分析更接近现实生活实际。本文中的“非均衡分析”尝试突破经济学研究的限制，从一般意义上取其重视非均衡现实分析这一成果的方法论意义，以进一步丰富和拓展“非均衡分析”方法论的价值研究。

二、辩证均衡分析法的内涵、本质特征

(一)辩证均衡分析法的科学内涵

1. 科学内涵

辩证均衡分析法是集合了辩证、均衡分析、非均衡分析等为一体的一种分析研究方法，是事物内在辩证发展规律在现实生活中的具体运用。辩证均衡分析法的突出特点是“以辩证达均衡”。也就是说，辩证均衡分析法是运用唯物辩证法基本原理，通过均衡与

① 马克思恩格斯选集·第1卷.北京：人民出版社，1995：585.

非均衡的辩证分析，寻找在非均衡的常态中如何实现理想的均衡状态的一种方法。之所以提出辩证均衡分析法，主要在于均衡作为事物发展的理想状态，是我们通过辩证认识和把握事物特定质的关键“抓手”。非均衡是事物变化发展的常态，要想在非均衡的发展常态中通过辩证把握住事物特定的质，必须运用有力的思维工具和分析研究工具来研究事物的关键节点——“均衡”状态；由于前面所述的“均衡分析”与“非均衡分析”适用条件的限制，要想在非均衡的发展常态中通过关键节点——“均衡”把握住事物特定的“质”，仅仅运用“均衡分析”“非均衡分析”是不够的①，还必须综合地、辩证地运用“辩证”“均衡分析”“非均衡分析”等方法。

辩证均衡分析法承认“均衡”“非均衡”之间的辩证关系。均衡与非均衡之间的辩证关系是指事物之间、事物内部要素之间彼此力量的非均衡状态与均衡状态之间的既对立又统一的关系，这是哲学上事物之间、事物内部矛盾的对立统一性在均衡与非均衡这对矛盾上的具体体现。运用辩证均衡分析法首先要求我们要承认“均衡”与“非均衡”之间的这种辩证关系，然后再对二者分别进行辩证、综合辩证以达到理想的均衡状态。

辩证均衡分析法吸收了“均衡分析”“非均衡”分析的优势和长处，同时又有利于克服它们自身的缺陷和弊端。以经济学研究为例：均衡分析能够从不同侧面来解释经济活动的产生原因，能够帮助我们在一定程度上把握经济活动结果发生的原因。然而，这种分析方法是一种静态分析，在解释经济现象时容易忽视过程与结果之间的动态联系，忽视达到均衡结果以及达到均衡所需要的时间、外在条件等。另外，均衡分析法的假设前提——把经济活动的参与人看作是互不联系和孤立的个体也是有缺陷的，因为它忽略了外在的自然地理环境、社会环境和人文环境对经济活动参与人行为的影响。非均衡分析法看到了现实世界大量存在的不确定性，试图在充分考虑现实生活复杂性的基础上动态地研究实现某种均衡的过程以及均衡变动的过程。相较均衡分析，非均衡分析能够动态地审视非均衡过程与均衡结果之间的关系，对我们理解和把握真实的经济生活具有很大帮助。然而，尽管非均衡分析更加接近经济生活，更符合市场经济运行的实际，但其仍停留在对市场经济运行现象的描述上②。辩证均衡分析法吸收了均衡分析中重视原因、重视因果关系的成分，汲取了非均衡分析中动态审视事物(如经济)运行过程的有益做法，同时突破均衡分析中的“静态”研究和非均衡分析中的“表象”研究局限，尝试在唯物辩证法的指导下全面审视和把握包括经济活动在内的事物运动发展过程中均衡与非均衡之间的辩证(即对立统一)关系，在均衡状态的跃升中把握非均衡的发展过程，在非均衡的发展过程中认识到实现均衡等级跃升的必然性、掌握实现均衡等级跃升的动态过程。

2. 图例释义

具体到对某一具体事物的研究来讲，辩证均衡法分析法至少应包括博弈参与方相互交流彼此掌握的相关信息、各参与方可能的策略选择等进行综合辩证分析，这个辩证分析过程发展过程如图 15.1 和图 15.2 所示。

---

① 无论是均衡分析，还是非均衡分析，都存在自身适用的有限性。

② 董正平. 非均衡经济理论的演变及其对我们的启示[J]. 北京：首都师范大学学报(社会科学版). 2001(3).

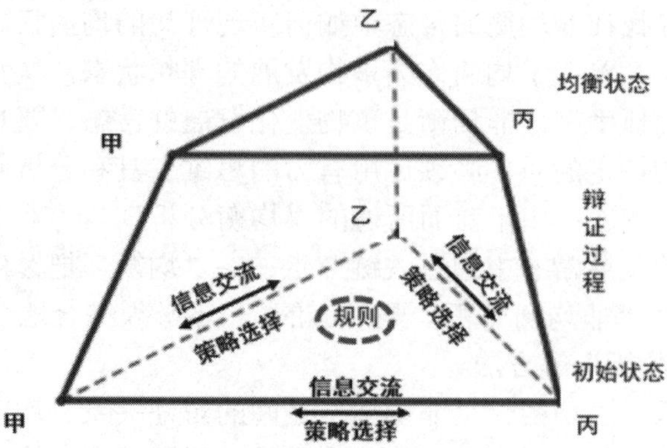

图 15.1　静态的辩证均衡分析过程

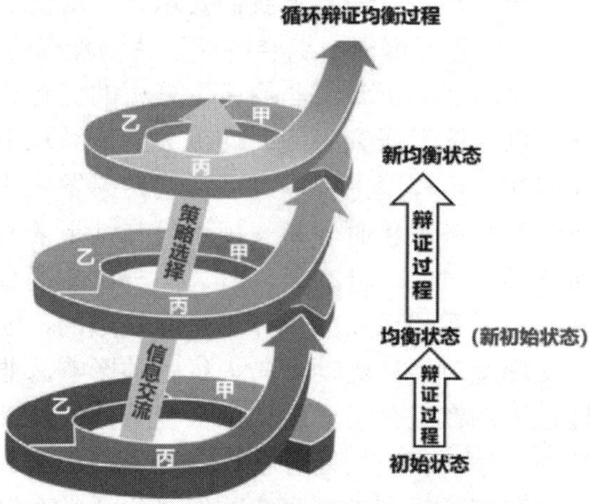

图 15.2　动态的辩证均衡发展过程

如图 15.1 所展示的是从初始状态—经过辩证—达到均衡状态的一个相对完整的横切面。在这个过程中，辩证分析的基础“初始状态”。要进行辩证分析，首先需要我们用辩证的观点和思维方法全面观察事物的状态。观察时，应坚持全面的、联系的和发展的观点，既要从总体上认识和把握事物，也要注意到事物之间的相互关系，还应观察到事物内部各构成要素之间的关系，能够把事物放在与相关事物的相互比较中去考察，在事物的变化发展中把握其初步状态，并初步预测事物发展的程度和趋势。我们可以称这个过程为“全面观”。在全面了解和把握事物发展的现实状态(即“初始状态”)的基础上，具体的辩证均衡分析过程就开始了。这个分析过程是一个复杂的过程，如图 15.1 所示的是抽象了的具体辩证分析过程的一个静态横截面。这个过程重点考察的是相关博弈参与方是如何通过一定的规则进行信息交流、策略选择调整并最终达到一定均衡状态的。辩证均衡分析的过程，是相关博弈参与方基于均衡与非均衡之间的辩证关系，在相互的信息交流、策略选择调整过程中，经过相互妥协、斗争，对达均衡的各种路径方法进行辩证的过程。要想促成均衡，辩证均衡分析需要在唯物辩证法的指导下一分为二地来进行，既要看到相关因素(条件)对实现新均衡积极的一面，也不可忽视其消极的一面，既要看到彼此之间对立的一面，也要注意到他们同一的一面，既要看到博弈相关方斗争的一面，也要看到他们彼此之间能够合作的一面。经过辩证，博弈参与各方相互妥协、斗争，最终会在事物内部发展规律的作用下，通过参与各方的共同努力达到一定程度的均衡状态。这个均衡状态是暂时的、动态的，随时会因内外部条件的新变化而被打破。唯物辩证法告诉我们，事物的发展是从不均衡到均衡再经不均衡到均衡这样一个循环往复的螺旋上升过程。从这个意义上来讲，这个均衡状态既是这个辩证均衡分析的结果，也是下一辩证均衡分析过程的开始。

如图 15.2 所示的正是图 15.1 所示的事物辩证均衡发展的动态过程。这个过程是事物由不均衡发展到均衡、再由新的均衡经新一轮的不均衡达新均衡状态的动态辩证均衡过程，反映了事物螺旋上升的辩证发展趋势。这说明，经过辩证、博弈形成的均衡状态并不是永恒不变的。均衡状态达成以后，随着时间的推移、外在条件和内部因素的变化，这种均衡就会被打破；随着新的不均衡发展过程的继续推进，参与各方再次经过权衡、博弈，经过各方的共同努力，不均衡仍将会按照共同认为的规则朝着各方共同认可的更高层次的新均衡方向发展。

(二)辩证均衡分析法的本质特征

辩证均衡分析法实现了均衡分析、非均衡分析与辩证法的有机结合。归纳起来，辩证均衡分析法具有如下特征，即均衡性、辩证性、同一性等。

1. 相关利益的均衡性

辩证均衡分析法的核心内容是“以辩证达均衡”，方法运用的目的是经过辩证达到均衡。注意，这里的均衡不是指各方力量的平衡，而是各方就相关利益达成的合意或共识。比如，慕尼黑协定只是英、法、德为了各自的利益以牺牲捷克斯洛伐克的利益为代价而达成的协议，这里的均衡也只是英、法“维稳”和德国“扩张”的利益暂时达成的合意；对捷克斯洛伐克来讲，这样的结果也达成了某种均衡，即牺牲地区利益换取捷克斯洛伐克的和平。在这里，我们暂不作价值评判，仅探讨方法的内涵和特征。要想达成均衡，相关博弈参与方的利益必须经过辩证、经过相互的妥协斗争才能够有实现均衡的可能性，否则，方法运用就失去了前提和基础。比如，在前述案例中，如果德国根本不愿意坐下来谈，即使英、法两国再想协商，也无法通过协商的形式来达到“休战”的目的，虽然这种“休战”的结果也只是暂时的。

这种均衡性还包括经过辩证博弈各方利益达到了均衡状态。这种均衡状态是经过相互的信息交流、策略选择调整，博弈各方相互妥协、让步和斗争，达成的相互利益的均衡状态。当然，这种利益均衡态只是暂时的，随时会被打破。

2. 分析过程的辩证性

分析过程的辩证性主要体现为任何时候的分析都应一分为二，能从两个方面进行分析。这里特指一分为二地分析均衡与非均衡的对立统一关系：既看到均衡与非均衡的不同和差异即对立性，又看到均衡与非均衡的关联和同一性，同时还要辩证均衡与非均衡之间的对立统一关系，辩证外在条件和内部要素对均衡与非均衡辩证运动的积极作用和消极影响。这个分析过程充分体现了博弈各方在信息交流、策略选择、相关利益均衡状态的达成过程中的辩证性。

3. 发展历程的同一性

发展历程的同一性是指辩证过程中的均衡与非均衡之间相互联结、互相转化的特性。在经过辩证由非均衡达到均衡之后，这种均衡状态很快就会被打破，事物将继续呈现不均衡状态，并继续朝着新一阶段的均衡状态发展。这一过程虽然会受博弈各参与方意志和行为的影响，但最终取决于事物自身的内在发展规律，呈现出“不均衡—均衡—新不均衡—新均衡……”这样的发展态势，体现了事物发展历程的辩证同一性(统一性)。

(三)辩证均衡分析法的运用过程

辩证均衡分析法是博弈参与各方经过辩证达到彼此均衡的过程中所应遵循的思考逻辑、分析途径和行动步骤的总和。运用此方法包括 4 个必要过程，分别是“全面观”“辩证析”“促转化”和“达均衡”。

1. 全面观

“全面观”是指运用联系和发展的眼光全面观察事物。我们既要能从总体上认识和把握事物，也要能从局部角度来认识和把握事物的各要素，掌握事物整体与部分的关系；我们既要注意到事物之间的辩证关系，也能观察到事物内部各构成要素之间的对立统一关系，能够把事物放在与相关事物的比较中考察，在事物的变化发展中把握其初始状态，并能根据情势变化判断事物发展的程度和趋势。我们可以将这个过程简称为“全面观”。

2. 辩证析

“辩证析”是指运用辩证的方法一分为二地来分析问题。任何事物都包含正反两方面特性。辩证分析时，既要看到其正面也要注意其反面，既要看到二者对立的一面，也要注意到他们的统一性。这就要求我们的分析要深入到事物内部，理解事物变化发展具有均衡与非均衡两种形态，理解均衡与非均衡的辩证运动体现了事物的循环螺旋上升趋势。辩证分析时，还需要重点考察一定时期不均衡向均衡转化所需要的条件，这些条件是客观存在的还是需要主观促成，这些条件对实现均衡转化能够起到什么作用，等等。

3. 促转化

“促转化”是指把握实现矛盾转化的关键点，促进实现由不均衡到均衡的转化。这是运用辩证均衡分析法“办成事”的过程。在这个过程中，需要“坚持”两点论和“重点论”的统一，在全面考察均衡转化所需条件的基础上，重点把握能够促进均衡转化的重要条件，并在信息交流、策略选择调整中解决问题，促成矛盾的转化。

4. 达均衡

“达均衡”是指经过辩证博弈各方就相关利益达成合意。这是矛盾转化的标志，也意味着旧矛盾的消失和新矛盾的产生，同时也意味着事物在一定阶段实现了不均衡常态向均衡非常态的转化，并将开启由这个均衡状态向下一个阶段的非均衡状态发展。

(四)运用辩证均衡分析法时的注意事项

第一，准确来讲，“全面观”“辩证析”“促转化”和“达均衡”不是方法运用步骤，而是方法运用过程。每一过程中都可以综合采用多种方法。比如，在“全面观”的过程中，运用发展的观点全面观察事物时就可以运用历史分析法，即通过考察事物的历史发展进程来全面准确地理解和把握事物。再比如，可以借助“内容与形式”“本质与现象、原因与结果”“必然与偶然”“现实与可能”等工具考察事物内容、事物之间的关系，分析均衡转化的条件等。促进不均衡向均衡转化时，可以借助于矛盾分析法，坚持“两点论”和“重点论”的统一，既要看到主要矛盾和矛盾的主要方面，又能抓住主流、大势和发展趋势，并通过抓“关键”促成转化，达到均衡。

第二，辩证均衡分析法中的“辩证”有两层含义，一是作为思维方法的辩证法的具体运用，主要解决思维问题即“如何看”的问题。二是作为具体办法，主要解决“如何分析和解决”的问题。运用此方法时，应注意区分不同情形下“辩证”的不同含义。“全面观”时，“辩证”是一种思维方式，即按照符合辩证法的规则观察、认识事物。“辩证析”时，“辩证”则是一种具体的问题分析和解决办法。

第三，辩证均衡分析中的“均衡”有两种功效。一是作为辩证均衡分析的阶段性目标，是我们理解事物螺旋上升趋势的关键，有助于我们理解事物的辩证均衡运动过程；二是作为事物发展的态势，指引着辩证分析的方向，有助于克服辩证法运用时易受使用者情感、能力的局限性弊端，进而实现辩证与均衡的有机统一。

第二节　辩证均衡分析法的来源、形成、发展与适用范围

一、方法来源

来源、形成发展与适用范围.mp4

虽然辩证的方法自古就有，但最早将辩证均衡分析法付诸实践的却是马克思。马克思是在古典经济学派研究成果的基础上，在唯物辩证法指导下，将此方法成功运用于对资本主义经济的探讨与分析。

辩证均衡分析法起源于马克思经济学中对经济问题的辩证分析，是辩证分析法、均衡分析法与非均衡分析法综合运用于经济问题研究分析过程中逐渐形成的一种新型经济问题研究方法。相较西方经济学中的均衡和非均衡这两种基本经济分析方法，马克思的辩证均衡分析法的显著特征之一就是其假设前提的一致性，即完全竞争、完全信息。辩证均衡分析法是马克思经济学“辩证均衡理论体系”创设过程中采用的最主要的思维和研究方法。马克思通过对现象与本质、个别与一般、均衡与非均衡的辩证分析，认为它们彼此之间在满足一定条件时可以相互转化，它们共处于同一个共同经济体系之中，他们在一定的矛盾运动中得以发展，并在达到一定均衡后继续朝着更高级的均衡阶段演化。通过辩证分析，马克思认为经济的“均衡”与“非均衡”状态的对立统一在理论上可以看作是价值规律作用下的必然逻辑结论，在实践中可以看作是经济系统自身矛盾的现实反映。①

马克思在对经济现象、经济问题进行辩证分析时，无论是局部的均衡辩证分析，还是

① 杨继国.马克思经济学“辩证均衡”理论体系初探［J］.当代经济研究，2005(7).

宏观经济的非均衡辩证分析，都是在一定假设前提下运用供需、价值规律等经济手段进行的分析。马克思主义者尝试将局部均衡、一般均衡和非均衡分析统一在一个逻辑体系之中，并对局部均衡、一般均衡、非均衡进行辩证分析，以获得解决现实经济社会问题的钥匙。在对经济问题进行分析的过程中，马克思的后继者坚持唯物辩证法，并将其扩展至更多的领域，这不仅开创了经济问题研究的新方法，而且为辩证均衡分析法的广泛运用奠定了理论基础。

二、方法的形成和发展

均衡最初为物理学概念，其本意是指相反力量的平衡；均衡作为数学概念，主要用于论证数学之间一种对等的逻辑关系。

19 世纪中后期，英国新古典学派的创建者马歇尔将均衡思想运用于经济学问题分析，构建了“局部均衡”理论，奠定了运用“均衡”理论分析经济问题的基础。后来，均衡逐步成为经济分析最有效的基本方法。随着经济学对其他学科的渗入，均衡也逐渐成为目前最为流行的科学研究方法。截至目前，均衡方法已在经济学、法学、社会学等领域得到广泛运用。

非均衡概念最早出现在对动态经济过程的分析中。但是，说起非均衡理论的鼻祖，学界公认的是凯恩斯。1936 年《就业、利息和货币通论》出版后创立的宏观经济学标志着经济学与均衡观的决裂。凯恩斯指出，未来具有不确定性，有效需求不足导致非自愿失业的存在，价格黏性的存在，使价格信号不能引导供需达到均衡，价格制度只能使经济走向非均衡状态。

从均衡分析到非均衡分析，西方主流经济学的政策主张也发生了从以市场为前提的自由放任到市场失衡为基础的国家干预的转变。非均衡理论把经济领域内的市场调节和政府调节的作用结合在一起进行考察，从而把西方宏观经济学的调节理论提到了一个较高层次，政策研究为宏观经济政策的制定提供了一种微观经济学的基础，对预期的分析、对决策的作用越来越重要。一般均衡理论确立了市场供求的理想目标，非均衡理论探索了政府干预下追求理想均衡的方法模式。虽然这二者都有局限性，比如，一般均衡理论的适用范围极窄，非均衡理论则总是在经济发展的关键时刻成为麻烦，但这两种理论所提示的正确处理政府与市场关系的路径，确实已成为丰厚的财富。

与西方经济学派的非均衡理论不同，马克思主义者的非均衡思想着眼于经济政治全局，在思维方法上坚持均衡与非均衡的辩证统一，在分析工具上采用辩证均衡分析法，希望通过市场和政府的相互作用，达到政治经济社会的健康有序发展。

事实上，为能很好地运用唯物辩证法研究资本主义社会的经济问题，马克思首先将其辩证思想运用于数学问题研究。马克思的《数学手稿》之所以能够促进微积分的发展，其中一个关键原因就是马克思将辩证分析法运用其中。辩证分析法将数学与哲学结合起来，不仅为哲学的研究开辟了新的领域，使哲学理论在数学实践中得到了证实，而且也使人们对变数的认识从常说的框架中解脱出来，同时也奠定了运用哲学、数学理论辩证分析研究经济问题的基础。

无论是一般均衡理论还是非均衡理论，或是马克思主义的辩证均衡思想，追达均衡都是一直以来的理论研究和实践探索的目标。辩证分析法从实践原型中直接抽出理论的做法包含了“追达均衡”的潜在诉求。因此，辩证是实现均衡的路径，均衡是辩证可期待的发展趋势。

事实上，作为思维观念、思维方式、思维艺术的辩证均衡发端于古代朴素的辩证术，后在唯物辩证法的指导下逐渐发展成为一种科学的经济研究方法，是马克思在唯物辩证法指导下，积极吸收包括劳动价值理论、均衡分析等内容的各经济学派的研究成果，运用数学模型分析社会总生产、商品价值与供求的关系等经济问题的研究成果。马克思的这一研究具有重要的方法论意义。虽然马克思及其后来者并没直接指明，但当我们回过头来重新审视马克思的经济研究时会发现，马克思当年经济研究运用的重要方法之一就是辩证均衡分析法。事实上，这一研究方法不仅可以用来分析研究经济问题，也可以用来分析政治、社会、文化等问题，可以用来分析人际关系、心理等问题。这是此方法在方法论层面所具有的普遍意义和现实价值。

三、方法的适用范围

辩证均衡分析法虽源于马克思对经济问题的研究，但也可以在人际关系、学业发展、人生规划、婚恋问题、亲子教育、意外灾害等多个领域多种场景中广泛应用。

人际关系构建问题。如何运用辩证均衡分析法构建人际关系，即如何以联系的、发展的眼光来全面审视人际关系的性质、发展过程和发展趋势；如何综合辩证地分析人际关系演化的过程；如何运用辩证法构建共同期待的均衡(如良好)人际关系。

学业发展方面。如何运用辩证均衡分析法构建促进学业发展，即如何以联系的、发展的眼光全面审视目前的学业状态、影响因素和发展可能；如何综合辩证地分析影响目前学业发展及诸因素对学业带来的影响；如何运用辩证法合理运用内外条件促进学业的发展。

人生规划方面。如何运用辩证均衡分析法进行人生规划，即如何以联系的、发展的眼光全面审视目前状态、相关影响因素的性质和对未来的期待；如何辩证地分析这些影响人生规划的主、客观因素及对人生规划带来的两方面影响；如何通过辩证实现主、客观因素的均衡，合理进行人生规划。

恋爱问题。如何运用辩证均衡分析法助力恋爱成功，即如何以联系的、发展的眼光全面审视你与意中人的关系、影响双方关系的主、客观条件以及双方对未来的期待；如何辩证地分析这些主、客观条件对双方恋爱带来的影响；如何运用辩证法实现主、客观因素的均衡，促进双方恋爱成功。至于能否进入婚姻的殿堂以及婚姻如何经营等，涉及后续的辩证均衡，暂不赘述。

亲子教育问题。如何运用辩证均衡分析法解决亲子教育中的冲突和矛盾，即如何以联系的、发展的眼光全面审视亲子关系中出现的冲突和矛盾；如何辩证地分析这些冲突和矛盾产生的原因、影响冲突和矛盾解决的因素以及这些因素对亲子关系带来的影响；如何运用辩证法促进这些亲子冲突和矛盾的解决，实现均衡。

第三节　经典案例或场景分析

经典场景或案例分析.mp4

“中华民族伟大复兴”中的辩证均衡分析

2012 年 11 月 29 日，习近平在参观《复兴之路》展览时第一次阐释了中国梦。他说：实现中华民族伟大复兴，就是近代以来中华民族最伟大的梦想。这个梦想具体来讲，就是要实现“两个一百年”目标，即到中国共产党成立 100 周年 2021 年时全面建成小康社会，到新中国成立 100 周年 2049 年时全面建成富强民主文明和谐的社会主义现代化国家，实现中华民族伟大复兴。伟大的时代孕育伟大的梦想。实现中华民族伟大复兴这个伟大梦想的提出，是在辩证分析国际国内形势的基础上，习近平总书记代表中国共产党向人民作出的一个郑重宣告和承诺。

中国梦的提出，是综合辩证国际国内两个大局，历史现实和未来三个向度，单边主义和多边主义的优劣的结果，体现了党和国家对重要战略机遇期的全面把握。

【方法解析】

我们在实现中国梦的伟大征程中，如何“全面观”“辩证析”“促转化”“达均衡”，在世界舞台上展现中国新貌、展示中国风采？下面，我们用辩证均衡分析法来予以解析。

“全面观”。这要求我们用联系的、发展的观点全面审视中国梦：从时间纬度来看，可以从历史、现实和未来三个维度来把握中国梦提出的必然性。通过考察历史，我们会了解到这个梦想并不只属于当代人，这个梦想是近代以来所有中国人一直以来的梦想；通过考察现实，我们知道当时中国仍处于如何让中国富起来的阶段，通过历史和现实的考察和综合辩证，我们有理由相信中国共产党不仅能够带领中国富起来，还很有信心在带领大家富起来之后继续让整个国家整个民族强起来。从“两个大局”来看，我们可以在综合辩证国际国内形势中把握中国梦的提出。就国内形势来看，2012 年中国经济仍保持高速增长，GDP 总量已连续 3 年超过日本，成功巩固和扩大了应对国际金融危机冲击的成果，中国成为仅次于美国的世界第二大经济体，这在政治上彰显了中国的制度优势，文化上增强了整个中华民族的自豪感和凝聚力。然而，中国的改革也进入到深水区、攻坚期，中国当前面临许多难啃的硬骨头。这些硬骨头不是出自某个方面，而是来自经济、政治、文化、社会、生态、军队和党的建设等各方面，涉及教育、住房、医疗、养老、就业等群众关切的民生问题；市场的自发性、趋利性在道德建设领域诱发了诸如拜金主义、享乐主义、极端个人主义等消极现象，干扰了社会主义道德建设；一些领导机关、领导干部存在形式主义、官僚主义、享乐主义和奢靡之风，这严重影响了中国共产党的执政党形象，影响了干群关系。国际上，世界经济复苏进程艰难曲折，国际金融危机还在继续，一些国家主权债务危机短期内难以缓解，“唱衰中国”与“捧杀中国”两种声音并存，让人是非难辨。在这种国际大环境下，中国的发展让一些西方国家感到不安，认为中国的发展威胁到了他们的安全。在他们看来，中国经济迅速发展了一定会像他们一样称霸世界。因此，他们开始综合采用经济制裁、军事威胁、政治封锁、文化渗透等方式围追堵截、阻挠中国的发展。面对内外压力，要想使中国继续向前发展，我们必须重塑民魂、国魂。“唯有精神上达到一定的高度，这个民族才能在历史的洪流中屹立不倒、奋勇向前。”[①]总之，“全面观”要求我们运用联系的、发展的观点全面审视中国梦，从历史、现实、未来三个纬度来把握中国梦提出的必然性，从与经济、政治、社会、文化、政治的关系角度来把握中国梦的实现条件，从国际国内形势来判断中国梦实现的国际国内环境，综合各方面条件来思考中国梦实现的策略选择。

“辩证析”。在推进中国梦实现的过程中，“辩证析”主要是指要用辩证的方法深入分析中国梦即中华民族伟大复兴的各个方面如经济、政治、文化、社会、生态等相互之间的辩证统一关系，掌握局部与整体、局部的不同阶段、整体的不同阶段之间均衡与非均衡的辩证关系。在这个过程中，我们要坚持“两点论”，历史地考察整体如中国梦 2012 年刚提出时和 2021 年第一个百年目标实现一年后的均衡与非均衡的辩证关系，全面地分析局部如经济活动的均衡与非均衡之间的辩证运动，系统地把握局部与整体之间如经济活动与民族复兴之间的均衡与非均衡的辩证运动。辩证分析时，还需要重点考察一定时期不均衡向均衡转化所需要的条件，这些条件是客观存在的还是需要主观促成的，这些条件对实现均衡转化能够起到什么作用，等等。通过辩证分析，我们既要准确把握彼此之间的对立统一关系，又要学会从正、反两个角度分析某一条件如生态对中国梦整体均衡与非均衡辩证运动的影响；通过辩证，我们要能够把握由不均衡向均衡转化时面临的条件或应采取的策略。比如，实现中华民族伟大复兴需要我们继续扩大对外开放，继续扩大对外开放就不能避开或绕过中美贸易摩擦。然而，美国对中国经济制裁不断，怎么办？这就需要我们辩证分析影响中美贸易摩擦的因素，辩证分析美方可能采取的问题解决策略，并根据美方的行为进行相应的策略选择。这个过程就是辩证均衡分析的过程，也就是通过辩证寻达均衡的分析过程。

“促转化”。是指把握实现矛盾转化的关键点，促进实现由不均衡到均衡的转化。这是运用辩证均衡分析法“办成事”的过程。要由现在的不均衡向未来的均衡转化，由局部不均衡向局部均衡再向全面均衡转化，需要坚持“两点论”和“重点论”的统一，在全面考察均衡转化所需条件的基础上，重点把握能够促进均衡转化的关键，并在信息交流、策略选择调整中解决问题，促成矛盾转化，推动实现由不均衡—均衡—不均衡—均衡……的辩证运动。中国梦提出之后，国际上经常出现一些质疑中国梦的声音。如日本驻美大使佐佐江贤一郎在美国的一次演讲中竟将“中华民族伟大复兴”的中国梦片面解读为中国国家威胁甚至称霸世界的梦想，认为这将使中国变成“可怕的大国”，并借机煽动“中国威胁论”。这种声音不仅误解了中国梦的科学内涵，而且极容易形成不利于中国梦实现的国际舆论和国内舆情。2013 年 3 月 23 日，习近平主席在莫斯科国际关系学院演讲时对中国梦内涵的界定[②]既有力地回应了国际国内关于中国梦的各种质疑，也进一步增加了实现梦想的决心和信心。在这个过程中，与中国梦是否能实现有关的事情很多，质疑的声音是其中一种。经过全面分析及审视，我们会发现，质疑中国梦的声音看似对中国梦的实现非常不利，但这个是影响中国梦实现的决定因素吗？经过辩证，我们会发现，各种质疑声音虽然

---

① 习近平. 习近平谈治国理政(第 2 卷)[M]. 北京：外文出版社，2017：47～48.

② 实现中华民族伟大复兴中国梦的基本内涵是：实现国家富强、民族振兴、人民幸福。中国要实现的中国梦，不仅造福中国人民，而且造福各国人民。习近平：习近平谈治国理政(第 1 卷)[M]. 2 版. 北京：外文出版社，2018：56～57.

并不是影响中国梦实现的决定因素，但如果处理不好，会对中国梦的实现产生严重影响。如何理解中国梦是中国梦实现过程中非常基础的一个问题，需要认真对待。习近平总书记在莫斯科国际关系学院的公开回应非常好地回应了各种质疑，这个时间地点选择得非常好，既正面回应了各种质疑，又坚定有力地向世界人民表明了中国的立场和态度，让世界人民明白中国梦是中国与世界人民共赢的梦想，能够凝聚民心，汇聚合力。理解并认可了中国梦的科学内涵之后，接下来就会面临新的现实和任务。

“达均衡”。“均衡”是实现转化的“标志”，具体到这里就是指中国梦的实现。这是中华民族发展过程中的一种具有标志性意义的“均衡”状态。这种均衡状态由不同阶段多个局部均衡状态(发展目标)共同构成，需要我们通过统筹安排协调推进。在向中华民族伟大复兴这个均衡状态转化的过程中，2020 年全面建成小康社会意味着不均衡—均衡的辩证运动达成了这一阶段暂时的均衡状态。这也可以说是运用辩证均衡分析法“办成事”的过程。这意味着我们离中华民族伟大复兴这个更高层次的均衡状态又近了一步，我们也将以已达成的均衡状态作为起点，经过新的辩证均衡分析，朝着更高层次的均衡状态继续努力。由此可见，均衡是事物发展过程中的一种特殊状态，是把握事物辩证运动过程的关键，也是辩证均衡分析的结果。这意味着旧矛盾的消失和新矛盾的产生，同时也意味着事物在一定阶段实现了不均衡常态向均衡非常态的转化，并将开启由这个均衡态向下一个阶段的非均衡态发展。

【延伸思考】

生活中有很多场景与中国梦的提出类似，比如一定条件下，通过辩证权衡确立跳一跳够得着的目标最合理，又比如教育既要教书更要育人的目标也是综合辩证以期人才素质的均衡发展。因此，确立目标、处理关系时，要全面审视综合辩证，综合运用边际效用、历史三维分析等具体方法促进转化，实现事物由不均衡—均衡—不均衡—均衡……的辩证协调发展。

【人生启迪】

做成一件事情，总是希望能全面兼顾。事实上，人的认识有局限性，做事时常难以全面兼顾。这就需要我们在做事时，紧扣目标，全面观察、反复辩证，确定当前目标实现的关键，综合权衡后促进目标实现。这个过程就是目标实现过程中事物由不均衡到均衡再经不均衡至新均衡的辩证均衡分析的过程。重视这个过程实质上就是要求我们运用辩证法原理通过辩证分析达到均衡实现目标的过程。

第四节　辩证均衡分析法的多场景应用

多场景运用.mp4

一、好习惯孕育大能量

自律达人的辩证均衡考量

——苏炳添的“亚洲飞人”练就之路

苏炳添，中国男子田径队的一名老将，以短跑见长。

2006 年 12 月，苏炳添第一次参加成人组比赛并在全国城市运动会上取得了 100m 第 5 名。以后多次打破全国和亚洲纪录，在各种大赛中取得好成绩。2019 年 2 月 16 日，获得国际田联室内巡回赛伯明翰站男子 60m 决赛冠军。2019 年 2 月 21 日，国际田联室内巡回赛德国杜塞尔多夫站男子 60m 决赛，苏炳添以 6 秒 49 的成绩夺冠。

2021 年 8 月 1 日，东京奥运会男子 100m 半决赛中，苏炳添跑出 9 秒 83，以半决赛第一名晋级决赛，同时创造了新的亚洲纪录。当晚，中国选手苏炳添在东京奥运会百米飞人大赛决赛中以 9 秒 98 获得第 6 名，这是中国选手在百米比赛中的最好排名！

时年已经 32 岁的苏炳添依然能够保证良好的身体状态实属不易。细究其中原因，这与苏炳添的自律生活和严格训练密不可分。正如他曾经的教练所言："苏炳添的身体条件一般，但比赛中不被对手的节奏打乱，一切都按照自己的步伐节奏进行。而且，苏炳添 32 岁了，已结婚生子，但是非常自律，对自己的训练非常严格。正所谓自律者出众，苏炳添，好样的，他打进了奥运会百米飞人八强，成为中国第一飞人，载入史册。"苏炳添非常优秀，自律成就了今天的他。

苏炳添的自律主要表现在以下几个方面：第一，饮食方面，严格要求自己，遵守规定以训练餐为主，从不乱吃乱喝；第二，从不抽烟喝酒，保证身体状态；第三，作息规律科学，晚上十点钟准时休息。

【方法解析】

苏炳添一路走来，是如何通过观察、分析实现一个个突破，取得一系列成绩的呢？下面，我们用辩证均衡的方法原理来予以解析。

"全面观"。运用联系的发展的眼光全面审视、综合评估目前的情形和将来的发展可能。这是某一阶段辩证均衡分析的起点。2007 年，18 岁的苏炳添刚到广东省队时成绩还不错，初生牛犊对未来取得好成绩充满了信心。然而，练习了近一年时间，苏炳添的成绩不仅没有提高，反而一直在下降，付出并没有带来预期的收获。是去是留，取决于苏炳添如何面对自己当时的现实状况。最初，苏炳添很受打击，也很困惑。当时的教练袁国强帮他分析，成绩的起伏可能是因为刚来体育队，不适应新教练、新环境、新训练方式造成的。可以再坚持一段时间，等把这些可能影响训练成绩的因素也排除了再作决定也不迟。袁国强教练的分析一定程度上消除他的困惑，对未来取得好成绩的期待暂时打消了他退出体育队的念头。苏炳添及其教练对当时自己状况的这种认识，看到了成绩与自身身体状况、教练训练方式、省体育队新环境之间这种既联系又对立的关系，看到了实际成绩与应取得的成绩、理想的成绩之间的均衡与非均衡态之间的辩证运动关系，也由此预测到如果坚持科学训练，身体应该会适应新环境、新训练并取得好成绩。这是辩证思维方法的运用，也是通过辩证达到均衡的基础和前提。

"辩证析"。即用辩证的方法深入分析可能影响成绩的各种因素，如苏炳添的生活习惯、身体状况、训练方式与成绩之间的辩证关系，掌握一段时间以来成绩变化与训练方式、身体状况之间的辩证运动。在这个过程中，我们要坚持"两点论"，全面考察影响成绩的各种因素，系统分析各种因素对成绩影响的两面性，整体把握成绩的未来发展趋势。辩证分析时，还需要重点考察一定时期如刚入省队时影响成绩提升的主要因素是什么，促使成绩稳定提升有没有可能，如果有，怎么才能确保成绩稳定提升，保证成绩稳定提升的关键因素有哪些？

通过辩证分析，把握生活习惯、身体状况、训练方式等与成绩提升之间的辩证关系，既要看到身体状况、专业训练对成绩提升的双重影响，还要看到理想成绩的取得过程是身体逐步突破极限、不断打破原有平衡的过程。苏炳添及其团队要充分意识到身体状态好、科学训练是理想成绩的保障，要为苏炳添量身定制专业训练方案，尽量避免在身体状态不佳的情况下参加比赛，同时也要做好应对各种突发状况的思想准备。追求理想成绩的过程也是激发身体潜能、突破身体极限的过程。无论是平时训练还是重大比赛，突破极限对苏炳添来讲也是双重的，既会带来荣誉和增强取得更好成绩的信心，也有可能会身体受伤，影响以后的比赛和训练。因此，无论是苏炳添还是教练，都需要通过辩证分析，准确了解苏炳添的身体状况和身体变化，以及饮食、作息、训练、心态等引起身体变化的条件。对于苏炳添来讲，要严格要求自己，科学饮食、规律作息、调整和保持良好心态，在教练的指导下科学训练、严格训练，保证身体能参加大赛并发挥出高水平；对于教练来讲，需要结合苏炳添的实际情况制订科学的训练培养计划，指导苏炳添坚持训练，保持身体良好状态，并在苏炳添训练或比赛期间需要帮助时能够及时予以苏炳添所需要的帮助。仍以苏炳添刚到省体育队时为例：正是苏炳添与其教练相互交流、彼此分享，共同分析才让苏炳添转变认识、及时调整了心理状态。通过辩证分析，苏炳添深刻认识到影响好成绩的身体状况、训练方法、营养供给等条件，也意识到运动天赋、均衡的营养供给、良好的身体状态、规律的生活作息、科学的专业训练等条件都会让自己取得好成绩。

“促转化”。是指把握实现矛盾转化的关键，在这里就是抓住能够促进成绩提升的关键，实现成绩突破。经过辩证，苏炳添认为决定自己能否取得好成绩的关键因素是自己的身体状况，即一是是否有短跑天赋；二是能否保持良好身体状况。短跑天赋已经证实，能否保持身体状况关键在自己。要想保持良好的身体状况，必须自律。他的自律主要表现在饮食方面严格要求自己，遵守规定以训练餐为主，从不乱吃乱喝；从不抽烟喝酒，保证身体状态；作息规律科学，晚上十点钟准时休息。以刚入省训练队为例：当明白成绩不理想的原因可能主要是由于身体还没有适应新训练方式后，他抓住了决定成绩好坏的关键——身体状况，同时教练也配合调整训练方式，让训练更适合苏炳添的身体条件。坚持了几个月，又经历了一场比赛后，苏炳添终于决定要继续坚持下去了，因为他认为他找到了保持身体状态与规定训练动态平衡的密钥。正是抓住了身体状况这个决定成绩的关键，苏炳添才促成了一次次由不均衡到均衡的转化，也使身体一次次达到更高层次和水平的均衡状态，一次次打破纪录和取得优异成绩就是明证。

“达均衡”。这里的均衡是指苏炳添的身体机能、心理素质等综合条件共同作用下身体达到的良好状态。每次苏炳添取得的优异成绩和突破，都可以说是苏炳添身体机能达到更高层次均衡的一种具体表现。经过辩证达成的均衡状态，既是前一过程辩证均衡分析的结果，也是下一个辩证均衡分析过程的起始状态。要达到新的均衡，需要进行新的辩证均衡，这样循环往复的辩证均衡过程就是事物辩证发展、螺旋上升的过程。

2021 年 7、8 月份参加东京奥运会时，虽然苏炳添具有运动天赋，曾多次打破过全国和亚洲纪录，也具有良好的心理素质和丰富的大赛经验，但此时苏炳添已 32 岁，参赛年龄偏大，与队员相比身体条件一般，再出佳绩很难。面对这样的现实，苏炳添仍坚持参加东京奥运会。这也是在“全面观”现实的基础上，通过“辩证分析”作出的决定。要想在这次比赛中取得好成绩，必须辩证分析与之相关的条件，既要看到有利条件，也要意识到制约因素。辩证发现，不利条件不少，有利条件也很多，最为关键的是长期的自律保证了苏炳添能够以良好的身体状态和精神状态参加比赛。尽管如此，苏炳添要想在比赛场上取得好成绩，还必须综合平衡自身条件，使自己比赛时能够在心态、心率、肺活量、步伐频率、步伐大小、体能等各个方面保持最佳状态，并且彼此相互支持，共同配合，支持自己在比赛中实现突破，取得好成绩。

事实上，比赛场上，在良好身体条件的支撑下，苏炳添科学准确把握关键条件——身体状况，达成了新条件下身体新均衡状态，实现了新突破。相较之前的成绩，苏炳添在这次比赛中促成的均衡是更高层次的均衡，体现了他的成长进步和发展。

【延伸思考】

自律达人都是辩证均衡达人。只要坚持科学运用辩证均衡分析法，并将其付诸实践，就一定能够成为自律达人。从出生到死亡，一个人身体机能的变化发展过程就是一个从不均衡到均衡、再从均衡经不均衡再到均衡的这样一个螺旋上升过程。同理，一个人的成长发展也是这样一个螺旋上升的过程。因此，辩证均衡分析法是练就自律达人的不二法门。

【人生启迪】

自律是什么？自律是一种能力，一种能够帮助我们平衡面对诱惑时的冲动反应能力。这种能力值得我们每个人拥有一辈子。这种能力是个体意识受到“冲击”后的主动选择。这个主动选择的过程是主体在面对冲突时通过辩证分析主动放弃诱惑从而达到外在选择与内在追求的动态平衡过程，是通过辩证达到均衡的过程。这种能力能够帮助我们在繁杂复杂的外在环境面前坚守初心、保持定力，实现外在选择与内在追求的动态平衡。

二、一方有难，八方支援

一方有难、八方支援，是指一个地方有了困难，四面八方都来援助。出自 1966 年 2 月 28 日《中国青年报》为《为了六十一个阶级弟兄》所配的社论《又一曲共产主义的凯歌》：“一人有事，万人相助；一处困难，八方支援”。2008 年 5·12 汶川大地震发生后，灾区人民的生命安全牵动着全国人民的心，各地组织了大批医疗队奔赴灾区救助受伤灾民；2021 年郑州 7·20 特大水灾发生后，全国各地的救援人员和救援物资驰援河南，帮助河南人民排除水灾、救助受灾群众，如图 15.3 所示。

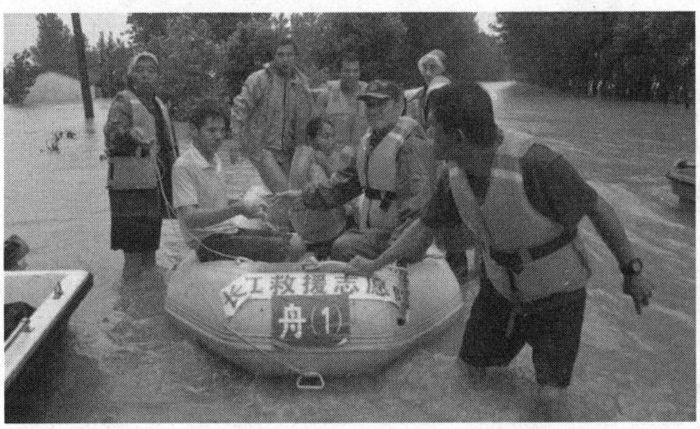

图 15.3　“武汉长江救援志愿队”郑州救援现场

【方法解析】

“全面观”。运用联系的、发展的观点全面审视、综合评估 7·20 郑州水灾和将来的发展趋势。

第一，从历史的角度来看，郑州的暴雨百年不遇。17 日 20 时到 20 日 20 时，3 天降水量为 617.1mm，而郑州常年平均全年降水量为 640.8mm，相当于 3 天下了以往 1 年的雨。

第二，就现实情况来看，水灾后灾情紧急，灾害多发，许多人被困地铁、高铁，水库、河流水位猛涨，多个河堤久未使用决口甚至超过河堤，水患危险紧急。

第三，从受灾的周边情况来看，郑州周边平原居多，国家的重要产粮区，泄洪能力有限，泄洪效果不明显。

第四，从灾区的地理位置来看，郑州地处中原，地理位置重要，郑州受灾影响巨大，不仅影响当地及周边，还将影响全国。

第五，从灾区的自然环境和历史经验来看，郑州作为内陆城市，自然地理环境优越，一向缺少应对这种极端天气的经验和能力。突如其来的水灾确实给郑州乃至整个河南人民带来了巨大的灾难，这是我们必须承认和面对的现实。我们要用联系的、发展的观点全面审视这次灾难。暴雨总会停、灾难总会过去。

目前，首先应全面分析灾情，分析灾情发生的根本原因，灾难扩大的风险、制定减少灾难扩大及次生灾害的措施等。既要看到灾难打破了原有的平衡，也要看到灾难过后还必须努力促成新的平衡——人民生活恢复正常、经济社会正常运转。

“辩证析”。即运用辩证等方法全面分析与灾难救助相关的因素，掌握灾难救助与灾后重建的辩证关系。经过辩证分析，要准确把握救助灾民与排除水患的关系，把握自救与他救的关系，自救的可能与约束，他救的好处与限制，等等。

通过分析，要充分把握由仍处于灾情之中的明显不均衡状态到逐步恢复正常生产生活的宏观均衡状态转化时面临的各种有利、不利条件，也要善于发现对于救助有利的中国制度优势、可爱可敬的灾区人民的聪明才智，救助灾民时既可充分利用网络发达消息能及时传播的有利条件，也要注意可能因停电停网、不会使用网络、行动不便等原因而导致无法及时联系处于险情中的受困灾民，既要重点保障受灾人民的基本生活所需，也要提供充电设备等以保障网络畅通、及时联系。

通过辩证分析，我们既要准确把握灾难救助过程中彼此之间的对立统一关系，又要学会从正、反两个方面来分析某一条件，如外援对灾难救助的影响；通过辩证分析，我们也要能够把握由不均衡向均衡转化时面临的条件或应采取的行动策略。比如，洪水险情过后，那些家园被冲、农田被淹的灾民如何生活？这就需要我们辩证分析影响灾后重建的因素，辩证分析不同策略对灾后重建的不同影响，综合权衡灾区人民利益诉求与国家的整体战略安排而确定相应的策略选择。这个过程是相关参与方针对灾难救助进行信息交流、策略调整选择的过程，也是参与各方通过辩证寻求均衡实现的分析过程。

辩证分析时，要注意区分这些条件、信息、策略分别会在什么情况下对实现转化起什么作用。这将奠定理想均衡达成(经济社会生产生活恢复正常)的基础。

“促转化”。是指根据辩证分析，找准并把握矛盾转化的关键，促进实现由不均衡向均衡的转化。这是运用辩证均衡分析法“办成事”即经济社会生产生活恢复正常的过程。

要由处于险情时的不均衡状态向险情过后生活恢复正常的均衡状态转化，既要坚持两点论，全面考察河南应对水灾、生活恢复正常所需要的各种条件，也要坚持“重点论”，在全面考察的基础上重点把握促进均衡转化的关键，转移灾民、疏通河道、加固堤坝等，并在相互的信息交流、策略选择调整中促进矛盾转化，推动实现由不均衡—均衡—不均衡—均衡……的辩证运动。

通过相互的信息交流，通过救与不救、如何救的策略比较，郑州市政府、民众和企业为了自身和当地利益，一方面积极自救，另一方面向外界传递信息，积极寻求有效外援，许多明星、企业为了自身的发展，也积极捐钱捐物；来自全国各地的专业救援队伍赶赴现场排水、固堤、转移灾民。这些措施都有力地推动了郑州水灾救助过程中的由不均衡向均衡转化。

“达均衡”。“均衡”是实现转化的标志，具体到这里就是指郑州与河南人民度过水灾，生产生活恢复正常。这个均衡状态是由不同阶段多个局部均衡状态共同构成的，需要各方共同努力，统筹协调推进。

在向均衡转化过程中，排除水患、人民生活基本恢复意味着不均衡—均衡的辩证运动达到了暂时的均衡，但从总体来看仍然不均衡：供电、供水仍不完全正常，破坏了的交通设施尚未完全恢复，灾后生产也尚未完全开始。因此，仍需各方共同努力，朝着更高层次的均衡状态如供电、供水完全正常，破坏了的交通设施能修则修、该换则换。与其他场景一样，均衡只是灾难救助过程中的一种特殊状态，是把握事物辩证运动过程的关键，也是辩证均衡分析的结果。这不仅意味着旧矛盾的消失，是下一阶段非均衡向均衡转化过程的开端。经过各方几天共同的努力，到 7 月 23 日，郑州内涝基本控制，预期目标基本实现。

在这个过程中，鸿星尔克因捐助爆火最令人关注。郑州遭受暴雨洪水袭击后，鸿星尔克公司立即捐助 5000 万元。5000 万元看似不多，但根据相关了解，鸿星尔克近些年的收入一直不太好，基本上都是亏损，仅 2020 年一年，就亏损了 2 个多亿。帮助别人不容易，能在自己公司受困仍去帮助别人就显得更难能可贵。当因捐款引来一些不怀好意的人的恶意诋毁、抹黑时，仍在劝消费者要理性消费。这在“利润至上”的商业领域可是一股清流，赢得了消费者，赢得了壹基金和郑州慈善总会的帮助。壹基金和郑州慈善总会向公众公布了鸿星尔克的捐赠明细。事实面前，网络上鸿星尔克“诈捐”的嫌疑不攻自破，很多网友更是肯定了鸿星尔克的做法并以实际行动支持其发展。原本可能会亏损甚至破产的鸿星尔克在河南水灾中意外获得了民众的支持，拥有了继续经营下去的坚实基础。单独来看，这也可以算作是辩证均衡分析法的典型案例。如果有兴趣，大家可以尝试运用辩证均衡分析法专门分析此案例。

【延伸思考】

郑州抗洪中的联动战术，是科学辩证之后共同的策略选择，也是促进新均衡达成的关键。第一，面对突如其来的天灾，处于灾情旋涡中的郑州被困其中，自救能力有限。第二，水灾虽然暂时在郑州，但如果解决不及时，随时就会危及周边尤其是下游人民的生命财产安全。第三，在以往其他地区有困难时，郑州乃至整个河南都给予了很多帮助，比如 2020 年疫情防控期间，河南在很短时间内组织医疗队予以救援。第四，中国有“助人就是助己”的文化。经过辩证权衡，各方普遍认为应该及时帮助郑州乃至河南渡过难关，是一件利人利己值得提倡的好事。依据这样的共识，处于灾情中心的郑州希望得到及时救助渡过难关，河南的“远亲近邻”广东、广西、四川、新疆、河北、湖北、安徽、山东、山西等省各地市都以实际行动积极帮助郑州渡过这次“水劫”。

【人生启迪】

什么是灾难？不同人眼中的灾难是不同的。从人类与生活环境的关系来看，灾难可以说是信号，是人与自然界、人与人、人与社会之间平衡被打破的反映；是警报，警醒着我们人类要有生命共同体意识，相互协助、共渡难关，警醒着我们要辩证分析科技与人类生活、自然生态与社会发展的关系，警醒着我们要把推动人类社会由不均衡—均衡—不均衡—均衡……的辩证协调发展作为义不容辞的责任。毕竟我们的社会是由我们一个个个体所组成的，我们与社会一荣俱荣、一损俱损。

三、门要当，户也要对

门当户对是中国传统的择偶观念。现代许多年轻人认为这是旧社会的一种陋习，是世俗的产物，本质上是一种权衡，有辱爱情的神圣与纯粹，应予以坚决反对。有情饮水饱嘛！也有一些人认为，在现代社会门当户对仍然非常有必要。只不过今天“门当户对”的内容发生了一些变化。今天的“门当户对”不是指以前所讲的家庭出身、社会地位匹配等，而是指恋爱双方三观一致，更强调精神层面的相似均衡。由此可见，今天所讲的“门当户对”内涵更加丰富，不仅包括家境、积蓄等物质方面的硬实力，更在于双方的眼界、学识、生活方式、价值观念等精神层面的软实力。恋爱双方在缔结婚姻时，无论是否讲究门当户对，都会在综合辩证双方的工作、收入、外貌、兴趣、爱好、生活方式、家庭背景等硬实力和软实力之后认为双方总体条件能够基本平衡。正是基于这样的判断，恋爱双方才达成了缔结婚姻的合意。因此，婚姻的缔结，可以说是恋爱双方对各自的条件分别估量、综合辩证之后的一种均衡状态。

【方法解析】

“门当户对”本身就是一种均衡状态。择偶则是从双方相识、相知到相爱、相恋并最终达成缔结婚姻合意的过程。在这个过程中，无论是恋爱关系的确立，还是缔结婚姻合意的达成，都是达成的一种均衡状态。下面，我们用辩证均衡分析法来简要阐释为何在当今社会恋爱、婚姻仍需门当户对。

“全面观”。是指用联系的、发展的观点来全面审视双方条件与恋爱、婚姻的关系，全面审视恋爱、婚姻与门当户对的关系，全面审视“门当户对”对于恋爱成功、缔结婚姻的作用，审视当今社会赋予“门当户对”的新意与当今社会恋爱、婚姻内涵的关系，综合评估恋爱双方门当户对与门不当户不对两种恋爱模式的未来发展趋势。需要考察可能影响双方恋爱关系的工作、收入、家庭背景等物质条件，也需要重视双方的爱、“三观”、性格、兴趣、爱好等精神需求。外在的容貌、身高、长相、家庭的态度，内在的价值观、生活习惯、生活方式等，都或直接或间接地影响着双方感情的产生、发展和未来走向。

“辩证析”。恋爱过程中，“辩证析”是指用辩证的方法深入分析双方具体条件如相貌、学历、家庭背景、工作、收入等对恋情的双重影响，整体把握恋爱不同阶段非均衡与均衡之间的辩证关系。彼此能否接受对方的家庭、朋友、生活习惯，能否容忍对方的生活习惯，是否认同对方的价值观念、生活方式；双方是否愿意为了对方改变自己，等等。辩证时，需要结合自身实际着重分析各种条件对于恋情的利与弊，需要结合自身实际着重把握最能影响你作决定的关键因素。以所有人都会强调的“爱”为例：要重点分析我们强调的爱能够依靠什么来滋养和维系，你最期待用什么来滋养和维系。

恋爱之前，大家都会有一种对未来爱人的美好想象：期待 TA 是高富帅、期待 TA 对自己的痴情、专一。爱情到来时，可能 TA 没有你想象中的那么完美，但你仍然会为之心动、为之痴迷、为之发狂，甚至愿意为了 TA 而牺牲一切。当爱情的激情慢慢褪去后，你对 TA 的感情仍会依旧，同时对方对你的回应也在影响着你对 TA 的感情。这时，双方是否门当户对就会影响你们恋情的进展。你会自觉与不自觉地开始权衡 TA 的条件对你们关系的影响。虽然你表现得并不介意 TA 的身高，但当外人对 TA 的身高予以否定时，你仍然会不舒服；虽然 TA 对你很好，但 TA 收入并不稳定；虽然你们双方的感情很好，但你(或 TA)的父母并不认可 TA(或你)；……这些都在影响着你们恋爱关系未来的走向。在相处的一段时间内，你们彼此相互了解，彼此的感情也在相处过程中发生着变化，这些变化都在一定程度上影响着你们感情未来的走向。这个过程其实就是双方相互博弈的过程。博弈过程中，经过相互的信息交流，双方不断进行相应的策略选择调整，这个过程是恋爱双方辩证分析彼此的感情契合度，家庭对关系的态度、可能带来的影响，彼此的生活态度、生活习惯等能否相容等的过程。

“促转化”。是指把握实现矛盾转化的关键，促进实现由一般关系(不均衡)向恋爱关系(均衡)状态的转化。通过辩证分析把握住影响双方感情的关键，采取相应行动促进双方感情增温、发展直到双方达成缔结婚姻的合意，实现由不均衡到理想均衡(恋爱成功、达成缔结婚姻的合意)转化。在这个过程中，需要坚持“两点论”和“重点论”的统一，在全面审视辩证分析中把握住“办成事”的关键，能够投其所好，并根据对方的反馈及时调整策略方法，在策略选择调整中、在相互的交往中渐进地促成矛盾转化，即由一般关系发展成为恋爱双方(或由恋爱双方发展成为夫妻关系)。

“达均衡”。“均衡”是实现转化的标志，具体到这里就是指确立恋爱关系或达成缔结婚姻的合意。这是辩证均衡分析的结果，也是运用辩证均衡分析“办成事”(恋爱成功、步入婚姻)的标志。达成的这种均衡状态是相对于恋爱阶段(结婚以后)双方的不均衡状态而言的，是一定阶段辩证均衡的结果。相对于事物发展的进程而言，缔结婚姻既是前一过程的结果，也是下一个辩证均衡分析过程的初始状态，并将随着条件的变化而变化。比如，在婚姻初始阶段共同生活的过程中，双方感情难免会因作息习惯、生活方式、兴趣爱好、沟通方式、亲友关系等而受到影响。这时就需要婚姻双方及时调整，通过辩证达到新的均衡状态。新均衡状态的达成过程，就是婚姻生活中彼此相互包容、共同提升的过程。这种均衡状态同样是暂时的、相对的。相对于自己目前的综合条件，对方的综合条件(基本)是匹配的。从这个意义上来讲，恋爱成功或结婚所达成的合意，是达成了双方共同认可的已经赋予了新意的“门当户对”。这种匹配是相对于当事人双方而言的，当然，在外人眼中双方可能仍不般配。

【延伸思考】

爱是一场博弈，双方只有势均力敌才有可能彼此吸引；爱不是一场简单的博弈，双方只有相互包容共同提升，恋爱、婚姻才有可能成为期待中的美好样子。爱需要双方的共同维护和滋养。只有这样，爱才拥有丰富的养料，双方也才有可能从中汲取爱的养料，在婚姻中实现利益的最大化，双方也都因此变得越来越好。任何关系，如同学关系、同事关系、亲子关系的维系都是如此。只有经过科学的辩证均衡分析，才有可能按照共同的规则、找到并把握住实现均衡的关键要素，也才有可能通过努力达到预期的均衡状态——构建良好的人际关系。

【人生启迪】

外在的门当户对是表象，内在的势均力敌才是恋爱成功的根本。这是辩证均衡分析恋爱双方内在与外在条件、物质条件与精神追求、现在状态与未来发展、双方“三观”与生活习惯之后得出来的结论。婚姻关系、亲子关系等人际关系亦是如此。因此，在婚姻经营、亲子关系、朋友之间，我们都可以运用辩证均衡分析法分析条件变化对婚姻等关系的影响，并根据条件变化进行相应的策略调整以保持人际关系的动态平衡，拥有美满的婚姻等良好的人际关系。

第五节　方 法 拓 展

一、与辩证分析法的联系与区别

方法拓展.mp4

辩证分析法是运用辩证法基本原理进行问题研究的一种方法。这种方法将事物看作是运动的、变化的和彼此相互联系的，通过研究事物的内在矛盾来阐明矛盾的同一性和斗争性之间既相互联系又相互转化的一种研究方法。

辩证分析法是辩证均衡分析法运用过程中进行辩证的其中一种研究方法。辩证均衡分析法则是明确了辩证的目的在于实现预期均衡，是在唯物辩证法基本原理指导下，辩证分析法与均衡分析法、非均衡分析法的有机融合，综合运用。在这里，辩证分析法是实现均衡状态的其中一种路径和方法。

二、与均衡分析法的联系与区别

均衡分析法是现代西方经济学的基本研究方式之一，是在假定各经济变量及其相互关系已知的前提下，考察达到均衡状态的条件和状况的分析方法。

双方的联系在于均衡分析法是辩证均衡分析法运用过程中研究如何实现预期均衡时的其中一种方法。双方最主要的区别在于均衡分析法侧重于在一定假设前提下关于达到均衡状态的条件和状况等的考察。而辩证均衡分析法则侧重于探讨通过辩证达到均衡的策略选择、行动路径等。

【学生活动】

1. 活动主题

辩证均衡分析法助力梦想实现

2. 活动步骤

第一步，独立完成任务。

结合个人实际、社会环境、家庭状况等树立一个你最期待实现的目标，学业、情感、人际交往、职业、家庭等任一方面均可。

第二步，小组讨论(一个阶段的辩证均衡分析)：3～4 人一组。

先相互分享各自梦想，然后运用辩证均衡分析法、结合其他所学方法依次分析每个人梦想实现所需要具备的主观条件和客观条件、历史条件和现实条件、外在条件和内在条件等，综合权衡这些条件在梦想实现中的作用是积极促进作用还是消极阻碍作用，抑或是其他？如何做才能扩大积极因素、缩小消极因素？这些因素彼此之间的关系是什么？实现预期目标有哪些策略选择？这些策略选择分别有哪些优劣？如果条件发生了变化，还可以怎样调整优化预先的策略选择？目标实现意味着什么？实现目标有哪些有效路径或方法？

第三步，全班交流。

各小组分享讨论情况，重点分享运用辩证均衡分析法助力梦想实现时有哪些问题或困惑，并针对这些困惑或问题及时解疑释惑。

【资源链接】

[1] 孙正聿. 辩证法研究(上、下)[M]. 长春：吉林人民出版社，2007.

[2] 张金清. 序方法与均衡分析[M]. 上海：复旦大学出版社，1999.

[3] 吉家乐. 哈佛思维训练课[M]. 天津：天津科学技术出版社，2014.

[4] 程恩富，胡乐明. 经济学方法论——马克思、西方主流与多学科视角[M]. 上海：上海财经大学出版社，2002.

[5] 毛泽东选集(第 1 卷)[M]. 北京：人民出版社，1991.

[6] 毛泽东选集(第 2 卷)[M]. 北京：人民出版社，1991.

参 考 文 献

[1] 华罗庚. 优选法平话及其补充[M]. 北京：国防工业出版社，1971.

[2] 列宁. 论国家[A]. 列宁选集·第 4 卷[C]. 北京：人民出版社，1972.

[3] 许永璋. 试论历史主义[J]. 社会科学辑刊，1979，(1).

[4] 程洪. 历史是什么？——由此产生的方法论问题[A]. 历史科学规划小组史学理论组编. 历史研究方法论集[C]. 郑州：河南出版社，1986.

[5] 马自毅. 谈谈历史研究方法的多元化问题[J]. 史林，1987，(02)：46～50.

[6] 赵功民. 外国著名生物学家传[M]. 北京：北京出版社，1987：25.

[7] 刘忠世. 马克思对人类历史发展阶段的多种划分形式及其方法论意义[J]. 河北学刊，1994，(04)：33～38.

[8] 袁亚湘. 最优化理论与方法[M]. 北京：科学出版社，1997.

[9] 裴雪重，高世金. 黄金分割与人体科学[J]. 科学，1998，50(06)：44～45+2.

[10] 张雄. 黄金分割的美学意义及其应用[J]. 自然辩证法研究，1999(11)：5～8.

[11] 张金清. 序方法与均衡分析[M]. 上海：复旦大学出版社，1999.

[12] Gilles Paquet, Governance through Social Learning[M]. Ottawa: university of Ottawa press，1999.

[13] 付俊英. 论思维定势与创造性思维[J]. 科学技术与辩证法，2000，(05)：19～22.

[14] 俞可平. 治理与善治[M]. 北京：社会科学文献出版社，2000.

[15] 张旭东. 绿色世界中的黄金分割[J]. 青少年科技博览，2002(18)：9.

[16] 李振宏. 20 世纪中国的史学方法论研究[J]. 史学月刊，2002(11)：101～111.

[17] 李振宏. 20 世纪中国的史学方法论研究(续)[J]. 史学月刊，2002(12)：104～110.

[18] 司志本. 黄金分割——神圣的分割[J]. 湖南第一师范学报，2003，(01)：60～62+64.

[19] 彼得·德鲁克. 管理的实践[M]. 北京：机械工业出版社，2004.

[20] 海因茨·韦里克，哈罗德·孔茨. 管理学：全球化视角[M]. 11 版. 北京：经济科学出版社，2004.

[21] 张媛. 美妙的“黄金分割”[J]. 安徽电子信息职业技术学院学报，2006，(04)：32～33+35.

[22] 李剑锋，刘桂珍. 论批判性思维训练的途径及其问题[J]. 西北师大学报(社会科学版)，2006，(03)：63～67.

[23] [法]笛卡尔. 谈谈方法[M]. 王太庆译. 北京：商务印书馆，2006.

[24] [英]保罗·肯尼迪.大国的兴衰[M]. 北京：国际文化出版公司，2006.

[25] 孙正聿. 辩证法研究(上、下)[M]. 长春：吉林人民出版社，2007.

[26] 江凤武，薛文达，张立民. 黄金分割在建筑中的应用[J]. 才智，2008，(19)：28.

[27] 西蒙·斯涅克. 伟大的领导者如何激励行动. 美国：TED 演讲，2009.

[28] 李忠东. 自然界神奇的黄金分割率[J]. 小学生之友(中版)，2010，(03)：8～9.

[29] 代海峰，于洪燕. 黄金分割律在西方绘画构图中的运用[J]. 商情，2010，(34)：132.

[30] 史蒂芬·柯维. 高效能人士的七个习惯[M]. 北京：中国青年出版社，2011.

[31] 克里斯托弗·彼得森，史蒂文·迈尔，马丁·塞利格曼. 习得性无助[M]. 北京：机械工业出版社，2011.

[32] 吕纯山. 亚里士多德的类比概念[J]. 世界哲学，2013(05)：32～39.

[33] 余华. 社区网格化管理范式的演进与创新略探[J]. 湘潭大学学报(哲学社会科学版)，2014，38(02)：79～82+150.

[34] 李忠秋. 结构思考力[M]. 北京：电子工业出版社，2014.

[35] 赵宇春. 生活风险分析法[M]. 北京：中国劳动社会保障出版社，2014.

[36] 陈培永. 思维的法则——毛泽东《矛盾论》如是读[M]. 广州：广东人民出版社，2014.
[37] 吉家乐. 哈佛思维训练课[M]. 天津：天津科学技术出版社，2014.
[38] 胡毓达. 优选法的对称试验最优性[J]. 自然杂志，2014(04)：285～291.
[39] [美]菲尔・杜森伯里. 洞见远胜创意[M]. 宋洁译. 上海：上海远东出版社，2014.
[40] 贾克防. 笛卡尔论分析方法与“我思故我在”[J]. 世界哲学，2014(3)：96～104.
[41] 孙柏瑛，于扬铭. 网格化管理模式再审视[J]. 南京社会科学，2015(04)：65～71+79.
[42] 顾辉. 综合评价法在城市治理评估指标体系中的应用[J]. 江淮论坛，2015(6)：21～25.
[43] [法]R.笛卡尔. 方法论 A Discourse on the Method[M]. 辽宁：辽宁人民出版社，2015.
[44] 课思课程中心. 效率倍增的 6 大方法[M]. 北京：中国电力出版社，2015.
[45] 范里安. 微观经济学：现代观点[M]. 上海：上海人民出版社，2015.
[46] [美]田辰山(Chenshan Tian)，萧延中. 中国辩证法：从《易经》到马克思主义[M]. 北京：中国人民大学出版社，2016.
[47] 成甲. 好好学习[M]. 北京：中信出版社，2017.
[48] 西蒙・斯涅克. 超级激励者：秘诀就是统一目标、统一行动、统一价值观![M]. 上海：文汇出版社，2017.
[49] 王世民. 思维力：高效的系统思维[M]. 北京：电子工业出版社，2017.
[50] 王浦劬，臧雷振(编译). 治理理论与实践：经典议题研究新解[M]. 北京：中央编译出版社，2017.
[51] 陈振明等. 公共管理学(第二版)[M]. 北京：中国人民大学出版社，2017.
[52] 洪雷，张佩. 大数据背景下的高校学生网格化管理模式构建[J]. 现代教育管理，2017(12)：96～101.
[53] 杨宗辉，田野. 网格化管理的再思考[J]. 暨南学报(哲学社会科学版)，2017，39(12)：27～32.
[54] 夏欢欢，钟秉林. 大学生批判性思维养成的影响因素及培养策略研究[J]. 教育研究，2017(5)：67～75.
[55] 刘聪. 黄金分割在摄影构图中的运用[J]. 新闻研究导刊，2018，139(7)：247～249.
[56] 刘平. 巧用类比追问 破解认识论疑难[J]. 中学政治教学参考，2018(04)：30～31.
[57] 王天一. 军事历史题材纪录片的现实观照——以《铁在烧——志愿军第 63 军铁原战记》为例[J]. 电视研究，2019(01)：66～67.
[58] 徐丽华，包亮. 非洲孔子学院探索与研究[M]. 长春：吉林大学出版社，2019.
[59] 宁继鸣. 孔子学院研究年度报告[M]. 北京：商务印书馆出版社，2019.
[60] [日]桑原晃弥. 丰田 PDCA+F 管理法[M]. 张璇译. 北京：人民邮电出版社，2019.
[61] 张定胜，[澳]杨小凯，张永生. 发展经济学：超边际与边际分析[M]. 北京：社会科学文献出版社，2019.
[62] 张维迎. 博弈论与信息经济学[M]. 上海：格致出版社，2019.
[63] 西蒙・斯涅克，戴维・米德，彼得·多克尔. 如何启动黄金思维圈[M]. 浙江：浙江人民出版社，2019.
[64] 巨力. 从三个历史节点看中国经济发展奇迹[J]. 求是，2019(20)：34～41.
[65] 葛显龙，温鹏哲，薛桂琴. 基于需求预测的两级动态配送路径优化研究[J]. 中国管理科学，2020(12)：1～16.
[66] 芭芭拉・奥克利. 跨越式成长[M]. 北京：机械工业出版社，2020.
[67] R.D.C. 布莱克，A.W. 科茨，克劳弗德. 经济学的边际革命[M]. 北京：商务印书馆，2020.
[68] 孙万怀. 判例的类比要素：情景、中项与等值以刑事裁判为视角[J]. 中外法学，2020，32(06)：1509～1532.
[69] 晏智杰. 经济学中的边际主义[M]. 北京：商务印书馆，2021.
[70] 任允宏. 巧用类比策略 提高课堂效率[J]. 中学政治教学参考，2021(22)：41～42.
[71] [日]冈村拓朗. PDCA 循环工作法[M]. 北京：北京时代华文书局，2021.

[72] [日]木下雅幸. 复盘成长每天进步 1%的 PDCA 工作术[M]. 王星星译. 南京：江苏凤凰科学技术出版社，2021.
[73] 李彩玲，王泰. 新冠肺炎疫情对埃及的冲击及政府的治理与应对[J]. 阿拉伯世界研究，2021(05)：76～93+159.
[74] 刘伟，刘远雯. 治理重心下沉的困局及其突破路径——以武汉市基层新冠肺炎疫情防控工作为例[J]. 上海行政学院学报，2021，22(05)：24～35.
[75] 徐选国，陈杏钧. 社会工作介入“社区韧性”的生产机制与“韧性社区”的目标构建——基于对重大疫情防控的经验研究[J]. 河海大学学报(哲学社会科学版)，2021，23(04)：68～76+107～108.
[76] 牛润珍. 东魏北齐邺京部行里坊与网格化管理[J]. 历史教学(下半月刊)，2021(06)：10～16+61.
[77] 连宏萍. 管理还是自治？——审视网格在基层治理中的作用[J]. 行政管理改革，2021(07)：89～99.
[78] 邵新哲，计国君.城市网格化管理与智慧社区协同运作机制研究——以四川省 S 市社区网格化管理为例[J]. 软科学，2021，35(02)：137～144.
[79] 周建平，刘程军，徐维祥等. 电子商务背景下快递企业物流网络结构及自组织效应——以中通快递为例[J]. 经济地理，2021，41(02)：103～112.
[80] 关杨伊. “互联网+”背景下校园贷治理思考[J]. 合作经济与科技，2021(14)：76～77.
[81] 吴振奎. 斐波那契数列欣赏[M]. 哈尔滨工业出版社，2021.